岩　波　現　代　文　庫

聞き書
緒方貞子回顧録

野林　健・納家政嗣〔編〕

社会 319

JN043192

岩波書店

はしがき

　私は自分の人生をあれこれ振り返ることをあまりしたことがない。ただいつの頃からか、自分がどういう時代の中で、どういう仕事をしたことになるのか、確認してみたいという漠然とした希望を持っていた。国連難民高等弁務官（ＵＮＨＣＲ）を退任したときには、幸い米フォード財団から時間と場所を提供するとの申し出があり、ＵＮＨＣＲの体験を回想録として執筆できた。それで宿題を果たした気がしていたのだが、間もなくアフガニスタン復興支援で小泉純一郎総理の特別代表を務め、独立行政法人国際協力機構（ＪＩＣＡ）の理事長の職に就いた。その後も国連「人間の安全保障」委員会で議長を務めるなど、また一〇年ほど海外を走りながら考えることが続いた。こうした活動を資料にあたって整理し直し、全体を俯瞰することはほとんど不可能のように思われ、宿題が積み上がっているような気持ちを抱えていた。インタビューに答える形で回顧録をまとめてはどうか、というお話を岩波書店からいただいたのはそういう折であった。私の生い立ちから現在に至るまでの活動を通して、時代の流れ、世界が抱えている深刻な問題、日本の国際社会とのかかわりの一端を、後の検討のために残すことに意味があるのではないか、と考えたのである。

今回まとまった回顧録を読み返して、普段はあまり気にしないが、そういうことだったのか、と改めて気づかされた点がいくつかあった。ひとつは自分から手を挙げて始めた仕事はあまりなかったということである。最初に国連日本代表部で仕事をしたときは、市川房枝先生から声をかけていただいた。外務省の要請で国連公使として国連外交に携わった。この間に国連児童基金（ユニセフ）の執行理事会理事を務め、国連人権委員会の日本政府代表として働き、国連外交がすこしは身についたためだろうか、国連難民高等弁務官の候補になるようにとのお話をいただいた。ＵＮＨＣＲを退任してからしばらくして、ＪＩＣＡ理事長就任を要請された。いずれもどんな仕事か想像もつかなかったが、自分の能力をあれこれ考えていたらこういう類いの仕事はできなかったかもしれない。

最初の米国留学時、日本から持参したテニス・ラケットを手に持って大陸横断鉄道の駅から出てきたと出迎えの人に笑われたことがあるが、国際社会を相手にする仕事も、そのくらいのフットワークの軽さで乗り込んでいかないとなかなか始められなかったのかもしれない。もちろん行ってみると、これはえらいところに来てしまった、とその都度思ったものであるが、しかし妙なことに仕事を始めると俄然ファイトが湧いて、問題の解決に挑むことができた。周りの人にうるさがられるほど質問をたたみ掛け、教えてもらいながら始めるが、次第にその仕事が天職のように感じられて全力投球することになった。若い方から「どうすれば先生のように国際社会で仕事ができるようになりますか」と問われることが少なくない。私は「自分は普通の人間です」としか答えようがない。語学、学問的な知識、人間関係など若いときに準備しておいた方がよいことはいろいろあるが、私の場合、とりあえず現場に飛び込んでみるフットワークの軽さ、楽天性も大いに助けになっていたように思う。また聞かれたらこのことを付け加えたい。

世界が大きく変動する中で仕事をしてきたのだ、というのも今回の回顧録を読んで得た感想である。私が外務省の仕事を始めたのは、一九七〇年代の二つのニクソン・ショックで戦後の秩序が大きく転換する時期であった。私はその変化を国連の場で肌で感じた。ＵＮＨＣＲの仕事を始めたのは、ちょうど冷戦が終わったときである。ＪＩＣＡの仕事を始めたのは、「9・11テロ事件」やイラク戦争のあとで、「ポスト冷戦後」と呼ばれる時代になっていた。時代が大きく動くと、そこに従来なかったような問題が生じ、その問題の底辺にはいつも、人間として見過ごせないような過酷な状況に陥る人々がいる。冷戦後の難民問題はその典型であった。内戦下で発生する大量の国内避難民は、難民条約の対象から外れ、国家間で救済措置を講じるのも著しく難しかった。私が取り組んだことの多くは、世界が変化する中で一番苦しんでいる人々に寄り添うような仕事であった、と改めて思った。

それまでなかったような問題に対しては、たとえば人道活動に軍の支援を求めるといった従来の常識からいささか外れるような行動や措置が必要になった。そういう私の決断は、多くの友人や同志というべき部下に支えられて可能になったと思う。人々が逃げ惑う悲惨な状況は、イラクやボスニアにも、ロシア、ルワンダにもあった。しかし自己利益に執着する国家、のろのろとしか機動しない国際機関に、いつも悩まされ、絶望的になることもしばしばあった。そういうとき、私は世界の多くの友人から的確な助言や心温まる支援をいただくことができた。ブトロス＝ガリ、コフィ・アナンの歴代国連事務総長、ラクダール・ブラヒミ国連事務次長、ダボス会議のクラウス・シュワブ夫妻、そのほか名前を挙げることができないほど多くの方と、苦境を乗り越えるためにともに取り組んだことは、私の誇りである。そして具体的な政策や新しい行動の多くは、実は現場の知恵から生まれたという思いも強い。難民支援の現場から声を挙げたＵＮＨＣＲの職員、赤十字国際委員会（ＩＣＲＣ）、世界食糧機関（ＷＦＰ）など連携機関の職員、国連平和維持活動（ＰＫＯ）、国際ＮＧＯの要員たちは、同志であった。私の仕事の多くは現場の状況を直接見ることから始まったが、新しい政策枠組みとしての「人間の安全保障」という考え方も、そういう現場からの説明や報告、助言を基礎に組み上げられたものであった。そしてそういう活動の中で部下や同志が命を落としたことも、忘れられない。私の最も辛かった出来事である。人道支援の仕事は、そういう犠牲のうえに成り立っているとの思いを新たにした。

私がＪＩＣＡの理事長に就任した二〇〇三年秋には、「9・11テロ事件」やその後のアフガニスタン、イラクの戦争、そしてグローバル化の底流によって、途上国にも変化が生じ、ＪＩＣＡの仕事も修正が求められていたのではないかと思う。私はＵＮＨＣＲ時代から考え、必要と思っていたことの一部を、ここで実践する機会を与えられた。職員に現場に出ることを促し、何が必要とされているのかを直接掘り起こすことで、迅速な紛争防止、紛争状況からの脱却、コミュニティ再建の活動に手をつけた。そういう活動の括りが「人間の安全保障」という枠組みであった。その考え方がＪＩＣＡの活動にそれなりに浸透し、日本の援助外交に新しい側面を作り出せたとすれば、嬉しいことである。

こういう実務にあたりながら、私は他方で研究者の目でも日々の出来事や政策の作られ方を見ていたようである。これも回顧録を読み返して得た感想であった。私のものの考え方にとって大きかったのは、米国留学であったと思う。まだ戦争の傷跡が深く残る日本から、世界で最も豊かで、最も心身ともに余裕のある時代のアメリカに留学できたことは、勉学だけでなく世界を見る私の感性にまで大きな影響をあたえた。最初のジョージタウン大学、ついで二度目のカリフォルニア大学バークレー校に留学をしたときは、多くのすぐれた教授陣に出会ったが、ここではとりわけ当時の国際政治学の最先端であった外交政策決定過程論に関心を持ち、後に満州事変の政策決定過程を博士論文にまとめた。私の活動を振り返ると、問題への対応に迫られたときにこの分析枠組みを用いて概念思考している自分を感じたことも多い。それはこの時代の知的訓練の所産であろう。

最後に日本外交についても考えさせられるところがあった。私の国際的な活動が、外務省の仕事から始まったことに何か縁のようなものを感じた。祖父の芳澤謙吉《よしざわけんきち》、父の中村豊一も外務省で仕事をしたからである。そのため子ども時代から米国、中国と住む場所が変わったし、親戚縁者が曽祖父・犬養毅の追悼会に集まるときにも、政治や国際関係のことが話題になる環境に育った。本書は父祖の代が日中戦争の下で中国問題に苦しんでいるあたりから始まっている。それから七〇〜八〇年後のいま、日本外交はどうなったのだろう、という感慨を禁じえなかった。日本は、父祖の時代の日本よりも外に開かれ、多様性に富み、想像力豊かになり、国際社会で責任ある行動をとれる国になったのであろうか。私は国際社会にかかわる仕事をしながら、日本国内の政治における関心のあり方、問題意識、行動のスピード感が、国際社会の動向と開きがあると感じることが一再ならずあった。豊かで安定してはいるが、日本は政治のみならず、経済、社会、教育まで大きな課題を抱え、その課題への向き合い方がよく見えなくなっているように感じることがある。杞憂であることを念じている。

野林健さんは、私の国際基督教大学(ＩＣＵ)時代の教え子である。納家政嗣さんは、私が上智大学に赴任したときの院生で、その後、同大学国際関係研究所の同僚となった。両兄が私の事績を丹念に追跡して質問を用意し、聞き取りを実施してくれた。子ども時代からの長い時間にわたることなので、問われてすぐにお答えできないことも少なくなかったが、そういうときは宿題として残し、次の回に返答した。インタビューは毎回二時間、合計一三回に及んだが、楽しい時間を過ごすことができた。本書は、そのインタビュー記録に私が全面的に手を加えたものである。右の二氏をはじめ、本書の作成に協力してくださった方々に深く感謝したい。

時間を追って並べてみると、その場その場の行動、考えたことを越えて、全体として大きな図柄が描けたのではないかと思う。私の活動を通して、時代の様相や日本と国際社会とのかかわりが垣間見え、日本の今後を考える手がかりになれば、望外の幸せである。

二〇一五年初夏

緒方貞子

聞き書　緒方貞子回顧録——目次

＊断りのない限り、写真は著者提供のものである。

第1章　子どもの頃

勉強よりも運動が好きでした。お転婆で、走り回ってばかりいました。……さすがに英語は成績が良かったと思います。あとはどうだったか……（笑）。

曽祖父のこと、祖父のこと

――一九二七年九月一六日に東京でお生まれですね。

麻布区霞町二二番地の祖父・芳澤謙吉の家で生まれました。現在の住居表示だと港区西麻布三丁目ですが、やはり旧町名の霞町の方がしっくりきます。六本木ヒルズの西側の道から二筋ぐらい西に入ったあたりです。西麻布の交差点には、当時、「霞町」という市電の停留場があって、市電の七番が走っていたのを覚えています。七番は四谷塩町から信濃町、青山一丁目、墓地下、霞町、天現寺橋、魚籃《ぎょらん》坂、泉岳寺を経由して品川駅まで走っていました。

霞町の北側には青山墓地と二・二六事件のときに決起した歩兵第三連隊がある新龍土町がありました。南側と西側には笄《こうがい》町、六本木ヒルズがある東側には材木町と桜田町がありました。当時の霞町界隈は静かな住宅地でしたが、いまは近所に六本木ヒルズができたりして、すっかり様変わりしました。

私が生まれた家はもうとっくになくなっていますが、いまでも家のことや周りの様子は覚えています。ずいぶん長い間あの横丁にいましたから。最初にあった芳澤の家はどこかの公使館に貸して、その隣の土地に建てた家で生まれたのです。坂をすこし上がったところにもう一軒建てて、そして材木町に行く途中のところにもう一軒建てて、芳澤は同じ横丁の何軒かの家に住んでいたことになります。私の家族は、アメリカや中国から休暇で帰国すると、霞町の芳澤の家に泊まりました。

当時、魚屋さんが天秤棒を担いで売りに来ると、珍しくて、裏口から飛び出して見に行きました。それから、一〇がつく日にある近隣の縁日も楽しみでした。いまは頭上を首都高速が通っている霞坂の道沿いに当時は露店が出たりしたものです。浴衣を着せてもらってぶらつくのがとても楽しかったです。

芳澤の家は大家族で、書生さんや女中さんもいました。とにかく来客も多い家でした。出入りが多く、泊まり客や食事どきの来客をもてなすのが祖母の生きがいでした。お料理を自分はしないのですが、女中さんたちにてきぱきと指示を出し、もてなしがうまくいかないと機嫌が悪かったようでした。

食堂に頑丈で大きなテーブルがあったのを覚えています。関東大震災のときに、ちょうど昼食の前でしたが、私の母はすぐにテーブルの下に入ったから怪我をしなくてすんだと言っていました。このたびの東日本大震災のときに、咄嗟に母の言葉を思い出して、私はＪＩＣＡ（国際協力機構）の机の下に潜りました。関東大震災のとき、犬養毅は逓信大臣をしていまして、その官舎にみんなで来るように言われ、家族全員でそちらに移ったようです。官舎のあたりに避難している人たちに、炊き出しの握り飯を配って歩いたと母は申しておりました。

――貞子というお名前は、緒方さんの曽祖父にあたる犬養毅氏がつけられたのですね。

「名記貞子」と曽祖父が墨書したものが我が家に残っています。名記は私たちがいた霞町二二番地宛てに祝いの手紙と一緒に送られてきて、それらをまとめて父が額装したのです。曽祖父は書画が上手でしたし、父は犬養のことをたいそう尊敬していましたから。その額は、私にとっては犬養、芳澤と両親の中村をつなぐ大事な遺品ですが、うちの子どもたちはそんな古いことにはあまり関心がないようです。

――犬養毅氏についての記憶はあるのですか。

それがまったくないのです。総理大臣になる前の曽祖父と、当時赤ん坊だった私が一緒に撮った写真がありまして、そういう写真を見て、犬養毅という偉い人が身近にいたということは知っていました。五・一五事件(一九三二年)のときは私はまだ四歳でしたし、当時は家族でアメリカにいましたから、曽祖父についての実際の記憶はありません。

年配の女中さんがアメリカについてきてくれていたのですが、五・一五事件のときは、家じゅうがなんとも言えない大変な興奮状態だったことをかすかに覚えています。子どもなりに緊張したのでしょう。そういう事件もありましたから、私の家は一貫して反軍部でした。東京の芳澤の家でも、軍部がいかに日本の道を誤らせているかという話を大

犬養毅を囲む一族．中央に座るのが曽祖父・犬養毅．一番左に立つのが父・中村豊一，その前が母・恒子，その右が祖母・芳澤操，母の前に一人おいて貞子．

人がしているのを聞いて育ちました。そういう意味では、普通の家とは違っていたでしょう。

戦後、博士論文で満州事変の研究を始めたときに、荒木貞夫・元陸軍大将に話を聞きに行ったのですが（第3章参照）、なんとも言えない気持ちがしました。国際協調を維持しようとした首相の犬養は、満州事変後の軍部を抑えるつもりで荒木を陸軍大臣に据えたのですが、その彼が国際連盟脱退を推進したわけです。

これもあとから知ったことですが、犬養毅は、孫文を支援していたようです。アジア主義者だったのでしょう。アジア主義といっても侵略的なものばかりだったわけではなく、中国と交流し連帯しながら、双方の国内を改良していこうという人たちがいました。犬養もそうだったのではないでしょうか。戦前の日本では、みなさん、中国とは、いろいろな形で個人的な付き合いがたくさんあったのです。いまでは、あまり想像できないかもしれませんけれども。

——祖父の芳澤謙吉氏は、犬養毅氏の長女・操さんと結婚されます。大正から昭和にかけての日本を代表する外交官の一人です。犬養内閣では外務大臣も務めました。

祖父には、私が満州事変を研究テーマにしたときに、いろいろな話を聞きに行きました(第3章参照)。ゆっくりと話す静かな人でした。満州事変当時は駐仏大使で、国際連盟理事会の日本代表として交渉にあたり、たいへん苦労をしたようです。

——一九二三年の関東大震災のときに、愛新覚羅溥儀《あいしんかくらふぎ》が紫禁城にあった宝石などを日本に義援金にして渡しているのですが、その相手が当時、中華民国全権公使だった芳澤謙吉氏だったそうです。

そうですか。何かつながりがあったのでしょう。こういう話を聞いています。辛亥革命のあとも、皇帝一族は紫禁城に暮らしていたのですが、北京政変が起きて(一九二四年)、馮玉祥《ふうぎょくしょう》に溥儀が紫禁城から追い出されるのです。それで、行き場がなくなってしまったときに、溥儀は祖父の元に逃げ込んだのです。イギリスもオランダも受け入れてくれなかったそうで、蒙古風が強く吹く中で、溥儀の一家をお預かりしたという話を聞きました。日本大使公邸は広く、芳澤の娘であった私の母も含む、そのときに撮った家族写真も残っています。その後の満州国のことを考えると、溥儀は外交官や軍人など、日本人といろいろな形でつながっていたのだと思います。

——芳澤氏は中国と深いかかわりがありますね。

芳澤に限らず、当時の日本の外交官はみんな中国問題に手を焼きました。当時の中国は統一政府があってないようなものでしたし、そこに日本軍が入り込んでいったわけですから。日本も軍部やら外務省やら、それぞれに思惑があって、相手とどのような交渉をするにせよ、大変だったと思います。

祖父は、戦後、公職追放になりましたが、解除されたあと、講和条約後に台湾の中華民国に大使として赴任しました。それが外交官としては最後の仕事だったと思います。

父とともにアメリカ、中国へ

——お父様、中村豊一氏は、芳澤謙吉氏の長女・恒子さんと結婚されます。外務省にお勤めでしたが、家ではどのような方でしたか。

忙しい中でも、よく遊んでくれまして、子どもたちをかわいがってくれました。子どもたちの教育には熱心なほうでした。大阪の町家の出で、温厚で気さくだったと思います。京都の三高から東京帝大を経て、外務省に任官しました。スタートはドイツ官補でした。

――アメリカには、一九三〇年の夏にサンフランシスコ、三二年一〇月からはオレゴン州のポートランドへ行かれています。ちょうど三歳から八歳までアメリカで過ごされたわけです。

父はまずサンフランシスコ総領事館に赴任し、一年ぐらいして、ポートランド領事館の領事になりました。アメリカのことはあまり覚えていませんが、小学校のことは記憶に残っています。

――ポートランドで小学生になったのですね。

プライベート・スクール（私立学校）に入りました。非常に自由なところで、決まった教科もなかったように記憶しています。父がいろいろな学校を参観して回って、新しい教育方法を実践しているところが気に入り、ここが一番良いということで決めたようです。英語にも新しい環境にもすぐに慣れたようです。学校からはいまでも寄付を依頼する案内状などが来ます。

その頃のことで覚えているのは、詩を読んだり、書かされたりしたことです。それから、星座の勉強をしたため、天体に熱中したことです。船で長々と太平洋を渡って日本に帰ってくるときに、船長さんに頼んで、夜空を見せてもらいました。きれいに見えた

「天の川」が印象的でした。大きくなったら、天文学者になりたいと考えたこともありました。

——そのあと、一九三五年にアメリカを離れて中国の福州へ、三六年には広東へ、そして三七年には香港に住まわれていますね。中国ではどんな暮らしでしたか。

父母，弟妹とともに．

広東では小さな島の外国人租界で暮らしていたと思います。とても狭い範囲だけで暮らしていましたから、周りは外国人ばかりで、中国人と接することはほとんどありませんでした。福州でも広東でも日本人小学校に通いまして、そこで初めて正規の日本語の授業を受けました。先生が地方の出身らしくて、「サイタサイタサ、クラガサイタ」という平面的な発音で教えたので、母があのような抑揚で日本語を教えられたら困ると苦笑していたのを覚えています。

最初のうちは英語の方が達者でした。弟や妹との会話は英語でしていました。そのうち、英語を忘れないようにと、父が日系二世のアメリカ人を家庭教師に委託して、英語の勉強を続けました。それから、母は、寝る前に英語の本を読んでくれました。毎晩、母は熱心に本を読んでくれましたが、私は本の世界にのめり込むというよりも、外で運動する方が好きな子どもでした。

広東のあと、家族で東京に戻りまして、白金三光町(現在の港区白金四丁目)にある聖心女子学院に入学しました。小学校四年生でしたが、そのときに初めて日本で学校に行くようになったのです。その後すぐにまた、父が香港に赴任することが決まりまして、日本を離れました。

一九三七年の夏休みに香港から東京に船で帰るとき、日支事変(日中戦争)が始まりました。上海で、父の知り合いの方が「とうとう始まったね」と言われたのを覚えています。

――日中戦争や太平洋戦争について、お父様が言ったことの記憶はありますか。

軍部がいかにひどいかは、時々口にしていました。そんなに細かくは言いませんでしたけれど、外交官としての仕事は大変だったと思います。父の時代ではいわゆる外交という仕事を楽しむところまでは行かなかった。その後、宇垣交渉にもそうとう深くかかわったようですが、詳細を聞いたことはありません。

――宇垣交渉というのは、一九三八年、第一次近衛文麿内閣の改造時に外務大臣に就いた宇垣一成(陸軍大将)が、国民政府の中枢と接触し、和平条件を引き出したところまで行ったのですが、国内の妨害などで失敗し、結局、辞任に至りました。

宇垣が外相になって、中国側が父のところに接触してきました。中国もなんとか戦争を終わりにしようとし、宇垣に期待したのです。父も宇垣大臣に期待したのですが、結局、軍部の圧力で、近衛首相は「国民政府を対手にせず」という方針を変更せず、宇垣の梯子を外すことになってしまったのです。対中和平工作というのは、それ以外にもいろいろなルートがあったと思いますが、戦争を食い止める大きな機会を逃したと思います。あのとき何かできていたら、もしかしたら、対米開戦への過程も違っていたかもしれません。

父も含め、当時の外交官は、中国との関係については、自分たちでまだできることがずいぶんあると思っていたのではないでしょうか。大きなアジアの中で、広く多方面で協同して外交をする国に日本はなっていかないといけないと思っていたようです。中国を放っておくことで、中国がただ欧米の言うことだけ聞く国になっても困ったでしょう。日本は中国に悪いことをたくさんしましたが、その当時は一緒にやっていこうという考え方を持った人も多かったと思います。

――一九三九年の初めに、香港から戻られて、お父様は外務省の電信課長をなさいました。

公電が昼夜を問わず入ってくるわけです。父はそれをいち早く受け取って、文章に戻さないとならないわけですから、電信課長のときは、父だけでなく、家族みんなで外務省内に一年ほど住み込みました。大蔵省に近いところにあった、かなり広い日本家屋でした。そこに、私たちのほか、会計課長と官房の人たちの家族が暮らしていました。私は、そこから聖心に通いました。床屋さんが外務省の中にあって、私も省内で散髪をしてもらいました。週末になると、家族で日比谷公園を散歩して、帰りに有楽町の寿司屋に行くのが楽しみでした。

官舎の壁には電話が並んで付いていたのですが、それが次から次へと鳴ったときがありました。父の緊迫したやりとりというのが、子どもの私にも伝わって緊張したのを覚えています。あとになって調べてみると、一度は、一九三九年五月にノモンハン事件が起きたとき、もう一度は、同じ年の九月に第二次世界大戦が始まったときです。この二つの経験から、何か大変なことが起きているということを感じました。

その後、父は中国に赴任して、日本大使館の参事官として汪兆銘の南京政府と日中関係修復の仕事にあたりました。

――お父様はその後、一九四三年四月に特命全権公使に任ぜられ、フィンランドに勤務したという記録があります。

よく覚えていませんが、もう戦争が始まっていましたから、家族は一緒に行けずに、父も短期間で戻ってきたと思います。フィンランドに行ったのは、ヨーロッパ情勢を把握する、大きな意味での情報取りのためだったでしょう。もともとはドイツ官補でしたからヨーロッパには詳しかったと思います。

――日本ではどんな子どもだったのですか。

勉強よりも運動が好きでした。お転婆で、走り回ってばかりいました。球技が好きで、乗馬もしました。聖心は小学校から英語の授業があったのですが、さすがに英語は成績が良かったと思います。あとはどうだったか……(笑)。

太平洋戦争の開戦と終戦

――真珠湾攻撃で太平洋戦争が始まりますが、当時は聖心の女学生でしたね。

当日のことはあまり良く覚えていないのですが、雨天体操場で何か運動をしていたときに、大本営の発表があったように思います。子どもながらに、あんなに大きな国と戦争するなんて大丈夫だろうかと思いました。それから、アメリカの小学校の友達のことを思い浮かべました。あの友達が敵になると考えると、複雑な気持ちでした。

聖心女子学院はカトリックの学校ということもあって、軍国主義教育は他の学校ほどはなかったと思いますが、それでも、何度か靖国神社に行きました。聖心のあたりを勝利の提灯行列が通ったときに、日の丸の旗を持って行ったこともありました。目黒にあった朝香宮邸に集まって、万歳を唱えに行ったこともありました。当時は学校に対し生徒を連れていくようにという指示が出されたのでしょう。

――勤労動員もあったのですか。

中学の五年生になってからみんな出動しないとならなくなって、大崎にあった明治ゴムの大きな工場でタイヤを作る手伝いをしました。鋳型の中に入れて作ったゴムのタイヤを何かにはりつける作業です。工場通いが増えて、学校へは週に一回行くだけになりました。家では軍部の進める戦争を批判する話が相変わらず続いていましたし、母は「女学生まで動員するなんて何てことでしょう」などと言っていましたが、私自身はお国のために働こうと一生懸命だったと思います。軍国少女だったわけではありませんが、そういう時代だったのです。

そのうち空襲がひどくなってきて、空襲警報が鳴っては防空壕に入ったり出たりの毎日でした。庭の防空壕には犬も一緒に入りました。B29の大きな機体をまぢかに見たこともあります。でも慣れというのは恐ろしいもので、そういう生活をしているうちに、怖いと感じることもだんだんなくなっていきました。

三月一〇日の東京大空襲のときは、みんな郊外の田園調布の自宅にいました。爆撃機が下町を焼いたあと、戻るときに残った焼夷弾をパラパラと落としていったのでしょう。「屋根に落ちた!」と誰かが言うと、弟がのぼっていって、火の粉をはたき落としました。うちは大丈夫だったのですが、周りの家が何軒か焼けてしまいました。

空襲で聖心女子学院の校舎も焼けました。辛うじて焼け残ったのは聖堂ぐらいでした。学校がやられたと聞いて心配になり、田園調布の家から自転車で白金まで見に行きました。広い敷地には校舎や修道院などいくつも建物があったのですが、ほとんどが焼けてしまっていました。

――そのあとに疎開をされたのですね。

そうです。大空襲後でしたがそれでも三月末に卒業式を終えて、家族で軽井沢に疎開しました。

軽井沢の「泉の里」に芳澤の別荘があって、小さな頃から夏には、避暑に行きました。かなり大きな五右衛門風呂があって、大勢集まった従兄弟たちが次々とお風呂に入りました。自転車も軽井沢で覚えました。

そのあたりの別荘は、政友会の人たちが多く住んでいました。旧軽から行きますと、沓掛《くつかけ》の方に行く中間ぐらいの場所で、離山の真下です。登山口の左側に芳澤の別荘があって、戦争のすこし前に、その右側の敷地に父が別荘を建てました。

――軽井沢での疎開生活はどんなものだったのでしょうか。

食糧の確保に母は苦労しました。農家に行って、着物と交換にお米をゆずり受けたり、牛がどこかで一頭殺されたと伝わってくると、牛肉を分けてもらいに行ったりしていました。私は身体を動かすのが大好きでしたが、あまり動くとお腹がすくので、香港で覚えたテニスもなるべくしないようにしていました。

軽井沢では、東京の聖心からやはり疎開していた宣教師（シスター）のところに通って、英語の勉強を続けました。シスターたちは軽井沢に避難して修道生活をしていたのです。父は英語の勉強だけは続けるように申しておりました。おかげで、なんとか英語に不自由なく仕事もできるようになりました。

聖心をもう卒業していたので、軽井沢の三笠ホテルにあった外務省の分室に勤めることになったのです。すぐ近くにスイスの公使館がありましたし、第三国の人たちをお世話する仕事でした。アルバイトといいますか、一番下のランクの職員で、お使いとか電話番とか、雑用がすこしあるぐらいで、毎日座っていただけのようなものです。弁当を持って自転車で通勤しました。かなり距離があるのですが、若かったのか、つらいとは思いませんでした。自転車の運転は得意で、芳澤の祖父が近所まで用事があるときには、荷台に乗せて走ったこともあります（笑）。

軽井沢には外国人がたくさん集められていました。その見張りのために憲兵も多かったです。

——玉音放送は軽井沢で聞いたのですか。

そうです。どうやら、祖父も父も、戦争が終わることを知っていたようでした。芳澤の別荘にみんな集まって、食堂続きの座敷に座ってラジオを聞いたのです。聞いたと言っても、よく聞こえませんでしたし、不思議な抑揚だと感じただけでした。放送が終わると、祖母は、「陛下がお気の毒で申し訳ない」と涙を流していました。私は日本が負けたという意味だと聞いてびっくりしましたが、これからどうなるのかわかりませんでしたし、驚き以上の感覚はありませんでした。

すぐに祖父も父も東京に向かいました。祖父は枢密院顧問でしたし、父は外務省で終戦の作業を始めなければなりませんでした。私たちは、しばらく軽井沢にいるように言われました。占領軍がどのように行動するのか心配だったのでしょう。その後、軽井沢にいた外国人たちも次々と引き揚げていきましたが、私たちは軽井沢での生活を続けました。

――お父様は、戦後は四六年に退官されて、四七年から特別調達庁の副総裁をされています。

父は、終戦直後から京都で占領軍の受け入れ業務を担いました。東山にある高級別荘地に、進駐軍の将校たちを住まわせたり、あらゆる面倒を見ないとならなかったわけです。特別調達庁の仕事もそういうものだったと思います。アメリカから調達要請が来て、日本側がそれを受けるわけです。住居、食料から電気器具までですから、たいへん手間がかかったでしょうし、大きなお金が動いていたと思います。それから、戦犯になった人たちを巣鴨刑務所に送り届ける仕事もしたと申しておりました。それが一番つらい仕事だったと。

占領も後年になると、父は進駐軍が使っていたものを返還する仕事にあたりました。京都の歌舞練場はアメリカ軍がずっと使っていましたが、それが戻ってくるときの交渉なども行なったようです。破損したものをどこまで直させるのかとか、どこまで弁償してもらえるかなど、大変だったと申しておりました。非常事態から普通の状態に戻していくという仕事ですが、そんなことをするために外務省に行ったのではないとも申しておりました。そういう意味では、あまり報われた時代ではなかったと思います。

第2章　学生時代

（バークレーは）リベラルで開放的で、世界中から一流の研究者や学生が集まっていました。そこにいるだけで知的な刺激をいつも受けられる感じがしました。世界の出来事にもすぐに反応するという雰囲気があって、単なる学問の場というだけではなかったのです。

聖心女子大学時代

——緒方さんは聖心女子大学で大学生活を送られます。

戦争が終わって、疎開先の軽井沢から東京に戻り、聖心女子学院の専門学校に入りました。一九四八年に新学制が実施されると、専門学校は大学に昇格し、私は新制大学の第一期生となりました。当初、同期生は三〇人ぐらいの小さな大学としての出発でした。

聖心女子大学が発足するにあたって、戦争でアメリカに帰国されていたエリザベス・ブリット(Elizabeth Britt)が呼び戻され、初代学長につきました。彼女は学術的な能力にくわえ、たいへんリーダーシップのある方でした。これから女性がどうあるべきか、そのためにどんな教育をすべきかについて明確なヴィジョンをお持ちで、私も大きな影響をうけました。私がカトリック教徒になりましたのも、彼女の存在に負うところが大きかったと思います。

当時の日本社会は敗戦後とはいえ、解放感に満ち溢れてもいました。大学においても、教師も学生も自由に発想して、自由に行動するという環境がありました。自分の頭で考えて自分の力で生きていくというリベラルな雰囲気が強かったのです。マザー・ブリットは、「どうせ結婚すれば家庭のことに専念しなくてはならないのだから、いまはとにかく好きなだけ勉強しなさい」と繰り返し言われたものです。

制服を導入したのもマザー・ブリットでした。何を着ていけばよいか悩むのは時間がもったいないと言われたのです。当時は物不足でしたから、米軍女性の軍服を仕立て直して制服にしたのです。何年か後に、ワシントンのスミソニアン博物館に行ったときに、軍服の展示がされていたのですが、そこでカーキー色の聖心女子大学時代の制服を見つけたときには思わず声をあげてしまいました。

マザー・ブリットはアイディア豊富で、実行力や交渉力があり、素晴らしいリーダーでした。彼女に頼まれると誰も嫌とは言えないのです。外交力にも長けた魅力的な人でした。私にとっては特別な存在であったと思います。

――緒方さんは文学部ですが、そこではどういう勉強をされていたのですか。

最初は一般教養ですから、なんでもやりました。そのうち社会学が面白いと感じて、社会学を勉強したいと述べたところ、マザー・ブリットが「社会学は誰にでもできるのだから、哲学をしっかり勉強なさい」と言われたのには驚きました。そこで哲学と歴史を主に勉強することにしました。文学部にいましたが、文学よりも歴史と哲学の方に興味を持つようになりました。

記憶に残っている授業は、フランス出身のソーヴール・カンドウ(Sauveur Antoine

Candau）神父の哲学の授業です。週に一度でしたが、素晴らしい講義で、哲学という学問の深遠に感動し、哲学的思考に関心を持つようになりました。カンドウ神父は戦前に来日して日本人神父を育てた方で、戦争中はフランスに帰られましたが、再び戦後に日本に来られたのです。日本の知識人にも影響を与えた哲学者で、聖心での講義録もまとめられています。

松本馨先生の外交史の講義も記憶に残っています。近代の日本と中国を中心にした、アジアの国際関係史の講義でした。戦前は京城帝国大学にいたことがある方で、「京城（現ソウル）の夕焼けは素晴らしかった」という話をよくしておられました。いま思うと、私がのちに外交史を追究するようになるのは、この授業に源流があるのかもしれません。松本先生の授業の関連で、アジアの国際関係についての論文を書きました。

院長のマザー・キヨー（Brigid Keogh）は、英作文の小さなクラスを持っていました。毎週英語で長い文章を書かされては、先生に徹底的に直されて、これは良い訓練になりました。留学してからつくづくそのときの経験がありがたかったと痛感しました。

――勉強以外では、どんな学生生活を送られたのでしょうか。

大学時代は勉強よりもテニスに力を入れていました（笑）。私が最初にテニスをしたのは、父が香港の総領事をしていた頃です。まだ小学生でしたが、横浜正金銀行にテニスコートがあって、そこで初めてラケットを持ったのです。戦後になって、日本庭球協会

聖心女子大学のテニスコートにて．右から２人目が著者．

が女性対象のセミナーを開き、それに私も参加したのがきっかけで、本格的に始めました。

聖心女子大学が敷地内にコートを二面作ったのですが、それは私の働きかけによるものです。シスター・クイルティが賛成されて、テニスの選手だった熊谷一弥さんにお願いをして、コートを整備したのです。私は大学の外でもテニスをかなりしていました。当時行われた試合にも出ましたし、ついに全日本選手権にも出場しました。パートナーに恵まれたこともあって、ダブルスで全国準優勝したこともあります。

いまも時々テニスをしては、家族からいつまで続けるのか、もうそろそろやめた方がいいと言われています(笑)。

最初のアメリカ留学へ

——一九五一年に大学を卒業されて、その年にアメリカに留学なさっていますが、それはどういったいきさつだったのでしょうか。

聖心女子大学の一期生は三〇人いましたが、その半分が卒業後に留学しています。大学からの勧めもあったでしょうし、外国で学ぶ機会があればぜひそうしたいという雰囲気が学生の中にもありました。そのうえ、各国から出された奨学金を利用できました。

同級生には須賀敦子さんがいました。みんなから「がすちゃん」と呼ばれていましたが、たいへんなインテリでした。その後、ヨーロッパに渡って、イタリアの方と結婚されて、味わいのある文章をたくさん残されました。早くに亡くなられたのは残念なことでした。須賀さんに限らず、当時はアメリカやヨーロッパで勉強を続けようという女性が私の周りにはたくさんいたのです。それも、マザー・ブリットをはじめとする聖心の先生たちの影響が大きかったのです。

——一九五一年というのは戦後の留学生でもかなり早いですね。

聖心女子大学は、日本でもかなり特殊な場だったのかもしれません。先生たちを通じて、直接海外とつながっていたような感じがします。

――どうしてワシントンDCのジョージタウン大学を選ばれたのですか。

ジョージタウン大学についてはよく知りませんでした。そこへ行くことになったのは、イエズス会の学校だから良い学校だろうという程度の判断だったと思います。自分で積極的に選んだというよりも、聖心会のマザーたちの勧めでした。

ロータリー財団の奨学金を受けて、アメリカに渡りました。船で一〇日間かけて太平洋を渡り、サンフランシスコに到着したとき、ちょうどサンフランシスコ講和会議が開催されていました。調印式の際には、ロータリー・クラブの人の案内で、式場の前まで見学に行きました。

その後、ワシントンまで汽車で大陸を横断しました。二泊三日もかかる距離で、いかにアメリカという国が大きいかを実感しました。中西部はどこまでもどこまでもトウモロコシ畑が続くのです。

のちに上智大学の学長を務める大泉孝神父がちょうどジョージタウン大学にいらして、たまたまワシントンの駅で私を迎えてくださいました。「元気な学生がテニス・ラケットを持って留学してきた」と、その後もお会いするたびに言われました（笑）。

――当時のアメリカはどのように見えたのでしょうか。一九五〇年代というと、第二次世界大戦に勝利し、アメリカが最も輝いていた時代だと思いますが。

そうですね。アメリカ人の誰もがアメリカの存在、アメリカ的生活様式（アメリカン・

ウェイ・オブ・ライフ）に自信を持っていた時期です。実際、アメリカの繁栄には驚かされました。日本では戦争や戦後の物不足を経験していましたから、バケツのような大きな容器に入ったミルク・シェークを飲んだり、人の顔ぐらいもあるハンバーガーを食べるという光景には本当に驚きました。豊かさを超えた度量も感じました。子どもの頃にも付き合いのあった日系のお医者さんの家に遊びに行くと、黒人の庭師が立派な自動車に乗って背広姿で現れて、作業服に着替えて仕事を始めるのです。工場労働者も自動車を持っていますし、家によっては車が二台も三台もあるのです。本当に凄い国だなあと思いました。

ワシントンでは、ロータリー・クラブの方がいろいろなところに連れていってくれました。私も「社会見学」と考え、すすんで参加しました。水道局にも行きましたし、ニューディールのTVA（テネシー渓谷開発局）やフォードの工場も見学しました。アメリカという国の本質を知りたいと考えていたのだと思います。

ただ、アメリカの負の面も目にしました。それは人種差別です。ワシントンでも、黒人が白人と一緒にレストランで食事をすることはできませんでしたし、それどころか、街にあるコーヒーショップのようなところでも、黒人は席につくことすらできなかったのです。黒人の客は飲み物を買って外へ持って出る、いわゆるテイクアウトするしかないようでした。その後、公民権運動が本格化していくことになります。

――アメリカの人々は、まだ日本との戦争の記憶が鮮明だったと思いますが、どんな感じで接したのでしょう。

当時の日本から来た留学生たちはみな、「日本の外交官」と思ってしっかり外国人と付き合いなさいと言われたものです。いまではありえないでしょうが、私を含め、みな緊張してアメリカ人に接したのです。

ジョージタウン大学にて．

ロータリー・クラブの会員たちの家のパーティに招かれて、お話をする機会がずいぶんありました。戦争で負けた国からやってきた私を、みんな好奇の眼で見ていたのでしょうね。でも、アメリカ人は寛大で気を遣わない性格の人ばかりですし、そのうえ自信があったのでしょう。「アメリカという国を良く見ていってください。その良さがわかるはずです。これからは友達として、お互い仲良くやっていきましょう」というようなことをいろいろなところで言われました。

日本との戦争ということで言えば、私はアメリカ人よりも、アメリカに留学しに来ていた韓国人学生の話に衝撃を受けました。戦時中に、家族が日本人の手で厳しい拷問を受けたこともあったという話を聞いたのです。そんなことも知らずに、私は戦争の時代を過ごしていました。

――ジョージタウンではどんな勉強をされたのですか。

チャールズ・タンジル(Charles Tansill)教授のもとで外交史を学びましたが、まだ本格的な勉強はあまりできませんでした。

――フランクリン・ルーズヴェルト(Franklin Delano Roosevelt)の外交政策を批判した本(*Back Door to War: The Roosevelt Foreign Policy, 1933-1941*)を書いた外交史研究者ですね。

そうです。タンジル教授の国際関係論もとりましたが、授業に追いつくのがやっとでした。アメリカの大学はどこも大量の本を読ませてペーパーを書かせますが、のちに留学したバークレーに比べると、ジョージタウンではまだ深い勉強はできませんでした。でも、小規模な大学でみなさん親切にしてくれましたし、自分の当時の学力からしても、ここに最初に行ったのは良かったと思います。

議会図書館や国立公文書館での史料の使い方を覚えたのも、ジョージタウン時代でした。大学から図書館まで路面電車に乗って行くのです。基本的な史料に基づくペーパー書きを試みたのもそのときが初めてでした。

——満州事変という研究テーマはジョージタウン時代からすでにあったのですか。

国際関係論を学んでいた私の大きな関心は、「日本はどうして戦争をしたのか」ということでしたが、それは私に限ったことではなく、当時の日本人がみんな持っていた問題関心でした。実際にアメリカで生活をしている中で、次第にそのテーマは大きくなっていったのですが、満州事変を研究テーマに取り上げるとか、満州事変に強い関心を持つといったことはありませんでした。それは後年のバークレー時代になってからのことです。

岡義武先生の指導を受ける

——アメリカで修士号を取り、帰国されたのは一九五三年でした。

帰国してすぐに、東大で始まったアメリカ研究の夏季セミナーに参加しました。アメリカについてさまざまな講義が集中して行われたのです。セミナーに関係していた心理学の高木貞二先生が父の知り合いで、先生のお勧めで私も参加しました。

セミナーが終わってから、私の研究したいテーマは、東大法学部の日本政治史が一番近いということで、岡義武先生の門を叩きました。文字どおり、先生の研究室に飛び込んだのです。本当に怖いもの知らずでした。そうしたら、先生も引き受けてくださって、研究生という資格で一隅に座らせていただけることになりました。岡先生のゼミには三年間参加しました。その中で史料を読む訓練や論文の書き方を習いました。一から研究の手ほどきを受けたのです。

岡先生に論文もどきのような文章を書いて持っていきますと、先生が朱で実に細かく直してくださる。とても厳しく、また細かなところまでよく見てくださって、原稿が真っ赤になったのです。それは本当に勉強になりました。私の学問的なスタートは岡先生の指導にあったと思っています。

――岡先生のところではどのようなものを書いたのでしょう。

最初に書いたのは、日露戦争後の日比谷焼き打ち事件のことでした。もうひとつ外交政策と政治的リーダーシップに関するものだったと思います。二年間そういう形で勉強しました。

これからどのように研究を進めていったらよいかを岡先生に相談したところ、国際政治学の理論を本格的に勉強した方がいい、そのためには留学しなければならないと言われたのです。そういうわけで、一九五六年からカリフォルニア大学バークレー校の博士課程に行くことになるのですが、その後も岡先生に引き続き相談させていただきました。

再びアメリカへ

――バークレーではどのような勉強をされたのでしょうか。

政治学の理論をかなり勉強しました。最先端の理論研究を無我夢中で勉強しましたが、なかでもリチャード・スナイダー(Richard Snyder)の外交政策決定過程論との出会いは私にとって強烈でした。一九五四年にプリンストン大学の研究モノグラフとして発表された"Decision-Making as an Approach to the Study of International Politics"という長大な論文です。のちに、この論文といくつかの関連論文をまとめたものが単行本として刊行されています(Richard Snyder et al., *Foreign Policy Decision Making*, Free Press, 1962)。

これは、さまざまな政治的、組織的、心理的属性を持つアクターたちが、一定の内外環境の制約のもとで、相互に影響しあいながら政策を選択していく過程(プロセス)とその結果(アウトカム)との関係に焦点をあてた分析枠組みですが、私にとっては非常に刺激的でした。従来の政治制度論や、圧力団体が政治を動かすといった粗削りの政治過程論ではなく、心理学や社会心理学、行動科学の最新の知見を活用して政策決定のダイナミズムを分析するという、野心的なアプローチでした。心理学との関連で言えば政策決定者のパーセプション(認知)という変数が重要視されましたし、社会心理学の集団力学論(グループ・ダイナミックス)や組織リーダーシップといった視点もうまく取り込んでいました。

この理論に強く関心を引かれました。政治のダイナミズムを解き明かすための概念や視点が満載され、スナイダー・モデルと呼ばれるだけあって、当時のものとしては抜群の体系的理論でした。ある政策が生まれるときの国内外の環境、決定過程、結果との相互連関がモデル化されていて、政策決定の全体像を把握するのに、非常に役立ちました。

この分析枠組みを満州事変研究で使うことになるのですが、それにとどまらず、私の研究者としてのプロセス全般に大きな影響を与えました。また、国連難民高等弁務官(UNHCR)や国際協力機構(JICA)での仕事でも、関係諸国や関係諸機関の間の政治力学を分析したり、組織運営を行ううえでたいへん役立ちました。UNHCRの本部で、この枠組みの図を黒板に書いて、職員に説明したこともあったぐらいです(笑)。政治や組織を考えるうえでの私の発想、考察の基点と言ってもいいと思います。

――当時のアメリカは、政治学も国際政治学もいろいろな新しいモデルがたくさん出た時期のように思います。

そういう空気が確かにありました。勉強していて、本当に楽しかったのです。バークレーには抜きんでた秀才の学者がたくさんいましたから、毎日が刺激的でした。なかでも、アーネスト・ハース(Ernest Haas)は凄い先生でした。

た。

——国際統合論で新機能主義を打ち出した方ですね。

そうです。ただ、私はあの理論を自分の研究にあてるということにはなりませんでした。

私を指導してくださった方は、ロバート・スカラピーノ(Robert Scalapino)先生でした。素晴らしい学者です。私は、スカラピーノ先生の助手として、週に二〇時間、働きながら勉学を続けました。先生は、孫文の中国同盟会が東京で創刊した機関誌『民報』を複写して持ち帰っていました。それを助手として読んで、要約をまとめるという作業を行いました。留学二年目には、日本学術振興会の奨学金を得たので、研究に専念することができました。

先生は非常に忙しい方でしたが、学生との時間を多く作ってくれました。ゼミでも学生とともに徹底的に議論しましたし、学生たちを自宅に招いて、パーティをしたりしてくださいました。

——思想史もかなり勉強されたと聞いたことがありますが、すこし意外な印象です。

思想史や政治哲学への関心はずっとありました。聖心女子大学時代のカンドウ先生の哲学の授業以来かもしれません。バークレーでも、政治思想史のシェルドン・ウォーリン(Sheldon Wolin)から強い影響を受けました。のちに『政治とヴィジョン』という政治思想史の大著を出される方です。私がバークレーに残っていたら、彼の調査助手(リサーチ・アシスタント）になっていたかもしれません。そうしたら、その後の研究は満州事変研究とはまったく違う方向に進んでいたでしょう。それから、ノーマン・ジェイコブソン（Norman Jacobson）。彼も政治思想史の研究者でしたが、凄い学者でした。本当に綺羅星のように優れた学者がひしめいておられました。

――政治思想への関心と、政策決定論的な分析枠組みへの関心とは、どう結びつくのでしょうか。あまり重なるところがなさそうに思えるのですが。

そうではないのです。政治思想がどのように実体の歴史になるのか、両者はどう仲介されるものなのか。それを政策決定過程論の枠組みでつかまえることができると考えたのです。それぞれのアクターが持っている思想や傾向のせめぎ合いのプロセスとして、政策決定を描きだせるはずだと考えました。もともとイデオロギーと政策の関係に関心がありましたから、それを結びつける枠組みとして政策決定過程論を活かせるのではないかと思ったのです。

――なるほど、満州事変の研究で思想的な側面に力を入れているのはそういう理由からなのですね。さて、最初に行かれたジョージタウンと比べて、バークレーはどんな環境でしたか。

ジョージタウンも居心地は良かったのですが、バークレーは学術的な関心の規模がはるかに大きかったです。それに、西海岸ということもあったでしょうが、リベラルで開放的で、世界中から一流の研究者や学生が集まっていました。そこにいるだけで知的な刺激をいつも受けられる感じがしました。世界の出来事にもすぐに反応するという雰囲気があって、単なる学問の場というだけではなかったのです。留学している間にも、民主化運動にソ連軍が介入したハンガリー動乱があり、亡命してきた学生たちがキャンパスで批判の声をあげていました。

私は奨学金の制約もあり、二年で博士のための資格試験に合格しなくてはなりませんでした。ですから、死に物狂いで勉強しました。あとにも先にもあんなに本にかじりついた時期はありませんでした。とにかく大量の文献を次から次へと猛スピードで読みました。大好きなテニスもほんの息抜き程度にしかできませんでした。

そんなときに父が倒れたという知らせがあったのです。そこでバークレーでの研究をいったん打ち切って、急遽日本に帰ることにしました。一九五八年夏のことです。幸い、父は一命をとりとめ、その後も私の研究の成果を見届けてくれました。

第3章　満州事変研究

日本はなぜあのような戦争へ突入していったのか。この問いは私の生い立ちにも関係していましたし、また当時の研究者であれば誰もが抱いたものだと思います。アメリカで勉強しているうちにこの問いがどんどん大きくなっていきました。

片倉日誌との出会い

――博士論文のテーマである満州事変研究は、どのようにして決められたのでしょうか。

バークレーにプロポーザルとして出したテーマは、日本がなぜ戦争へ至るような拡大主義的な政策をとるに至ったのかということを、政策決定過程論を使って解明するというものでしたが、その時点ではまだ満州事変に焦点を当てて書くとは考えていませんでした。父が倒れて看病のために日本に帰ったあと、父の具合が良くなったものですから、研究を再開したのです。そうしたら運よく、片倉衷《かたくらただし》の日誌（「満洲事変機密政略日誌」）に出会うことができまして、そこから私の満州事変研究はスタートしたのです。アメリカでは理論という道具立ては手に入れましたが、それを使う素材を見出したのは帰国してからです。片倉日誌がなければ、私の満州事変研究は成り立ちませんでした。

日本はなぜあのような戦争へ突入していったのか。この問いは私の生い立ちにも関係していましたし、また当時の研究者であれば誰もが抱いたものだと思います。アメリカで勉強しているうちにこの問いがどんどん大きくなっていきました。ただ、この大きなテーマについて、何をとっかかりにして研究を深めていくかは、見つかる史料次第だったわけです。

――『満州事変と政策の形成過程』(原書房、一九六六年。現在は『満州事変――政策の形成過程』と改題のうえ岩波現代文庫)の「あとがき」で、片倉日誌に出会えて、「勇躍する思いだった」とお書きになっていますが、どういう出会いだったのでしょう。

私の問題関心から研究をどう深めていくか、いろいろ考えていたときに、岡義武先生に相談に行きました。岡先生は、史料に詳しい林茂先生のところへ行きなさいと言われ、東大社会科学研究所の林先生の研究室までわざわざ私を案内してくださいました。岡先生は親切にもそこまでしてくださったのです。

林先生は研究上のお付き合いで古書店と関係が深かったそうで、どんな史料が出回っているか、どこにどういうものが所在しているか、何が埋もれているのか、熟知されている方でした。論文は良い材料がないと仕上がらないわけですが、片倉日誌というものがあるらしいことは林先生が教えてくださったのです。こうして林先生の仲介で、片倉さんのところへ出かけたのです。

――片倉衷元陸軍少将ですね。

そうです。満州事変当時は大尉で、一番若い関東軍参謀でした。見習いのようなものだったと思います。片倉さんは、一九三一年九月一八日の奉天事件(柳条湖事件)から、翌年三月九日に溥儀が執政に就任するまで、詳細な日誌をつけておられ、保管していました。関東軍の日々の動向が手に取るようにわかる超一級の史料で、いまでは『現代史資料』第七巻(みすず書房)に全文が収載されていますが、当時はまだ門外不出でした。日ごとの出来事が片倉さんのコメントとともにすべて記録されていますから、政策決定過程論にはぴったりの史料でした。「勇躍する思いだった」というのは、偽らざる気持ちです。この日誌なしには満州事変の論文は成立しませんでしたから。

——日誌は手書きだったのですか。

いいえ、タイプされていました。手書きの原本は参謀本部に提出したそうで、タイプ版を五部作ったもののひとつが保存されていたのです。五分冊になっていまして、順番にお借りしました。

片倉さんは目黒の祐天寺にお住まいでしたが、お会いするのはいつも日比谷の陶陶亭でした。そこで日誌をお借りしては、私は家で「4×6」のカードに手書きで書き写したのです。いまも家のどこかに残っているはずです。二週間に一度お会いして、陶陶亭でお茶を飲みながら、日誌でわからないところを一つひとつおたずねしました。それを五、六回繰り返しましたが、毎回長時間の面会を、嫌な顔ひとつせずに丁寧に答えてくださいました。

——どうして片倉さんはそこまで親切にしてくださったのでしょう。

それまで誰も聞きに来なかったようでした。何も知らない若い女の子がせっせと聞きに来るのが珍しく思われたのではないですか。それに自分が何を見聞きしたのか、当時何を行なったのかを伝えたかったのかもしれません。さほど饒舌な方ではありませんでしたが、質問にはしっかりと答えてくださいました。

──弁明という側面もあったと思いますか。

さあ、それはわかりません。率直になんでも話してくださったと思います。ただ、当時の関東軍の方針についての全体的な考えを聞くというよりも、日誌に即して日々の細かな動きについてわからない点をお尋ねしましたから、弁明的な話は出てこなかったと思います。

それから、前にも話したように、荒木貞夫元大将のところにも行きました。荒木元大将は事変後の一二月に成立した犬養毅内閣の陸軍大臣です。犬養の考えとしては青年将校に人望のあった荒木を陸相に持ってきて急進主義を抑えるということだったと思いますが、そのためにかえって急進主義の影響が内閣に直接及ぶようになりました。私の家族からすれば仇敵のような方です。犬養の方の曽祖母は長生きしましたが、会うたびに「軍は酷い」と言っていました。私の祖父・芳澤謙吉も、父・中村豊一も、軍に対しては非常に厳しい意見をずっと持っていました。私は物心ついた頃から「荒木は悪い」と聞いて育ったようなものですから、当然、私も軍に対する認識は厳しいものを持っていました。ですから、長野で病床についていた荒木元大将を前にして、正直、不思議な感慨がありました。それほど詳しい話は聞けなかったのですけれども、いま思い起こしても、史実と人間との奇妙な関係を経験したと思います。

――ご本にも聞き取りをされた方々の名前が並んでいます。

史料を補充してくれるのが当事者や関係者へのインタビューでした。当時はまだ戦争が終わってから十数年ですから、重要人物が存命で、それができたのです。いろいろなところに話を聞きに行きました。ずいぶんその過程でお茶を飲んだものです(笑)。

満州事変を解明する

――一九六三年に博士論文を提出され、翌年にはカリフォルニア大学出版から英語で刊行されます。それをもとに、一九六六年に日本で『満州事変と政策の形成過程』が出版されます。全体が三部に分かれていまして、「背景」と題された第一部では、一九二〇年代の満州の状況を整理しながら、関東軍の構想が、国内における体制批判の潮流、革新運動に連なっていたことを明らかにしています。

当時、農村の疲弊や貧困状況をどうにかしなくてはならないという使命感を持った将校たちが、外へと拡張する道を選んでいきました。彼らは、米騒動や農民運動が頻発する中で、民主主義思想ですとか社会主義思想の影響もあったと思いますが、人民大衆の福祉のために国を作り直さなければならないという気持ちを強くしていたのです。ところが日本にはそのための富、資源が足りない。そこで満州の領有が日本の貧しい階級の生活にとって不可欠だと主張したわけです。とくに軍には農村出身者が多かったですからね。軍の行動の根には単に軍事的な拡張主義という側面だけでなく、富の不均衡を是正するという社会主義的な考えが入り込んでいました。

――この本では関東軍の考えを「社会主義的帝国主義」と位置づけて、それが満州事変のエネルギーとなったと述べています。

当時、関東軍は、国内の問題を受け止め、さらに在満日本人が自分たちの地位を維持するために主張していた民族協和思想を受け入れて、満州の地に理想郷を打ちたてようとしたのです。満州青年聯盟などの在満日本人の間から出ていた思想でもあったのですが、関東軍はそれを軍閥政府の圧政に苦しむ満州人民全体の保護として取り入れていきました。もちろんそれは方便という面も強いでしょうが、そう切り捨ててしまっては見えなくなる面もあると私は考えました。戦後しばらくは、軍部がとにかく悪かったと切り捨ててしまう傾向がまだ強かったですから、逆に関東軍がどういう思想を持っていたのかというあたりは、自分としても丹念に書いたつもりです。

大正デモクラシーや左翼思想から、軍も影響を受けているのです。そういう思想を持った軍人が下から突き上げる形で事態は進んでいった。満州事変の過程もそうですが、一九三〇年代の軍と政治の一連の動きを理解するには、この点を見なくてはならないのです。その根底には既存体制への反発、とくに財閥中心の資本主義と政党政治、官僚に対する反発には強いものがありました。平等を掲げる民主主義や社会主義の思想には、歪んだ政治・経済体制の作り直しを促す面もありました。五・一五事件であれ、二・二六事件であれ、そういう思想が広がって軍の組織としての秩序が崩れた結果起きたと言えると思います。

——第二部「事変の展開」では、奉天事件から満州国の独立までの過程を、関東軍と陸軍中央部、そして政府指導者の間の「三つ巴の権力争い」として描いています。ここで片倉日誌が存分に生かされています。

一九三一年九月一八日、南満州鉄道の線路での爆破をきっかけに、関東軍が戦闘を開始し、奉天を占領することから満州事変は始まります。しかし、その後の経緯は、関東軍の思いどおりにすべて進んだわけではありませんでした。政府はもちろんそうでしたが、軍中央部も不拡大方針を明らかにし、満蒙領有を目指す関東軍の動きを食い止めようと、ハルビンへの戦線拡大を阻止したり、錦州への派兵中止を命令したりして、厳しく牽制するわけです。とくに北満へと進もうとする関東軍に対して、政府や軍中央は、ソ連を刺激したり、列国の行動を誘発することを強く恐れました。そのことに対する関東軍の不満や憤りは強かったわけですが、片倉日誌からその様子が非常によくわかります。
中央や外国からの反対で満蒙領有が不可能となると、関東軍は新国家建設へ向けて構想を固めていきます。すでに満州各地に自治指導部を作って、中国からの分離独立を宣言させるよう動きはじめていました。こうして、満州国建国に至ってしまうわけです。

――関東軍がどうしてここまで事態を動かせたのでしょうか。

軍中央も満蒙権益の維持という点では関東軍と目標を共有していましたから、関東軍の行動に対する態度が曖昧になったのだと思います。軍部は関東軍のハルビン進出、チチハル進撃、錦州爆撃などの軍事作戦には指揮権を行使しましたが、政治工作は統制できませんでした。工作そのものを阻止するというより、露見しないように意を用いたように見えます。関東軍は中央からの統制が届きにくい場所にいたわけですから、政治謀略を堂々と行えたということもありますし、なによりも、関東軍だけが明確な政策プログラムを持っていたことが大きかったのではないですか。
満蒙領有が難しいとわかった後、関東軍は目標を満州国独立に切り替え、「満蒙問題解決策案」「満州占領行政の研究」などの行動プログラムを用意しました。各地に治安維持委員会を設け、将来の地方政府の母体作りを進めて既成事実を積み上げていったのです。それに対して、軍中央にも政府の側にもなんら効果的な解決策がありませんでした。結局、ヴィジョンと行程表と軍事力を有する勢力だけが事態を動かすことができたのです。

私の本にも引用しましたが、木戸幸一は日記に「軍部以外ニハ何等国ノ前途ニ対スル確固タル政策ノ存セザリシコトガ、遂ニコノ破綻ヲ来スニ至レル原因ナリ」(一九三一年一一月一七日)と書き留めています。それを考えると、関東軍の政策を作り上げた中心人物、石原莞爾《かんじ》にはやはり底知れぬ怖さを感じてしまうのです。

――関東軍は中国に主権を認めようとしませんでした。日本にとってそもそも中国をどういう国として見るのかは非常に大きな問題でした。ひとつの国家と見ることができるのか、それともバラバラなのか。どの中国とどのように関係を持つのかが問われる時期が続いたと思います。

確かに中国側のガバナンスには不完全なところがあり、近代国家のように主権が全域に及んでいる状況ではありませんでした。とくに東北部はそうでした。そこになんらかの秩序を形成するという考えは、私は当時はあり得た発想だと思います。

それに満州地域は日本人がどんどん移住していましたし、もともと鉄道の権益もありましたから、あの地域を中国の主権下にあるとは認めることはできなくなっていました。鉄道を守るためにそれに付属する地域も設定されていました。ただ、それにとどまらず、他の地域にも支配を及ぼしていこうと、どんどん拡大してしまった。いちど広げていくと、さらにもっと拡大を、という力をおさえられなくなる。

それで満州だけではなく、上海事変が起きましたし、万里の長城を越えて南へと進んでいきました。上海は満州と違って列国の利害が深くかかわる場所ですから、上海事変は欧米諸国でそれまで見られた日本に対する同情を大きく後退させることになりました。とくにアメリカは、スティムソン(Henry Stimson)国務長官が発表した不承認主義を、不戦条約違反だけでなく、九カ国条約違反にも適用することにした。これを受けるように国際連盟もこの原則を中国だけでなく満州にも適用することを表明したのです。満州国が独立を宣言する頃には、世界はその承認を拒否する態勢を整えたといってよいと思います。

さらには日中戦争が始まると、日本はますます収拾がつけられなくなっていきました。中国側のナショナリズムを理解できなかったのでしょう。

――「影響」と題された第三部は、満州国建国という既成事実を前に、日本の国内政治と対外政策がどう転換していったかが検討されています。国際連盟で満州事変が重要な問題となるということもあり、国際関係の中で事変をとらえるという視点がここでは展開されています。

勉強しているうちに、国際関係史的なアプローチも必要だと思いました。そこで外務省の外交文書室を訪ね、外務省(本省)と出先の国際連盟代表部との間で取り交わされた電信記録(「日支事件ニ関スル交渉経過〈連盟及対米関係〉」一三巻)がまだ使われていないことを知りました。担当の臼井勝美さんにいろいろ教えていただきました。片倉日誌の次に、この博士論文を成り立たせる重要な史料となりました。

——当時の国際連盟の日本政府代表は、駐仏全権大使だった祖父の芳澤謙吉氏です。『外交六十年』の中で、この問題が自分の外交官キャリアの中で最も大変だったというようなことを書いています。電信記録の一方の相手であるわけですが、当時のことについて聞き取りをされたのですか。

祖父は晩酌が一番の楽しみだったのですが、新潟生まれで、いつも地元の「朝日山」というお酒をおいしそうに飲んでいました。一時間ぐらいかけて晩酌をするのですが、私はそのときに出向いていろいろ話を聞きました。非常にゆっくりと話をする人で、温厚ですが頑固でもありました。「軍部が悪い」とはっきり言っていました。外務省がせっかく関係を作りなおそうとしても、どんどん壊していきましたから。

祖父は、この時期、政府代表としてジュネーヴで日本の連盟外交を担っていましたから、関東軍が軍事的に既成事実を作るやり方に本当に苦しんだのではないでしょうか。チチハル進撃、錦州爆撃のときは、政府に阻止を進言しました。そのたびに連盟で、自分も国際的常識から外れている、国際法に悖《もと》ると思うことの弁明を強いられます。外交官の仕事ではありますが、大変だったようです。

中国の提訴をうけて、国際連盟の中でどのように審議がなされたのかを見ますと、当初はそれほど日本へ厳しい姿勢を示していたわけではありませんでした。列強は日本軍を撤退させる強硬手段に訴えるまでの用意はなかったわけです。しかし、関東軍が満州国の独立を画策していきますと、日本外務省は、事変の処理に時間的な猶予を得るためにも、連盟に調査団の派遣を提案します。こうして、一九三一年末にその方向で決まり、リットン調査団が派遣されました。連盟は調査団の報告書を受け取るまで満州問題の討議を打ち切ったのですから、まずは日本外交の勝利と言ってもよかったのでしょう。問題は、この束の間の収拾の機会をどう生かすかでした。

――リットン報告は、日本側から見ると、権益確保のうえではずいぶん譲歩された内容だったと読むこともできます。

満州事変以前の状態に完全に戻すということではなく、ある程度の関与を日本側に認めないわけにはいかないという論調でした。ただ、主権は中国にあるとして、東三省には広汎な自治を認める自治政府を作ること、そして、日本軍には鉄道付属地外から撤退することを求めたわけです。これは事変以前であれば解決策となりえたかもしれませんが、日本政府はすでに満州国を独立国家として承認していましたから、リットン報告の示した方針は真っ向から対立するものでした。満州に関する中国側の主権など認める余地はもはやなくなっていたのです。結局、日本は連盟を脱退しました。

政策決定過程で重要なのは、連盟脱退について支持者、反対者の間で激しく議論されて決定されたわけではなかったということです。連盟を、日本の「自主外交」を制約する足枷のように見ていた荒木陸相が脱退を主張し、内田康哉《こうさい》外相が支持していたようですが、脱退が正式に議論されて決定されたことはありませんでした。首相や政府責任者、宮中関係者、松岡洋右《ようすけ》はじめ連盟の日本代表部の誰一人として脱退を望み、そのために動いた人はいませんでした。こうした政策決定に当たる人々の日和見主義、不決断、消極性のために、関東軍が作りだした状況に引きずられ、自らの政策をそれに適合させてゆく結果になったのです。

「無責任の体制」としての戦前日本

――丸山眞男さんのファシズム論からの影響もありましたか。

『現代政治の思想と行動』はもちろん読みましたし、日本ファシズムをどう捉えるかについてずいぶん考えさせられました。影響が随所に見られるのではないでしょうか。「下からのファシズム」論など、私の本にも引いています。

――「無責任の体制」という言葉を用いていらっしゃいますが、それは丸山さんの「無責任の体系」からヒントを得たものですか。

正確にはよく覚えていませんが、おそらく意識はしていたように思います。丸山先生の「超国家主義の論理と心理」には、大きな影響を受けましたから。

丸山先生の「無責任の体系」論は、指導者たちの精神構造や行動様式に着目したものですが、私は、政策決定の実質的な権限が現地の少壮将校の手中に握られていたという政策決定の二重構造を「無責任の体制」、英語では'system of irresponsibility'という言葉で表現しました。

政治的統合力を欠いた「無責任の体制」が既成事実を積み上げていくとき、政治であれ軍事であれ、指導者が選択しうる政策の幅はますます狭まっていく。既成事実が独り歩きして、誰もそれを止めることができなくなる。既成事実が自己増殖し、誰もが「既成事実の虜」になっていってしまう。そこに働く政治力学や組織の病理を、政策決定過程論の視点から解明したかったのです。

――研究生として岡ゼミにいらした際に、あるいは、この論文を執筆する際に、丸山眞男さんから何か指導を受けたということはあるのでしょうか。

いいえ、ありませんでした。私が研究者になってからは何度かお会いする機会がありました。あんなに刺激的な先生はいらっしゃらないですね。一九六二年から六三年にかけて、先生がオックスフォード大学にいらしたとき、ちょうど日本銀行に勤務していた主人がロンドンに駐在していました。私たちは、オックスフォード大学で先生がガウンをまとって、「開国」という講演をなさったのを聞きに行きました。また先生はロンドンの私どもの家で何度か食事をしてくださったり、大学の構内を一緒に散歩したりしたこともありました。音楽がお好きで、バレエの話やオペラの話を始められると止まらないのです。身振り手振りを交えて舞台の様子を再現されたりして……。話がお上手なものですから、引き込まれるのです。丸山先生は、知的な巨人でした。

現在、丸山先生の蔵書は東京女子大学に収められていますが、私も見学させてもらいました。面白いです。時間があれば、じっくり見てみたいと思います。先生が書かれた五線譜の音譜などもありました。

――緒方さんがおっしゃる「無責任の体制」を生み出した最大の要因は何だったのでしょうか。

最大の要因と言われると難しいのですが。そうですね……。左翼的な考えが軍に入っていたこともあって、組織の上の者への反発が起こったことはやはり大きかったと思います。丸山先生はそれを「下剋上」と表現されていました。

満州事変の政策決定の最も顕著な特徴は、一言でいえば、公式の権威に対する反抗、あるいは挑戦ということです。この点を強調するためにも、反抗や挑戦を意味する英語の defiance という言葉を私の英文著書のメイン・タイトルに用いました(*Defiance in Manchuria: The Making of Japanese Foreign Policy, 1931–1932*, University of California Press, 1964)。

対満州政策を最終的に決定したのはつねに関東軍幕僚でした。彼らは司令官や軍中央部を自分たちの政策目標に同調させるように強制したのです。政策決定権能の拡散と二重構造化を端的に示す事例が満州事変でした。さらに言えば、それが、日本の一連の膨張政策の結果、敗戦という自己破滅の道をたどる政策決定をすすめた全体のプロセスの特徴だったと思います。

――本の末尾は、「満州事変以後に残されたものは、合理的で、一貫した外交政策を実施することのできない「無責任の体制」だけだった」と締めくくっていますね。

そうです。それから、昭和初期に擡頭した国家社会主義的革新運動というファクターも重要です。大陸における日本の利益を擁護することもできず、国内の経済的社会的不安を緩和することもできなかった当時の国家指導者に対する強い不満、鬱積した思いがあって、それが政党政治と資本主義という既存の政治経済体制そのものを否定する革新運動の原動力でした。満州事変が昭和初期に擡頭した国家社会主義的革新運動に属するものであったことは、満州事変を推進した人々の政治思想や満州国が採用した政治理念を検討すれば、明らかです。私の研究でもそこを強調したつもりです。

満州国の建設は関東軍の政治謀略の最大の産物であったわけですが、そのような政治謀略が是認されている政治システム、政治文化のもとでは、責任のある政策決定など期待できません。政治謀略のような、中央の統制が及ばない領域が広汎に存在する限り、政策の決定とその執行について政府や軍中央が完全に主導権を確立することなど到底できないのです。

責任ある体制というのは、下からの突き上げをうまくすくいあげながら、新しい政策を出していって、全体の統合をはかっていくものですが、当時の日本ではそれができなかった。結局は政治的な統合力がなかったということです。

――明治憲法体制の問題もあったとお考えですか。もともと統合がはかりにくい体制だったのを、明治維新を成し遂げた元老たちが求心力を維持してきたわけですが、彼らが去ったあとは統合体制そのものがばらばらになってしまう結果となった。

そういう面はあったでしょう。そのことは私の研究でも若干は触れました。たとえば、この憲法の下では非公式な制度として元老が首相を推薦します。そこにはやや恣意的な状況認識が入り込みます。また元老は、しばしば憲法上責任の地位にない側近の木戸幸一や原田熊雄の意向を聞いていますから、状況に流される面があったことも否定できなかったと思います。でも私はその角度からの分析はしませんでした。体制や制度がこうだったからダメだったというアプローチは、私にとっては面白くないのです。政策決定過程論ではたくさんのアクターが織りなす複雑な動きを追っていくことができますから、ダイナミックな分析が可能でした。そこに大きな魅力を感じたのです。

なぜ「無責任の体制」になったのかも、憲法体制そのものの特徴から演繹的に答えを出すのではなく、具体的な問題に則して、どのようにその無責任性が現れてきたのか、そのダイナミックなプロセスと桎梏《しっこく》を考察する方が、より一層真実に迫ることができると考えました。この本では、中にはしっかりした判断を持つ人々がいたにもかかわらず、政策決定に主たる責任を負う人たちの不決断や消極主義、状況判断の甘さが、どのように政策決定の構造を崩してしまうか、その動態を述べたのです。

――軍部は統帥権の独立を持ち出します。それに対して、政治は軍部になんとか縛りをかけようとしますが、元老の西園寺公望《きんもち》は天皇を利用することを最後まで嫌った。軍部に対抗できる力が政治にはなかったのではないでしょうか。

政治は状況を動かしていくものです。限られた条件のもとで何ができるのか、どう突破できるのか、ぎりぎりまで考えて動かしていくものです。統帥権を盾にとる軍部に対抗できる政治的権威は天皇以外にありませんでした。犬養毅は、実際にはそのような動きはとれませんでしたが、天皇の警告によって軍部の統制を考えたこともあったようです。しかし、もしも天皇の警告に軍が従わなかったらどうなったでしょうか。天皇に傷がついて、立憲君主制の形が維持できなくなる。そういう懸念もあって天皇の政治介入を西園寺はじめ側近たちは許しませんでした。その意味では、一九三〇年代には政治が動きうる余地は確かに小さかったでしょうね。

それでも犬養などは状況をなんとか動かそうとした政治家だったと思います。中国との関係を深めようと、孫文をサポートしていましたし、革命のあとに南京にも行って祝ったようです。犬養は満州事変を「大事の前の小事」と言っていました。つまり中国との関係改善という大事の前の小さな出来事という意味合いでしょう。中国とは交渉によって状況を打開したいという動きは犬養に限らず、その後もたえずあるのですが、結局、関係改善はできませんでした。犬養もテロでやられてしまいましたし、結局、軍部の力が強まる一方で、政治はなすすべを失っていったのです。たとえ統帥権問題が克服されて文民統制ができても、中央の統制の及ばない領域が次第に広がっていきましたから、政府、軍中央が主導権をとることはできなかったのではないでしょうか。

――満州事変が歴史の中でもたらしたものとはなんだったのでしょうか。

満州事変そのものの始末は成功しえたのです。リットン調査報告の線は、外交的には成功だったと思います。しかし、軍部はもはやそれでは済まなかった。それどころか、満州から広がり出した。それがいけなかった。膨張主義には自己増殖の危険が付きまといます。それに伴って列強の日本に対する態度は厳しさを増していき、結局、松岡洋右は発作的に連盟脱退を決定したのです。まったく稚拙な行為でした。

中央の統制が及ばない領域が増えれば、権力にかかわろうとする諸勢力はそれぞれ勝手に行動でき、互いに対決する必要が少なくなります。中央による対立・調整がなければ、政策決定の統一的な構造の発達は妨げられます。満州事変は、そうした合理的で一貫した外交政策を決定し、実施できる体制を崩したと言えるのではないでしょうか。

――このご研究は、執筆された頃に議論されていた戦争責任論とどう関係するのでしょうか。

戦争責任論は研究のメインテーマではありませんでした。もちろん私自身、軍部への反発には強いものがありましたし、軍部の責任が大きいと思いますが、学問のうえでは、責任論のアプローチには関心がなかったのです。

「昭和史」的というか、戦争責任論的な批判というのは、指導層を糾弾するばかりなのです。その時代に生きた人々が与件として受け入れなければならなかった国内外の諸条件や制約要因を無視して議論しているように見えましたし、彼らの意図を曲解しているようにも思っていました。

私は東京裁判を傍聴に行ったこともあります。あの裁判もまた、ある意味で政治的なものでした。私がとくに関心を持ったのは、宣統帝の証言でした。この裁判は、戦勝国による敗戦国の審判に過ぎないものだと思いました。日本の膨張を侵略的一大謀略に起因させるというような前提を受け入れることはできませんでしたが、満州事変から日中戦争そして太平洋戦争に至る日本の外交政策の失敗は明白でしたし、それにかかわった政策決定者にはやはり責任があります。このような問題関心に私なりに答えを出そうとしたのが、満州事変研究だったのです。

でも研究するにつれ、答えよりもいろいろな問いが出てきたのも事実です。学ぶことに終わりはありませんね。

――この博士論文は英語で提出されたのですね。

史料を英語にするのはなかなか大変なことでした。途中で中断もありましたが、四年がかりでようやく仕上げ、一九六二年初頭に提出しました。

論文の口頭試問(ディフェンス)は、スカラピーノ先生をはじめ審査にあたる先生たち全員が日本に来られるという機会がたまたまありまして、そのときに行うという案が浮上したのですが、ちょうどその日が長子の出産予定日にあたってしまい実現しませんでした。結局、夫のロンドン赴任の際にアメリカに立ち寄って、ディフェンスに臨んだのでした。

博士論文はカリフォルニア大学出版局からすぐに出版の話が持ち上がりました。一九六四年です。夫がロンドンから日本に帰る際にバークレーに立ち寄り、刷り上がった本を持って東京に帰ってくれました。その後、一九六六年に原書房から日本語版を出しました。

近々、中国語でも出るようです(二〇一五年七月に刊行)。いまの歴史認識の水準ですべてを判断するのではなく、どういう歴史の積み重ねの中で満州事変が起きたのか、どんな複雑なプロセスが日本国内にあったのか、中国側にも知ってほしいものです。

——ぜひお聞きしたいことがあります。ご自身を歴史家(ヒストリアン)とお考えですか、それとも政治学者(ポリティカル・サイエンティスト)とお考えでしょうか。

うーん、難しい質問ですね。ヒストリアンでしょうが、事実を実証的に突き詰めるというよりも、政治学の枠組みをつかって分析したり解釈することに面白みを感じますね。そういう意味では政治学者でもあるのでしょうが、いずれにせよ、私にとって、両方は切り離せないものなのです。政策決定過程論はその両者をつなぐ知的ツールだと思っています。

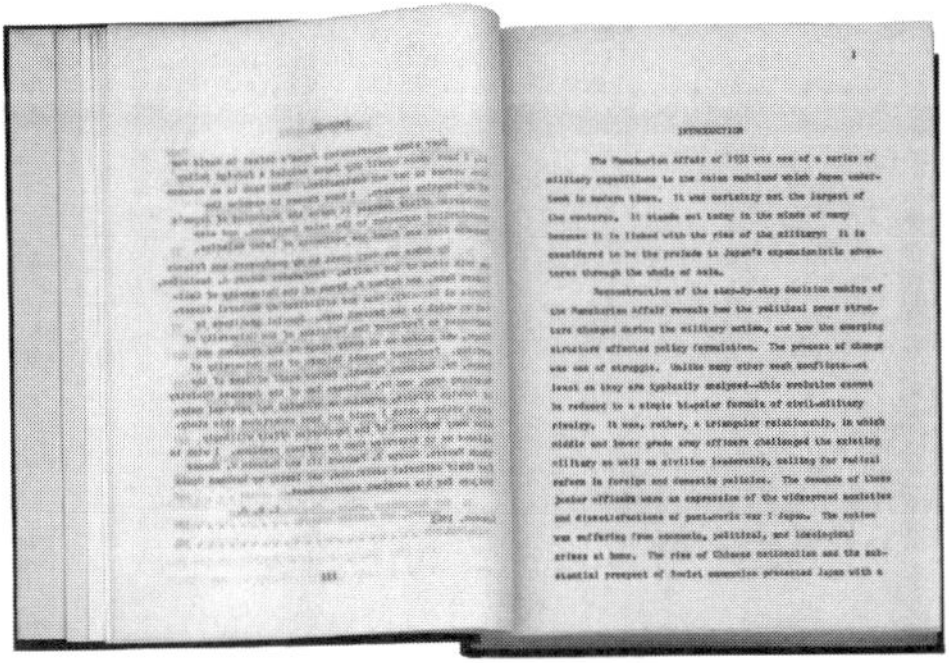

カリフォルニア大学バークレー校に提出した博士論文.

結婚のいきさつ

——ここで、お話にも出ました緒方四十郎さんとのご結婚のいきさつについてうかがわせてください。

一九五八年にアメリカ留学から帰ってきて、博士論文の準備をしていたのですが、英国大使館が日本の若い外交官や留学帰りなどを集めた会合を始めるというので、誘われました。そこで私も英国の若い書記官と友達になりました。そのうち、毎月最初の木曜日に定期的に会合を開くようになり、「ファースト・サーズデー・クラブ」と呼ぶようになりました。海外経験のあるいろいろな人が集まってきまして、ずいぶんと賑やかな会でした。

海外に留学して自由な空気を吸ってきた人たちは、日本に帰ってくると、欲求不満になりがちでした。そういう人たちが集まり、毎月交代で誰かが話をして、食事をする会でした。私も「レボルト・イン・アメリカ(アメリカにおける反乱)」といった話をしたのを記憶しています。反乱の中にこそ進歩がある、というような理論についての話だったと思います。この会に、フレッチャー・スクールから帰ってきていた緒方がおりまして、知り合ったのです。私は博士論文を仕上げながら、デートするようになりまして、とても楽しく交際を重ねました。結婚は一九六〇年一二月でした。

――ご両親からの紹介ではなかったのですね。

そうではないのですが、実は、緒方は、私と出会うずっと前から、祖父の芳澤謙吉を知っていたのです。湯河原の町野武馬という方の邸宅に、緒方は実父・竹虎とたびたび通っていたそうです。町野さんは張作霖の顧問を務めたこともある人ですが、町野邸には来客が多く、芳澤の祖父もその中の一人で、そこで緒方は知り合ったようです。湯河原から東京まで一緒に帰ってきたこともあったと言っていました。そういうこともあり、私が友人たちに「マイ・グランド・ファーザーズ・フレンドと結婚した」と冗談めかして言うと、一体どうなっているんだ、そんなに年を取った男性と結婚したのか、などと皆きょとんとしていました(笑)。

結婚した頃は、緒方は日銀の大阪支店勤務でした。六甲に家を借りて、そこで結婚生活を始めました。初めての関西暮らしで、いろいろなところを一緒に歩きました。関西は良いところだと思いました。長男の篤が生まれたのは、一九六二年です。

夫・四十郎と長男・篤とともに.

緒方は話好き、議論好きで、しょっちゅう家に人を招いて、パーティをしては話し込んでいました。好奇心旺盛で、とくに歴史が好きでした。東大を持ちました。とくに歴史が好きでした。東大の岡義武ゼミに参加していたことも関係しているのかもしれません。

義父の竹虎が亡くなったのは、一九五六年でしたので、私は残念ながらお会いすることはありませんでした。義父は戦前、朝日新聞社主筆などを務めたジャーナリストで、その後、政界に転じた人物です。戦後、公職追放が解けて政界復帰しまして、吉田茂内閣(第四次。一九五二年〜)で官房長官、副総理を務め、吉田のあとを受けて自由党総裁になった人です。緒方はそういった父を見て、心中ひそかに、政治家・緒方竹虎の秘書官になりたい、米国のウッドロー・ウィルソン(Woodrow Wilson)大統領のアドバイザーを務めたジャーナリスト、ウォルター・リップマン(Walter Lippmann)のような役割を果たしたいと思っていたようです。このあたりの話は、緒方が書いた『遥かなる昭和――父・緒方竹虎と私』(朝日新聞社、二〇〇五年)に詳しく載っています。

そういえば緒方とは、『二人の昭和史』といった本を書いたら面白いかもしれないなと話したこともありました。二人とも家族、縁者に政治家、外交官などがいましたから、昭和の政治史と個人史を重ね合わせた筋立てにすればなかなか面白いのではないか、というわけです。構成を二人で考えたところまでいきましたが、二人とも忙しくしてこの話はいつの間にか立ち消えになりました。

私が日本を離れていろいろな仕事を続けてこられたのも、緒方のサポートがあったからです。向こうがどう思っているかわかりませんが(笑)、パートナーとして感謝してもしきれないと思っています。

第4章　研究と教育

日本では、リベラリストは弱かったのです。ナショナリストの発言の方が威勢がいいし、人間の感情に強く訴えかける。それに行動が伴うことも多かった。どの時代でも、威勢のいいことを言う人はいるものです。でも威勢がよすぎるのは危険な兆候です。

河口湖会議へ

――今回は緒方さんの研究活動について、主なものをたどる形でお聞きしたいと思います。まず、一九六九年七月、五日間にわたって、河口湖の畔で「日米関係史会議」が行われました。いわゆる「河口湖会議」ですが、これは、真珠湾攻撃へ至るまでの過程について日米両国の研究者が分担して報告し、議論し合うという画期的なものでした。緒方さんも参加されていますが、これにはどういう経緯があったのですか。

さかのぼって前史からお話しします。一九五三年に最初のアメリカ留学から帰ってきましたら、父はいろいろな有識者を訪ねて今後の活路を考えることを勧め、まず松本重治さんに会いに行きなさいと言いました。松本さんは父が中国在勤当時からの旧知で、戦中は同盟(同盟通信社)の上海支局長で、対中和平工作などにも関与されていました。

そこで、松本さんにお会いしましたら、「アメリカで勉強して帰ってくると、日本はつまらないだろう。国際文化会館でいろんな話し合いをやっているから、いらっしゃい」と言われたのです。会館にある「キュービクル」といわれる小さな研究個室をいただいて、そこで私は博士論文の執筆に専念いたしました。当時、松本さんと東京大学の高木八尺《やさか》教授が中心となって日米関係の研究会を行うことになって、そこに私も入れていただいたのです。以来、いろいろな会議や研究会にも参加させてもらいました。

そのひとつが、一九六〇年夏の箱根会議です。戦後に開いた国際的な研究会議の一番初めのものでした。マリウス・ジャンセン(Marius Jansen)、ジョン・ホール(John Hall)、エドウィン・ライシャワー(Edwin Reischauer)、ロナルド・ドーア(Ronald Dore)、ドナルド・シャイヴリー(Donald Shively)ら、アメリカ、イギリスから十数名の日本研究者が参加し、日本からも丸山眞男や川島武宜《たけよし》、加藤周一、遠山茂樹といった代表的な学者や知識人が出席しました。そこに、私やハーヴァード大学から帰ってきた有馬龍夫さんなど留学帰りが通訳兼助手ということで駆り出されたのです。この箱根会議が準備会になって、その後もいろいろなところで研究会議が開かれました。その成果の一端は『日本における近代化の問題』(マリウス・ジャンセン、細谷千博編、岩波書店、一九六八年)にまとめられています。

このような会議を開催する中で、国際文化会館のスタッフだった鶴見良行さんが走り回って、大きな会議を行うようになったのです。みな、熱心に議論を重ねていきました。

その頃、アメリカからはマリウス・ジャンセンが国際文化会館に招かれて住み込んでいました。当時、会館の離れのようなところに二軒家があって、ひとつにはアメリカ人が住み、もうひとつは松本さんが利用しておられました。良い時代でした。純粋に研究と交流に専念する人々が生活をともにして楽しんでおられました。

――そういう中から、国際文化会館のサポートで河口湖会議が組織されたのですね。

そうです。松本さんが強力に支援していました。国際文化会館が運営費の多くを援助してくれただけでなく、蠟山《ろうやま》道雄さん、田辺龍郎さん、鶴見さんといった当時の会館のスタッフも、会議の準備だけでなく、当日の運営進行を担っていました。

――河口湖会議の成果は『日米関係史――開戦に至る一〇年』(東京大学出版会、一九七一～七二年)として四巻にまとめられています。その「はしがき」によれば、そもそものきっかけは、細谷千博さんが一九六六年一二月、アメリカ歴史学会の招きで「真珠湾二五周年」の特別パネルで報告され、そのあとでコロンビア大学のファカルティ・クラブでジェイムズ・モーリー(James Morley)教授、ドローシー・ボーグ(Dorothy Borg)教授などと語らった際に、日米両国で真珠湾に至る道を再検討する会議を行う構想が浮上したとのことです。

日本側は細谷先生が中心で、斎藤真さん、今井清一さん、武者小路公秀《きんひで》さん、臼井勝美さんが委員会のメンバーでした。アメリカ側とすり合わせて、対米開戦までの一〇年間の対外政策決定過程を、主要なアクターごとに検討していくことになったのです。たとえば、政府首脳について、日本側は今井清一さんが天皇・重臣・内閣を担当し、アメリカ側はノーマン・グレイブナー(Norman Grabner)が大統領を担当する、といった具合です。こうして、外交機関から陸海軍、議会に政党、財界、マスメディア、知識人などを、それぞれ日米で検討しました。参加者は総勢三〇名、アメリカ側にはアメリカ外交史の錚々たる顔ぶれが揃っていました。

河口湖会議は本当に刺激的で有意義な会議でした。英語版も早々とコロンビア大学出版会から刊行されました(Dorothy Borg, Shunpei Okamoto eds., *Pearl Harbor as History*, Columbia University Press, 1973)。単なる論文の寄せ集めではなく、分析の焦点を政策決定過程に合わせたことが、当時としては非常にユニークで、これが日米で多くの読者を得た大きな理由ではないでしょうか。

もうひとつ、河口湖会議の前史という意味で、指摘したいことがあります。それは、日本国際政治学会が一九五〇年代末から六〇年代初めにかけて取り組んだ開戦外交史の研究プロジェクトです。当時の学会理事長は外交史の神川彦松先生、研究プロジェクトの委員長は角田順さんで、細谷先生は研究プロジェクトの中心の一人でした。私も研究会に参加していました。その成果は、『太平洋戦争への道』全八巻(朝日新聞社、一九六二～六三年)として刊行されています。

ハーヴァード大学の入江昭さんによれば、この『太平洋戦争への道』を読んだモーリーさんが研究の水準の高さに感動し、プリンストン大学のジャンセンさんに一読を勧めたところ、ジャンセンさんも、これはいままでの日本の学者が書いたものとは別次元のものといってよいほど高水準なものだ、と絶賛されたそうです。入江さんも河口湖会議に参加して、論文をお書きです(「駐日アメリカ大使館の役割」)。

河口湖会議のベースには、国際文化会館という場、日米の知的ネットワークに加えて、日本国際政治学会の開戦外交史研究プロジェクトという大きな知的資産があったのです。開戦外交史の日米共同研究をやろうという提案はモーリーさんから、そして政策決定過程論を分析の枠組みに使おうというアイディアは細谷先生から出たのだと思います。ただ残念なことに、モーリーさんは河口湖会議当時、在日米国大使館に籍を置かれていたので出席を遠慮されたのでした。

河口湖会議には、松本重治さんも「歴史の証人」として特別参加され、口頭報告されています。もうお一人は蠟山政道さんです。先に名前の挙がった蠟山道雄さんのお父上です。

私は、民間団体の担当でした。民間団体は、日本側は伊藤隆さんが右翼を、私が国際主義団体を受け持ちまして、アメリカ側はミシガン州立大学のウォレン・コーエン(Warren Cohen)が報告しました。

——民間団体の担当は、緒方さんが希望なさったのですか。

「お前がやれ」とあてがわれました。細谷先生がみんなに割り振ったのです。

戦前日本の自由主義者

――ご報告は「国際主義団体の役割」として『日米関係史』第三巻に収録されています。会議にはペーパーを出して報告をして、それをもとに議論したのです。会議に提出した最初のペーパーにはずいぶん手を入れて、全面的に書き換えました。

――大日本平和協会、日米関係委員会、日米協会、国際連盟協会、太平洋問題調査会といった自由主義的な民間団体を取り上げ、一九二〇年代からの推移を分析しています。

いろいろな団体が生まれましたが、人間的なつながりが最初から密接だったのです。たとえば、一九〇六年に大日本平和協会を創立した渋沢栄一はその後のほとんどすべてにかかわっているのではないですか。民間団体とはいっても、政府と距離があったわけではなくて、日本の場合、かなり近いのです。政府からの財政援助を受けているところもあるぐらいでしたから。

一九二〇年代には、日本の自由主義的な民間団体は、ワシントン体制を積極的に受け入れて、軍縮を唱え、国際連盟を支持しました。中国問題については軍事的な侵略は否定していますが、経済的な進出は積極的に主張していたと思います。日本が中国に特殊な権益を持っていてこの地域に進出することは正当と考えていました。経済進出にとどめて軍事侵略を否定すれば、国際的衝突は避けられる、というのが基本的な考えでした。彼らは国際連盟を基本的に支持していましたが、中国問題を考えると、極東に関する連盟の認識には不安というか懸念を持っていたのです。

またアメリカが排日運動を強めて、移民法を制定すると、それに強く抗議しました。自分たち日本人は屈辱を受けたとして、ナショナリズムを掻き立てられたのです。あの新渡戸稲造ですら、移民法が改正されるまではアメリカには行かないと言ったぐらいです。移民法の撤廃、それをめぐる日米関係の調整も自由主義グループのひとつの課題でした。アメリカの要求もなかなか厳しいものでしたから、国内状況を見ながら対応する自由主義者も苦しかったと思います。日本の民間団体は、自由主義の原則だけで進めない複雑な状況に置かれていました。

――一九三〇年代になると、急速に弱体化していくわけですね。

ひどいものでした。満州事変について強い抗議もせず、連盟脱退に対してもめぼしい反対論はありませんでした。日中戦争の間に日本は徐々にナチスのドイツ、ファシズムのイタリアに接近し、一九四〇年に三国同盟を締結します。このときにも、個別の批判はありましたが、グループとして憂慮を示すような反応はなかったのです。もちろん、右翼や軍部からの圧力はそうとう激しかったですし、発言の取り締まりも強まっていきます。その頃になると民間団体は無力化していくのです。

そのような中で、自由主義的な立場を捨てずに、時流に抗して発言したり、緊張緩和のために尽力する個人もいました。清沢洌《きよし》とか、田川大吉郎、高木八尺といった人たちです。

私は清沢の本は好きで、ずいぶん読みました。あの時代によくここまで書かれたなと思ったものです。清沢は日本の対国際連盟政策に正面から挑戦した唯一のジャーナリストだったと思います。論文にも引用しましたが、彼は「内田外相に与ふ」(『中央公論』一九三三年三月号)と、「松岡全権に与ふ」(同五月号)と題する論文を発表しています。これは記憶に鮮明に残る論文です。「強硬でさへあれば喝采する国民の心理を乱用して、焦土外交をいひ、向ふ見ずの自主外交をしている」「あなたはこの重大岐路に立つ日本を救ふために、与論に背を向ける意志はないか」と激しく迫っているのです。その清沢も一九三九年頃になると、活発な執筆活動を封じ込められてしまいました。

高木八尺は、実際に日米関係の悪化を阻止しようとしてアメリカの知己に働きかけ、日本海軍にも考えを訴えていたのです。高木先生にはこの論文を書く際にインタビューをさせていただきました。

それに、「関東防空大演習を嗤ふ」など軍部批判を繰り広げた優れたジャーナリストの桐生悠々《きりゅうゆうゆう》、無教会派の矢内原忠雄、経済的な観点から拡張主義を批判して「小日本主義」を唱えた石橋湛山、それに柏木義円《ぎえん》もいました。柏木は、キリスト教の安中教会牧師ですが、彼自身が創刊した『上毛教界月報』で、一貫して非戦論を展開しました。

個々には優れた判断をした政治家、言論人、学者はいたのですが、結局、彼らは組織化されなかったのです。団体として活動することができなかった。本当は、自由主義者の組織化のためには政治家が立たなくてはならなかったのですが、テロの恐怖で政治が次第に萎縮し、最後は大政翼賛会に糾合されて、政治家も活動する余地がなくなったのです。やはり軍部にはかなわなかった。

――それはなぜだったのですか。

論文の結論でも書きましたが、その最大の理由は日本の自由主義者はナショナル・リベラリストだったからだと思います。エリート主義という弱点も抱えていたと思いますが、結局は、彼らの多くが、日本の中国権益の拡大を願うナショナリストと変わらず、日本の膨張政策の弁護者になってしまった。

「持たざる国家」として現状を変えるのは正当という気持ちがありますから、リベラルとしては否定すべき軍の行動を否定しきれないのです。日本の特殊な地位を重視して、国際連盟の平和維持能力に対する評価は低かったのです。蠟山政道、高木八尺、横田喜三郎、神川彦松といった学者が、太平洋や東アジアの地域的な平和機構の構想を打ち出したのはそのためだったと思います。モンロー・ドクトリンがしばしば引き合いに出されましたが、連盟などの普遍的な国際法秩序と日本の権益の追求、アジアでの地位の確立の関係を、そういう地域的な枠組みで保とうとしたのでしょう。しかし、それも軍の拡張主義的な行動拡大で可能性が急速になくなっていきました。

国際秩序のためにはときには国家的要求を厳しく抑制しなくてはならないという自覚の弱さを感じるのです。もちろんそうでない人たちもいたのですが、例外的な少数者でした。その人たちも全体としてまとまって活動するということがなかった。組織化されなかったのです。

一般的に、リベラリストの発言はパンチがきかず、形にならないことが多かったのです。松本重治さんも、中国にいたからいろいろ動けたこともあったと思います。東京だったらどれだけできたか、難しかったと思います。結局、日本では、リベラリストは弱かったのです。

ナショナリストの発言の方が威勢がいいし、人間の感情に強く訴えかける。それに行動が伴うことも多かった。どの時代でも、威勢のいいことを言う人はいるものです。でも威勢がよすぎるのは危険な兆候です。いまの日本の政治家の中にもそういう傾向は見て取れるのではないですか。私にはそう思われます。

――論文では、自由主義者と並んで、キリスト教信者のことも取り上げておられます。河口湖会議の頃に、同志社大学の『戦時下抵抗の研究――キリスト者・自由主義者の場合』(全二巻、みすず書房、一九六八〜六九年)が出ました。これは非常に大事な研究で、論文でも確か使っているはずです。弾圧をうけながらも、無教会派とフレンド派が軍国主義と対峙しましたが、多くのキリスト教団体は国家権力の圧力に屈して、日本基督教団に糾合されて、国策に協力していきました。彼らは神社に対する崇敬、天皇に対する忠誠といった問題に苦しんだのです。自分たちの弱い立場をなんとか守ろうと、一九四一年六月に、プロテスタント系三三団体が日本基督教団を結成したのですが、その創設総会で次のように宣誓します。「われらは基督教信者であると同時に、日本臣民であり、皇国に忠誠を尽くすを以て第一となす」と。

——日本の新聞も一九三〇年代に大きく変わっていきます。満州事変が起きると、満蒙権益を守れという主張が強まります。

マスコミがもっと強くなければいけなかったということは、義父（緒方竹虎）もよく申していたようです。二・二六事件で決起した軍が新聞社に入って輪転機をみんな壊してしまったりしたわけです。それでももうひと頑張りするべきだったと言っていたようです。新聞社にはまだリベラルな人々がいました。

もうひと踏ん張りといっても、殺される覚悟でやらなくてはならなかったわけですから、限界はもちろんありました。何のために踏ん張るのかを考える力も弱かったのかもしれません。

——この論文を読んで、政治的な力は弱かったかもしれませんが、逆に日本には活動的な国際主義団体が結構あったのだなという印象もありました。それに比べて、いまの日本には活発な国際主義団体がどれだけあるのだろうかと思います。

私はいまの日本にはほとんどゼロだと思いますよ、残念なことです。国際主義団体の力がこれほど弱いと、何か起きたときに非常にまずい事態になると思いますね。何もないのではないかと思います。第一、芯がないのですもの……。私は論文の最後を、「自由主義的民間団体の敗北は、組織的に行動し得なかった自由主義者の政治行動の敗北でもあった」と締めくくったのですが、この歴史の教訓を肝に銘じなければならないといまも思うのです。

財界研究

――一九七七年に発表された論文「日本の対外政策決定過程と財界――資本自由化・日中国交正常化過程を中心に」(細谷千博・綿貫譲治編『対外政策決定過程の日米比較』東京大学出版会)では、財界の役割について、資本自由化や日中国交正常化を事例として分析されています。当時はマルクス主義の影響が強かったせいか、「経済界」や「財界」というと裏で政治を動かしているイメージはあったものの、きちんとした研究はあまりされていなかったように思います。

財界は総資本の代表で、自民党と一緒に大事な物事を決めているという見方が流布していましたが、ぜんぜん分析的ではありませんでした。私はそういう意味での偏見は持っていなかったように思います。経済界と言ってもいろいろな組織や団体が絡んでいますから、そもそも一枚岩ではないのです。

この論文では、経済界を三つの層に分けて検討しました。まずは上から「財界」。国際的な情報が豊かで、業界や企業の間の利害調整に当たる層です。次に「業界」。業種ごとの利害を追求して政府の行政指導の対象になる層です。そして個別の「企業」。これらの三つの層それぞれに即して検討したのです。問題によって影響を与える経済界のレベルが異なります。それぞれの層もまたいくつもの利益が衝突したりしています。経済界の中もダイナミックなものでした。

財界関係者にはずいぶん聞き取りに行きました。朝日新聞の箱島信一さんが教えてくださり、どの経済人もよく話してくださったと思います。経団連会長だった植村甲午郎さん、副会長だった堀越禎三さん、住友化学工業社長だった長谷川周重《ちかしげ》さん。どなたも立派な方で、丁寧にお答えくださいました。

全日空の社長を務めた岡崎嘉平太さんにもお会いしました。日中国交回復で大きな役割を果たした覚書貿易事務所の代表をなさって、中国との関係に尽力された方ですが、緒方（四十郎）が存じ上げていたのです。それでお会いできたのです。戦前からの長期的な視野で中国との関係をよく考えておられました。その後も、中国からの留学生に奨学金を出しておられます。

――当事者にインタビューを重ねる手法も、いまではオーラルヒストリーとか言って行われていますが、当時は珍しかったのではないですか。

私が行なったのはヒアリング、つまり聞き取りですから、いまのオーラルヒストリーとは違うと思います。回想録のためにインタビューするのではなくて、政策形成・決定過程を明らかにするために研究者が前もって資料を洗いざらい見て、それで欠けているところ、解釈に迷うところをインタビューで補うのです。ですから、経団連の会館にはずいぶんと通いました。きちんとした図書室があって、そこで資料を読み込みました。

――資本自由化と日中国交正常化の二つを取り上げたのはどうしてだったのでしょう。

ある意味では、対照的だったからです。資本自由化は日米関係で経済問題、日中国交回復は日中関係で政治問題が絡む。この二つを見ることで、日本の政策決定の中で財界がどういう役割を果たしているかが見えてくるだろうと思ったのです。

両方とも、外からの強い力が働いたものです。資本の自由化は日本のＯＥＣＤ(経済協力開発機構)加盟以降、アメリカがずっと促したかった。財界としては自由化は本当は嫌で、競争力をつけたあとにしたい。大きな業界は、自民党の国会議員に期待しないで、政府、とりわけ通産省と直接話し合いをしていました。もともと通産省の保護の下で企業や業界が育ったこともあり、どちらかといえば、官僚主導の中で自由化を段階的に進めていったのです。通産省は業界の国際競争力を培養するために、行政指導で合併・再編を進めながら自由化を決めていました。政策決定過程のタイプとしては「日常型」と言えるものだったと思います。

ただ自由化が自動車や電算機に及んだときには、それでは乗りきれなくなった。そこで大きな役割を果たしたのは、対立する日米経済関係を打開しようとする佐藤栄作首相や愛知揆一外相、福田赳夫蔵相、大平正芳通産相らの政治的判断でした。電算機の自由化では田中角栄首相の判断が大きかったのです。最終的に経団連は自由化に全面的に踏み切り、そのかわり、業界の救済措置を政府に強く求めていくことになります。

これに対して、日中国交正常化では、政府が出るのはずっとあとのことで、基本的には民間主導型でした。国交回復前から、政治と切り離された形で「友好商社」を通じる経済的な結びつきは進んだのです。覚書貿易(廖承志・高碕達之助の頭文字をとったLT貿易やメモランダム・トレードの頭文字をとったMT貿易)という形のものです。そういう中で、一九七〇年に周恩来が国交回復に備えて大規模な経済交流の担い手になるべき企業グループに国交回復四原則で揺さぶりをかけてきました。そのときも、財界、業界、企業は独自に判断して、訪中団を派遣したり、中国側の要人と会ったりしたわけです。利益を追求する業界や企業が動くのは自然でした。たとえば硫安工業協会の利益を考えて長谷川周重住友化学社長は、早くに四原則の受け入れを表明しました。日本の硫安の半分は中国に輸出していたのです。

面白いのは、東京よりも、関西の企業が中国に傾斜していくことでした。その辺は日本国際貿易促進協会関西支部の木村一三さんから詳細にうかがうことができました。長谷川さんも言われていましたが、戦後に関西経済が沈んだのは、中国市場がなくなったからという考えが強かった。それに、関西は政府とのつながりが東京ほど太くはなかった。そういうこともあって、どちらかといえば、関西が積極的に動いて、東京の財界はあとからついていったという構図だったのです。鉄鋼でも住友金属の日向方齊《ひゅうがほうさい》社長が周四原則を受け入れて、日本鋼管、川崎製鉄、神戸製鋼が続くというパターンが見られたのです。それが財界レベルの動きになり、積極的だった経済同友会の木川田一隆代表幹事が、政府との関係から態度を表明しにくかった新日鉄の永野重雄会長に受け入れを説得しました。永野さんの動きに佐藤首相は激怒したといわれています。それがこの政策決定過程の流れを決めたと言ってもよいのでしょうね。

政治が最終的に国交を決めたときには情勢はほぼ整っていた。非常に面白い事例だったと思います、政策決定過程研究として。

――この研究は、細谷千博先生が中心の「政策決定研究会」の成果ですね。

細谷先生は国際政治や外交史研究のオーガナイザーでした。機会があるごとに、若手にも声をかけて、分け隔てなく一緒に議論してくださったのです。『対外政策決定過程の日米比較』という書名が示すように、この研究プロジェクトは河口湖会議の戦後版といえるものでした。国際会議とまでいかなかったですが。神田一ツ橋の如水会館で、月に一度、午後六時に集まり、会食ののち九時過ぎまでいろいろ議論しました。何年も続けましたが、綿貫譲治さん、関寛治さん、武者小路公秀さん等が中心メンバーで、私も勉強しました。懐かしいです。

——満州事変の研究後も、政策決定過程論は重視されているようです。

政策がどのようにして形成されるのかを勉強しないと、政策そのものがよく理解できないのです。そういうこともあって、政策決定過程論を使って分析するのは効果的だと思っていました。非常に魅力的な枠組みで、研究にも実践にも使えるツールでした。

満州事変の研究は、軍部が中心で、経済アクター、民間アクター、世論などを十分に取り上げて博士論文にまとめることはできませんでした。アクター間の役割を研究したいという気持ちはずっとありましたので、その後も機会あるごとに、重要な事例を取り上げてはさまざまなアクター間の役割を研究しました。もっと研究を重ねれば、日本の政策決定過程、あるいは外交がよりよく見えるようになったのではないでしょうか。

——当時アメリカに留学されて戻ってきた人たちは、冷戦リアリストと呼ばれるイデオロギー的な立場を明らかにして研究される人が多かったと思います。高坂正堯《まさたか》さんや永井陽之助さんですが、緒方さんはそうした議論からは距離を置いていたように見えます。

私は論壇の時事評論的なものよりは、実証を通して成果を示したいと思っていました。ただ、資料を積み上げて実証研究をするというよりは、ステップをたどってどのようにして政策にたどりつくかを検証することに興味があったのです。枠組みを使って実証分析する方が面白いと思っていました。

米中・日中国交回復の比較研究

――一九八八年に、カリフォルニア大学の東アジア研究所から、*Normalization with China: A Comparative Study of U.S. and Japanese Processes* をお出しになっています。その日本語版は、一九九二年に『戦後日中・米中関係』（添谷芳秀訳、東京大学出版会）として刊行されました。日本とアメリカの対中国交正常化をトータルに比較する研究です。

米中接近を受けて、日本がそれに追随しているとばかり言われていましたが、実際どうだったのかを検証したいと思ったわけです。この研究でも日米の多くの方にインタビューしました。アメリカではジョン・ホルドリッジ（John Holdridge）、ポール・クライスバーグ(Paul Kreisberg)のほか、サイラス・ヴァンス(Cyrus Vance)元国務長官にもお目にかかりました。中国研究者でもあるマイケル・オクセンバーグ(Michel Oksenberg)には正常化過程の詳しいお話をうかがいました。それだけでなく、彼には最初の北京の米国連絡事務所所長で国交回復後の初代の駐中国大使のウッドコック(Leonard Woodcock)さんに引き合わせていただいたのです。かなり時間がかかった仕事で、スカラピーノ先生にもずいぶんと助けてもらいました。

二つの国交正常化のプロセスを実証的にたどるという意図もあったのですが、それ以上に、日本とアメリカの対外政策決定過程を比較することに主眼を置いて書きました。一九七〇年代という同じ時期に、日米の対中国交正常化は進むわけですが、そのプロセスはまったく違っています。日中関係と米中関係が歴史的にも異なっているのは当然ですが、それだけではプロセスの違いは説明ができません。そこから、日本とアメリカの対外政策とその決定過程の基本的な性格を浮かび上がらせようとしたわけです。

――その意図は良く伝わってきます。ニクソン(Richard Nixon)とキッシンジャー(Henry Kissinger)のアメリカが戦略的な思考で対中和解に邁進していったのに対して、日本は、「外交政策の認識における戦略的・軍事的思考の欠如が特筆される」と、非常に手厳しい評価でした。

日本は米中が自分たちの頭越しに関係を結ぶのを非常に恐れていました。アメリカとの関係を壊すことを懸念して自分からは動けなかった。実際、ニクソンがそうしたときに、文字通りのショックを受けて、政府は対中関係の正常化を急いだのです。アメリカは自分の行動が、日本に、あるいはアジア諸国にどういう影響を与えるかはほとんど考慮していない。いずれ適応するという考えですね。世界全体をにらんで戦略的思考で行動しているのです。

アメリカは、ニクソンのリーダーシップとともに、キッシンジャーの存在が大きかった。彼に限らず、戦略的に外交政策を考える人がアメリカにはいます。冷戦対立の一方の当事者ですから、戦略的思考なしの外交はありえないとも言えるのでしょうね。

――戦略的思考という意味で興味深いのですが、中国は平和友好条約に「覇権」条項を入れようとしますが、日本は米ソ中の戦略関係に巻き込まれるのを非常に嫌がりました。

そうです。中国は「反覇権」という言葉によって、反ソを意図しました。また、ソ連は米中が接近すると、日本に急速にアプローチしはじめました。ニクソン訪中後に東アジアの大国間関係が一気に流動化していくわけですが、日本は、たとえば中国とソ連を競わせて、日本に有利な勢力均衡を模索するというような大胆なことは考えようとしませんでした。ニクソン・ショックが日本により自立的な外交を考えさせる契機にはなったことは間違いありません。でも日本は二国間、近隣外交を出ようとはしなかった。そういう戦略関係に入るのが怖かったのでしょう。日中平和友好条約を結んだ福田首相が表明した全方位外交というのは、まさにその表れだと思います。

そうなると、つねに受け身的な姿勢になるのです。状況を変えるという発想ではなくて、状況がこうなったからどうするか、という発想なのです。それを、日本の身の丈に合った実利外交の成功という評価もあり得るでしょう。しかし日本は考えている以上に大きな国なのです。実利一辺倒では、状況を動かす外交にはならないのではありませんか。

――当時の日本に戦略的思考を求めるのは酷なような気もしますが。

戦争で徹底的に敗けて、戦後は憲法上も国内世論も平和主義が強まったこともあって、日本政府は対外関係を戦略的な発想でとらえることを自ら封印したのではないでしょうか。それに、日本の安全保障は、日米安保を基礎にすることで、アメリカの外交政策や世界戦略に完全に依存していましたから、自分で考えて動く必要がなくなった。それが習い性になっていったように思います。

ただ、戦前の日本に戦略的思考があったかといえば、どうでしょうかと言わざるを得ません。どういうわけか、日本人の戦略的思考は神がかりになるのですよ(笑)。石原莞爾は図抜けていたとは思いますが、日米決戦を予言するような『最終戦争論』のように合理的ではない。日本人は昔から得意ではなかったのではないですか。そうじゃないと、あのような戦争に突き進むはずがなかったでしょうし……。

——日米の対中国交正常化の政策決定過程を比較して、類似点もいくつかあるとお書きになっています。官邸とホワイトハウスが主導して、外務省や国務省をタッチさせなかったところ、政府部外者の活用などです。

そうです。ニクソンとキッシンジャーは、国務省を排除して秘密外交を展開しました。国際政治構造の変更を伴うような大きな戦略的外交は、イデオロギー的に国内政治を分裂させますから、省庁、議会を巻き込む政策決定過程を通じては実行できないと考えていたと思います。そのため、古典外交に近い形になりました。日本でも外務省の影は薄くて、もっぱら田中角栄と大平正芳の政治的決断でした。外務省のかかわりは、条約的な詰めですとか、法律的な調整ぐらいだったのではないですか。外務省官僚はそうしたことは見事にやります。中国が「法匪」と呼んだぐらいですから。しかし、大きな流れを作ってそれを推すということはできないのです。

日本も政治主導でしたが、それによって関係正常化を短期間で進めることができたのは、すでに経済界や民間団体などが長年にわたるパイプづくりをコツコツとやっていたからです。水面下の動きが一気に浮上したわけです。それと、社会党、公明党といった野党も独自に動いて協力しましたから、自民党の親台湾派などを除けば、超党派で取り組むことができました。ある意味で条件が整っていたわけです。

国内政治との関連にも違いがあったと思います。アメリカにとって対中国交は、台湾の安全をどう維持するかという問題でしたから、政策決定は保守的な親台湾派の議員の圧力の中で進められました。彼らの説得が重要な課題でした。親台湾派は米中正常化にあたって「台湾関係法」を成立させて台湾防衛へのコミットメントを明らかにしました。国内政治過程が正常化後の米中関係に形として残っているわけです。

日本にとって大きな問題は戦争状態の終了問題をどう解決するかでした。国内政治的には親中国の左派が大勢になり、その圧力に乗って正常化が進められた。親台湾派議員の抵抗はありましたが最後は台湾との緊密な関係の維持に十分な配慮をする、ということで矛をおさめたのです。面白い違いです。

――政策決定過程論を使うと、アクターのミクロな動きを追いかけることになりますが、この本では、同時に、かなりマクロな国際政治の構図の中にプロセスを置こうとされていますね。政策決定過程論の研究であるとともに、国際政治そのものの研究でもあると感じます。

それは著者としてとても嬉しい読み方です。一九七〇年代の東アジアの国際環境の変動の中で、アクターがどう動いたかを描こうとしたわけですから。日米両国の対中国交正常化は、日米中の新しい三国関係を生み出しましたし、世界的にも冷戦の二極構造を崩して、国際政治を三極構造に変動させていくことになります。その結果、日米安保条約の意味も変わっていきました。封じ込め政策の防壁から、アジアの国際関係を安定させる装置という意味が強くなったと思います。対中正常化過程は、ミクロとマクロのさまざまな連動過程を見る格好の事例だったと思います。

――この本が出される二〇年以上前ですが、一九六六年六月号の『国際問題』に「米国における中国政策の変遷」という論文をお書きになっています。アメリカ国内の議論を紹介しながら、「ベトナム戦争がつづく限り、米国の中国政策が容易に変化することはあるまい。しかしまたベトナム問題故にこそ、米国政府は中国政策の本格的な転換を検討せざるを得ない事態に立ち至ることも予想されよう」と結論づけています。非常に早い段階での分析だと思いました。

そんな論文を書いたなんて、すっかり忘れていました(笑)。米中関係が敵対的になったのは、朝鮮戦争で米中が戦ってからです。それをきっかけに、アメリカは台湾防衛、日本との単独講和という形で中国を封じ込める政策をとっていくわけです。ただ、一九五〇年代の終わりぐらいから、アメリカ国内で対中政策を再検討する動きが出てくるのです。それをその論文で書いたのだと思います。私の先生のスカラピーノ教授も、中国と人的交流、経済的交流を徐々に拡大していって、中国を国連に加盟させて、「二つの中国」方式をとることを唱えたりしていました。彼自身人的交流を実践していたのです。留学生を受け入れていましたし、ずいぶんとあちこち旅行したりしていました。

対中国交回復の時期は、朝鮮戦争以来のアメリカの過剰関与がベトナムで行き詰まって、政策を見直さざるを得なくなる時期でもあったのです。その兆しは見ようと思えば早くから見えたのではありませんか。ただそれを国際政治の構造変化を伴う形で実行するというのが、いかにもアメリカなのでしょう。戦略外交というか、そういう政策決定ができるのです。ニクソンのリーダーシップが重要でした。それなしにはこうした変化が生じるのにはるかに長い時間がかかったでしょう。アジアの不安定な国際関係も長く続いたでしょうね。

——戦略的思考の話に戻りますと、いまの日本の政治家にはありますか。

いまは、政治家まで官僚化していますね。戦略的思考なんて考えたこともない、内向きの人ばかりになってしまったのではないですか。安定を壊さないように、なるべく現状維持に努める政治家か、そうでなければ、先のことをまったく考えずに発言して、安定を壊してしまう政治家がいるだけです。外務省も細分化されていますから、大きな考え方が組織から出てくることはないですよ。

いま、東アジアは競争関係になっています。どの国も指導者は戦略的思考に強い人がなっている。日本はどうなのでしょうか。中国や韓国との関係をこれからどう組みたてていくのか、アメリカとの関係はどうするのか、世界全体の変動をつかまえて状況を動かしていくような人は、日本のどこにいるのでしょうか。

大学人として

――緒方さんは一九六五年から七九年まで国際基督教大学(ICU)、その後八〇年から九一年まで上智大学にお勤めでした。ICUは最初非常勤だったわけですね。

博士号をもらって、論文が本になりましたが、なかなか就職先が決まらずに苦労しました。女性ということもあったのかもしれません。

ICUへは、憲法学の久保田きぬ子先生がお話ししてくださったのです。でも、非常勤講師になるのがやっとで、なかなか常勤にさせてもらえませんでした。ICUではプロテスタントでないとキャンパス内に住まわせてもらえないなど、いろいろ厳しかったのです。私はカトリックですから、その意味でも大変でした。

――当時はまだお子さんが小さかったのではないですか。

そうです。研究と家事・育児のやりくりが大変でした。非常勤でもらった給料は、私がいないときにお願いして来てもらったお手伝いさんの時間給よりも安かったのです(笑)。

――どんな講義をなさっていたのですか。

学部では「アヘン戦争から朝鮮戦争まで」と題した東アジアの国際関係史をやってい

ました。講義の準備は大変でしたね。そういえば、一九九七年に、中国への香港返還式に呼ばれて出席しましたが、私には特別に感慨深いものでした。私の歴史の講義の流れが一巡したような印象がありましたし、私が研究した戦前の日中関係の出来事が頭の中を駆けめぐっていたような気がしました。

学生は講義を熱心に聞いてくれました。そのうち、学園紛争が始まりまして、大学がロックアウトされてしまって。大学院の学生たちが私の家にまで来てゼミをやったりしました。

——私(野林)も緒方さんのお宅のゼミに参加していたのですが、勉強が終わると、まだ小さなお嬢さんが先生のお膝に乗ってこられたのを覚えています。当時はまだ非常勤でしたのに、目黒のご自宅でゼミまで開いてくださって、学生たちはみんな感激しました。それで、大学の事務に掛け合って、正規の給料を出してもらうようにしたのです。

そんなことがありましたか。それはありがとうございます(笑)。学生はみんな勉強したいという意欲がありましたものね。

——国連公使の話があったのは、ICUにいらしたときですね。

そうです。国連に行くことになって、それから書くものも、国連や人道・人権に関するものが増えてきました。第三委員会に出るようになってからですね。そうした実務で関心が高まって、それが研究へつながっていったのだと思います。

国際基督教大学での講義風景(国際基督教大学歴史資料室提供).

――研究者のアイデンティティを固く持っている人の中には、実務を嫌がる人もいますが、どうお考えでしたか。

研究者には、実務を蔑視する人もいますからね。私の場合、それはありませんでした。先日も新潟で開かれた日本国際政治学会で、「人間の安全保障」についてのセッションで報告をしたのですが、そこでの議論でも、実務と研究を分けて考える人が多いのです。それはナンセンスです。私は「人間の安全保障」を政策として考えているのであって、実務も研究もそこには必要なのです。分けて考えるなんて、不思議な発想です。

私には研究が実務に非常に役立ったのです。たとえば、政策決定過程論がそうです。実務をするようになって、物事を動かそうとするときに、政策決定過程論の思考方法が本当に役立ちました。誰がどれぐらいの力を持っていて、何を主張しているのか、どのような力学が働いているのか。それらを見極めて初めて、人や組織にうまく働きかけることができるのです。

――ＩＣＵから上智大学に移られたきっかけは何だったのですか。

ＩＣＵを休職して三年国連公使を務めたのですが、さらに一年延長するのを大学は認めてくれなかったのです。これ以上休んではならないと。それで、結局辞めてしまったのです。

幸いにも、上智大学からお誘いがありました。学長も務められたヨゼフ・ピタウ(Joseph Pittau)先生からでした。ピタウ先生は、フィリピンなどに学生を連れていって、貧困の状況を見せたりしておられました。上智に赴任する時期だったと思いますが、ピタウ先生と雑誌で対談したことがあります(『朝日ジャーナル』一九八〇年四月一八日)。日本がちょうどインドシナ難民五〇〇人を受け入れるなど、積極的な難民支援政策を打ち出したときです。先生は奇跡のようだと評価されました。戦後、自分を小さな存在と考え、内向きになっていた日本の大きな変化だと。私は、支援というのは外国の悲惨な姿を見ることで開かれた目と体験をもって、どれだけ日本の中を変えていけるかという問題ではないかとお話ししました。難民支援の経験から得た率直な感想でした。

ピタウ先生は、それこそが教育だと言うのです。上智では、休暇中にマニラやボンベ

上智大学の同僚たちと．右から織完，川田侃，蠟山道雄の各氏．

イのスラムに学生を連れていく試みをしている。日本人としてこういう国々にどういう責任を負えるかを考えさせるのが、教育ではないかと。ご自身、難民の救援活動も続けられた尊敬すべき方です。それに上智大学には付き合いの長い友達がいっぱいいましたので、気が楽でした。

――どういう方々ですか。

以前、国際文化会館で一緒に研究会をした蠟山道雄さん。蠟山さんは緒方(四十郎)がフレッチャー・スクールにいたときの同期生で、それ以来家庭的に付き合いがありました。数量分析や平和研究に取り組んでいた武者小路公秀さん。アメリカ政治研究の織完《おりかん》先生は、当時は最新のリンケージ・ポリティクスの研究をなさっていました。日本に最初に国際関係論を導入した国際政治経済学の川田侃《ただし》先生。政策決定の研究会でご一緒した社会学の綿貫譲二先生には、細谷先生と一緒に先ほどお話しした政策決定の本を編集していただきました。

社会学の鶴見和子さんもいらっしゃいました。柳田国男や南方熊楠《みなかたくまぐす》から、水俣の研究まで幅広く優れた業績をあげられた方です。あの頃は柳田と、彼女の恩師であるマリオン・リーヴィ(Marion Levy)の比較をされた本(『漂泊と定住と』)をまとめられた直後で、研究会でそういうお話をうかがいました。開発論としては画期的な「内発的発展論」も提唱されました。頭のいい面白い方でした。発想が自由なのです。お父様の鶴見祐輔さんの弟の憲さんが外務省にいらしたこともあって、よく知っていたのです。憲さんは鶴見良行さんの父上です。鶴見先生は、旺盛な好奇心と明るく無邪気に見えるほどの率直な物言いで、研究所の議論の中心におられたような印象があります。

上智ではとりわけ国際関係研究所が本当に元気で、自由で、黄金時代でした。ピタウ先生が尽力して人を集めて、自由に活動させてくださった。いい環境でしたね。定例の研究会がありまして、海外の研究者が立ち寄り、仲間とわいわい議論するのが本当に楽しかった。ときには勤め帰りの緒方も入って議論したこともあります。

上智では国際機構論を講義しました。それから、大学院では理論を院生と一緒に勉強しました。政策決定過程論も引き続きやりました。

――国際関係研究所の所長、外国語学部の学部長と、学内行政もやられました。緒方さんが学部長として司会されるようになって教授会が短くなったそうですが、組織の行政能力はどこで身についたのでしょう？

それが私の最初のアドミニストレーターの経験でした。アドミニストレーションは、上智の学部長職で学んだのではないでしょうか。先生というのは気難しい方が多いですし、大学の組織は何かやろうと思ってもなかなか動かない厄介なところがあります。学部長は大変です。その後のＵＮＨＣＲと比べても、異質な大変さがありました(笑)。

第5章　国連にかかわる仕事

やはり知り合いを作らなければなりません。知り合いが増えれば増えるほど、あの国はどのように問題をとらえ、どう投票しようとしているとか、多様な情報を確保してまわれるようになる。これが、熟練へのプロセスです。

初めての国連総会出席

——一九六八年の国連総会に日本政府代表団として初めて出席されますが、どういう経緯があったのですか。

その年の夏休み、軽井沢に滞在中、突然、市川房枝先生から連絡があり、私どもの宅へお出でになりました。日本政府代表団に女性を送りたいのだが、ぜひ私に行ってほしい、と熱心に話されたのです。市川先生とは面識はなく、私は婦人運動にかかわったこともありませんでしたから、お誘いを受けて驚くばかりでした。

——一九五六年に日本が国連に加盟すると、その翌年の総会には津田塾大学の学長をされた藤田たきさんが代表団に加わっています。

そうです。その後は、憲法学者の久保田きぬ子先生や弁護士の久米愛先生が代表団に加わり、活躍されました。当時、国内のいろいろな婦人団体は国連NGO国内委員会を組織して、政府代表団に加わる女性を人選していたのですが、その年は適当な候補者がなく、久保田先生が私の名前をあげられたとのことでした。突然、天から降ってきたようなお話で、考えたこともなく、私は仰天するばかりでした。

――緒方さんのように民間人で政府代表団に入った方は何人ぐらいいらしたのですか。

日本の代表団は総勢四〇人〜五〇人ぐらいでしたが、民間からはほとんどおられなかったように記憶しています。総会から帰国してから、婦人団体の報告会に出るようにと言われました。私の説明はわかりやすかったらしくて、また行ってほしいと言われました。

――政府代表団は、どれぐらいの期間行くのですか。

総会は毎年九月に開かれます。ニューヨークに滞在するのは一カ月ぐらい、せいぜい数週間です。当時、下の子どもがまだ一歳で、家事と育児をしながら、どうにかやりくりして国際基督教大学で非常勤講師として週に二回ほど働いていた時期です。何週間も家を空けるのはとても無理だと辞退しようとしたところ、夫はぜひ行くべきだと申したのです。それに父も、「参加してみたらどうだ」と強く励ましてくれました。「そうチャンスはなかなかないのだから」と。家のことが心配でなりませんでしたが、行くことに決めました。

――国連の仕事は初めてでしたが、事前に外務省からブリーフィングはあったのですか。

日本の立場について多少は説明がありました。資料もいただいて読んではみましたが、何しろ初めてのことですから、何のことかさっぱりわかりませんでした。

――初めて国連総会の議場に行かれて、どんな印象だったのでしょう。

議場に出向いたのは、そのときが最初ではなかったのです。ジョージタウン大学に留学していたとき、一九五三年だと思いますが、ニューヨークを訪問し国連を見学したのが最初でした。まだ日本が国連に加盟する前です。

それから、カリフォルニア大学バークレー校に留学していたとき、社会党の参議院議員の藤原道子先生の通訳としてアメリカの各地を廻ったことがありました。その際に、藤原さんがアメリカの女性の国連代表と会食をするというので、私も一緒に国連に行きました。国連の権威が非常に高かった頃でした。ハマーショルド(Dag Hammarskjöld)事務総長の姿を垣間見て、感激したのを覚えています。

一九六八年、総会出席のためニューヨークに行きました。最初のうちはやはり小さい子どもを見ると、残してきた自分の子どもを思い出して涙が出てきたりして、落ち着かなかったこともありました。しかし、仕事を始めて、世界中から来たいろいろな人に会いました。アフリカの方々とは、それまで話したことがなかったわけですから、たいへん興味深く付き合いました。アッパーボルタ(上ボルタ、現ブルキナファソ)の代表がおられましたが、恥ずかしいことに、どこにある国なのかもわかりませんでした。そういう国から、若い代表が来て、流暢に英語で話すのを見てびっくりしました。ピエール・サノン(Pierre Sanon)代表のことは忘れられません。まだ若くて、両ほほに種族の入れ墨を彫っていました。実に上手に英語を話して、物事をテキパキさばいていくのです。

そういう人とすすんで話をするように心がけました。聞いたことのない国の若い人が国連の場で活躍する姿は、たいへん刺激になりました。それまで私が知っていた国は、アメリカと中国ぐらいでしたから、それ以外の国の人々と出会って、カルチャーショックというか、勉強の毎日でした。

開発途上国の非常に優秀な人が国連事務局に入るケースは多々あったようです。そのアッパーボルタ代表もそうでしたね。国連側も広くそういう人々を採用していたようです。

――当時は日本人で国連事務局にいる人は少なかったのですね。

最初は明石康さんだけだったのではないでしょうか。行く前に、松本重治さんから「国連には明石さんという人がいる」と聞いていました。国連もいまから考えると小さかったのです。加盟国も一二〇ぐらいでしょうし、国連職員も少なかったと思います。

十数年後の一九八〇年頃でも、日本人職員は七〇人程度、女性は一〇人ぐらいであったと記憶しています。日本は国連予算の分担率が一〇％弱でしたから、枠としては日本人職員は二〇〇人はいてもよかったのです。日本は、いわゆるアンダーリプレゼンテッド（十分に代表されていない国）の筆頭ということで、話題になっていました。政府は増やそうと努力していましたが、語学の問題だけでなく、日本人はチームの一員として業績を上げるような働き方が多く、個人が自分を押し出して仕事をする国連では、必ずしも成果を上げられないといわれていました。

国連代表団での仕事

——国連に行かれてどのように仕事を始められたのでしょう。誰かが教えてくれるものなのですか。

オン・ザ・ジョブ・トレーニングですね。当時は、鶴岡千仭《せんじん》氏が国連大使をされていて、いろんなことを教えていただきました。面白い方で、「活動するには、とにかく何でもいいから早く決議案とか修正案を作り、案文を持って議場を走り回れば、自然に覚える」と言われました。仕事が終わると、ニューヨークのいろいろなおいしい料理屋にも連れていってくださいました。

国連の議場に行くと、アルファベット順に座席が決められています。日本は当時はイスラエル(Israel)とヨルダン(Jordan)の間でした。両国は激しく対立していましたから、その間の席に座るだけで、政治的な風圧にさらされて、緊張しました。

最初のうちはおとなしく座っていました。それほど呼び出されることもないですし、発言しなくてはならないことは、外務省がぜんぶ英語で書いてくれていましたから、大丈夫でした。だんだん私も発言案に手を入れたりするようになりました。

――最初の発言は度胸がいるのではないですか。

その場で思ったことをベラベラしゃべるわけではないのです。英語の発言要領のようなものを渡されていますから、そんなにドキドキしてということではありませんでした。

――大勢の多国間会議では、発言をするタイミングが難しいのではないですか。

発言の順序は前もって申し込むのです。あまり遅い順番にならないように、なるべく早い順番を申し込んでおくわけです。そしていろいろ議論が出てきたときには、最後に手を挙げてひと言言うとか、投票したあとに説明することができるようになりました。手を挙げて発言するというようなことは、最初のうちはできません。だんだん慣れてくれば、ただ座っていても退屈ですから、手を挙げて発言したくてうずうずするようになりました(笑)。

むろん、慣れは大きな要因ですね。関心のある問題は準備をして発言を行います。紛糾した問題で代表たちがかわるがわる発言し応酬するような場面は、初めは傾聴のみです。あそこでこう言えばよかった、ああ言うべきであった、という思いは何度もありました。回数を重ねないとチャンスをとらえて適切に発言するのは難しいものです。

――総会にはいくつも委員会があるわけですね。

総会は議題がたくさんあるのです。国連憲章にかかわるあらゆる問題について議論をする。専門機関や委員会からあげられる報告に関し、安保理や総会に勧告をするのです。

議題のテーマごとに委員会が置かれていて、軍縮は第一委員会、経済は第二委員会、社会・人権・文化問題は第三委員会、植民地問題は第四委員会、行財政問題は第五委員会、法務関係は第六委員会と決められています。それ以外に特別委員会もあります。私は主に第三委員会を担当しました。

委員会は同じ時期に並行して開かれるし、人員も限られているので、人によっては掛け持ちしたりするのです。私もそうでした。それから、総会以外にも、いろいろな会合があって、会議に追われるような毎日になっていきます。一九七九年だったでしょうか、同じ時期にマニラで国連貿易開発会議があって、大使以下三名がそちらに出席されました。残る代表団員は、私も含めて全員、いろいろな委員会に掛け持ちで出席しました。私は担当の委員会のほかに、国連平和維持特別委員会にも出席しました。その間、すべてに満遍なく力を注ぐというわけにもいかず、てんてこ舞いの連日でした。日本の休日、アメリカの休日、いずれも取れなくて、総会の間はまともな休みがないのです。

——一つひとつ内容が違うでしょうから、理解が大変だったのではないですか。

それは大変です。しかしながら、外務省から総会のための分厚い応答要領を持たされていました。この問題について要旨はこうで、それについて日本はこういう立場を採ると日本語で書いてあるので、それを読んで理解することに努めました。応答要領でカバーされていない重要な議案については、どのように投票をするか、本省の担当部署との相談が必要な場合もありました。

総会の間は毎朝、国連代表部で打ち合わせがありました。委員会ごとに打ち合わせをしたり、週に一度は代表部全員、総勢で四〇~五〇人が集まって、長い打ち合わせをしました。ですから毎日が勉強のし続けでした。打ち合わせをして、会議に出て投票をして、帰りにはまた報告と打ち合わせに集まったりして。ひどいときは、夜なかまで会合が続くこともあって、忙しい毎日でした。

――国連総会でいろんな国の人と知り合いになられたのですね。

それが国連外交の一番重要な仕事であったと思います。総会の間には他の代表団と食事をして情報交換するのが大事なのです。それから、この人は面白そうだと思ったら、お誘いしてコーヒーを飲みに行ったり、一緒に食堂に行ったりしました。

やはり知り合いを作らなければなりません。知り合いが増えれば増えるほど、あの国はどのように問題をとらえ、どう投票しようとしているとか、多様な情報を確保してまわれるようになる。これが、熟練へのプロセスです。国連の事務局の担当者に働き掛けたりもできるようになります。たくさんの知り合いを作って帰ること。それが私の仕事であり、次第に楽しみにもなっていきました。

――その後もお付き合いを続けた方もいらっしゃるのですか。

たくさんいました。いま思いつくのは、アメリカのジーン・ピカー(Jean Picker)。私が最初に代表団に入ったときに、彼女がアメリカの女性代表で来ていました。夫婦とも非常に親しくなりまして、その後もずいぶんお付き合いしました。

――国連総会には、一九六八年の第二三回、一九七〇年の第二五回、それから一九七五年の第三〇回に行かれています。

そうです。実は六九年にも、外務省から政府代表団に加わってほしいと言われたのですが、育児を理由にお断りしました。その後も声をかけてくださいまして、七〇年にももう一度行きました。その後、緒方が岡山の日銀支店長になって単身赴任で出かけ、私も国際基督教大学の准教授になりましたため、家を空けるわけにはいかなくなり、しばらく国連にも行くことはできませんでした。ただ、その間も、総会から戻られた代表団の報告会には参加して、いろいろ話を聞くのを楽しみにしていました。

七五年の春、緒方がニューヨークの日本銀行駐在参事として転勤となりました。下の娘も小学生になって、家族全員でニューヨークへ行くことになりました。私は大学に長期出張の許可をもらいまして、夏休みから子どもたちを連れてニューヨークへ移りました。

国連総会での印象深い議題

――最初にいらした第二三回総会では、どのような議題が印象に残っていますか。

覚えているのは、ポーランドが、「戦犯や人道に対する罪の時効を廃止する」という規約を提案したことです。当時のソ連や東欧諸国はドイツへの警戒心を捨てていなかったのです。当然なのですが、日本にいると気がつかなかった事件や進展について改めて対応することになりました。

その規約案に関連して、サウジアラビアのバルーディ(Jamil Baroody)代表が発言して、戦犯や人道犯を裁く法廷が「勝者の裁き」になってはならない、勝者、敗者の区別なく第三者による公正な裁判にならなくてはならない、と主張したのです。バルーディは多弁で、話し出したら止まらない人として広く知られていました。大きな会議では時々個人ゲームをする名物プレイヤーもいます。議事を混乱させることもあって、私は他の会議で彼とやりとりをしたこともあるのですが、彼のような方との交流は国連外交の面白いところでもあるのです。私は東京裁判のパル(Radhabinod Pal)判事の判決文などを引用して、サウジを支持する発言をしたこともありました。ただ、東京裁判を批判して日本の戦犯を擁護しているように受け取られないように注意はしました。

そのほか、厄介だったのは、第三次中東戦争(一九六七年)でイスラエルが占領した地域の人権状況を調査するために、総会議長が三人委員会を派遣するという決議案です。民族的、これをめぐって、イスラエルとアラブ諸国が非常に激しい議論を交わしました。

宗教的な根深い対立であることはわかるのですが、深い思想的、哲学的問題もはらんでいたのです。シオニズムをめぐる議論はしばしば国連の場に出てきますが、日常的にそういう問題にかかわっていない日本はどう対応してよいのか、とても難しい立場に置かれました。投票の前に、イスラエル代表から決議案に反対するか棄権してほしいと繰り返し言われました。外務省からの訓令があって、日本は賛成票を投じました。西側諸国で日本以外に賛成した国はなく、決議案は採択されて、調査団が作られました。しかしイスラエルは占領地への立ち入りを認めず、実質的に十分な調査はできませんでした。

——第二五回総会ではいかがでしょうか。

困難な議題のひとつは、人権高等弁務官の設置についてでした。それまで人権委員会がどこかの国の人権侵害を調査しようとしても、その国の承認が必要で、それが大きな限界だったのです。そこで一九六〇年代後半頃から人権侵害の調査手続きを作る、条約の文言よりもいわゆる履行メカニズムを強化しようという動きが始まっていました。その流れの中でもっと包括的で強い権限をそなえた機関を作ろうと、西側諸国が人権高等弁務官の設置を提案したのです。

これに対して、国内にユダヤ系少数派を抱える東側諸国、またアラブ諸国は自国の人権侵害が明らかになることを恐れて猛反対しました。それができたら国内の人権侵害が弁務官を通じて国際問題になるわけですから。それで第三委員会は紛糾し、議事がしばらく中断したりもしました。結局、第二五回総会でも採択されませんでした。

実は、私は人権高等弁務官には懐疑的だったのです。人権の議論は、正しい指摘ではあるけれど、「やられたらやり返す」というような暴き合いの場にもなりがちなのです。ですから、人権高等弁務官を作っても、それがどのように機能するのか、私は半信半疑でした。結局、人権高等弁務官が正式に設置されるのは、一九九〇年代に入ってからになりました。


――国連が人権問題を扱うことについて、どのように思われましたか。


人権はそもそも政治にかかわる概念ですが、国連のような場で人権を議論しますと、互いに中傷しあったり攻撃しあったりするので、一気に政治的になってしまいます。それに影響力のある国の政治的な思惑に左右されてしまいがちなのです。

私は、第二五回総会のあとだったと思いますが、第三委員会での経験をふまえて、国連で人権擁護を進めることとの限界を研究ノートにまとめたことがあります(「人権の国際的擁護と国家的諸制約」『国際政治』四六号、一九七二年)。そこでは次のように書きました。

「国連における人権問題を検討すると、そこに見出されるのは加盟各国の政治的利害によって大きく支配されている人権であり、……テヘラン宣言のうたう「人類共通の理解」が「世界人権宣言」とともに成立しているとは到底考えることは出来ない。人権擁護は、複数の有力な加盟国の政治目的に反しないか損なわない範囲でしか促進され得ないことは、人権高等弁務官設置問題が明らかに示しているところである。」

人権というのは現実には各国それぞれの国民の扱い、待遇の問題ですから、他国から問題にされたらすぐに政治化してしまいます。たとえば、西側諸国による人権高等弁務官任命の提案にしても、冷戦下の社会主義国の人権侵害を暴露する狙いがあったことは否定できないでしょう。

国連研究者は、宣言や決議を読んでそれに基づいて国際社会の合意がどこまで発展したかを検討します。そこにあるのは高邁な理想、いわば建前です。それも大事だということは否定しませんが、そこから各国の利害に深く結びついた人権の現実は見えてきません。私はやはり現実に人権状況がすこしでも改善されることが大切なのだという思いが消えないのです。人権高等弁務官にやや疑問を持ったのも、実質的な改善のためには静かな外交しかないのではないかと思ったからです。

――当時の日本はどういう姿勢だったのですか。

人権高等弁務官設置についてもそうですが、日本は、人権問題には一貫して消極的でした。大声でどこかを批判することは好まなかったせいかもしれません。

日本国内の人権状況は、いろいろ不完全なことはありますが、他の西側諸国とそれほど大きく変わらなかったと思います。しかし、日本政府が、国際的な場で人権を主張することは皆無でした。それに、人権関連の条約をほとんど批准していませんでした。

日本は人権委員会、少数者保護委員会の委員に立候補したこともなかった。それはなぜだったのかと、よく考えることがありました。要するに、国際社会についての考え方が違うのだと思うのです。日本では、国際社会を、普遍性を持った個々の人間の集団としてよりも、国家の集合体として見る傾向が非常に強かった。そのため、人権の問題を語ると、すぐに内政干渉をおかすことになると心配してしまう。人間の問題ではなく、国家の問題としての考え方が先に出るのです。その点、アメリカなどは、普遍的な理念を掲げて成立した国だけあって、たえず人権や自由を国際的な場で主張しますし、人権擁護を外交の手段にする傾向がありました。

――それは興味深い指摘です。しかし、人権を掲げることで、国際関係がこじれてしまうこともあります。その兼ね合いについてどうお考えになりますか。

まさに第三委員会では、そうした兼ね合いから生じる問題ばかりでした。私が人権高等弁務官の設置に懐疑的だったのは、そうした経験があったからなのです。カーター(Jimmy Carter)政権の人権外交は、韓国やラテンアメリカ諸国との同盟関係を動揺させ、成果がないまま後退していきました。理念として訴えるものはありましたが、具体的なプログラムにならず、外交としては不発でした。だから日本が大声で人権を推進しなかったのはひとつの見識と言えたかもしれません。

かといって、日本がこういう問題から距離を置いて論争、対立が通り過ぎるのを静かに待っていればよいかというと、それも適当ではありませんでした。たとえば、人権が極端に政治化した例が、一九七五年の「シオニズム決議」でした。私は第三委員会に代表として出席していて、齋藤鎮男《しずお》大使の下で対応・尽力したのですが、苦慮を重ね、考え込んでしまいました。

この決議は、国連が一九七三年からの一〇年を「人種差別との闘争一〇年」に指定したのを受けて、アラブ諸国がそれを反イスラエルの動きに利用しようとしたのです。まさに政治的利用でした。当時、キッシンジャー国務長官の仲介で、イスラエル・エジプト間の部分的な第四次中東戦争の和平合意が進んでいましたから、アラブ諸国間には分裂の危機感があったのかもしれません。決議は、シオニズムを人種主義・人種差別の一形態と認めるというものでした。ただちにイスラエルは、ナチの行為を想い起こさせると抗議しました。それだけでなく、欧米諸国からも人権理念を揺るがすものとして強い批判が出ました。しかし、この決議は総会の採決にかけられ、採択されました。

日本は棄権しました。このような投票は大国としては目立つ動きでした。それだけでなく、欧米の新聞では、日本の棄権は、アラブの石油が欲しいからだ、と論評されました。こういう問題では棄権、中立という立場以外は取りえなかったと、私は思いました。でも、対立を避けようとすると、欧米の政治的な地図の中でのプレイヤーではなく、物欲の虜のように見られてしまうのです。日本はこういう問題に慣れていなかったとも言えました。

あの頃、日本にとって、アラブ・イスラエルの対立は遠い問題でした。ヨーロッパのように国内にユダヤ系の問題を抱えているわけではない。ホロコーストが欧米に残した人種主義への嫌悪感、人権の尊重が政治的にどれほど重要か、といった切実な思いもわかりにくかったのでしょう。だからと言って、世界は「棄権」をする日本を理解してくれませんでした。日本が人権宣言や人権規約に加盟し、人権を守ろうとすることの意味を、もっと真剣に考えなくてはならなくなったのだと思わざるを得ませんでした。

世界のどこかで人権が侵害されたり、無視される場合、これを批判する用意がなければならない。国連という場にいないと、そういう思想、規範の空間は見えにくいものなのだと思いました。

——第二五回総会では、中華人民共和国政府の代表を中国代表として認める、というアルバニア案の審議があり、これが大問題になりました。

そうです。国民政府代表を国連から追いやるという提案で、投票のときには、総会議場に大勢がつめかけ、私も電光掲示板を見続けました。そのときにはアルバニア案は賛成票が反対票を上まわったものの三分の二の得票は得られなかったのですが、北京支持が急速に強まっていくのを感じました。キッシンジャーが秘密に訪中して、米中の急接近が始まる寸前でした。七〇年代初めに、中国が国際社会に登場する大きな節目にあったのです。国連の場にそれが現れた歴史的瞬間でした。

――北京政府が中国代表になるのはその翌年でした。日本政府はアメリカとともに「逆重要事項指定方式」で台湾脱退を食い止めようとしていたのですが、ひっくり返されます。日本としては苦しい、難しい国連外交だったと思いますが、そうした提案について、国連代表部で議論するのですか。

代表部の任務は各国の投票の見通しを報告し、東京の政務の人たちの決定の準備に貢献することです。問題によっては、代表部で会議をして方針を立てることもありますし、現場の空気や情報を集め、見通しや判断を加えて東京に報告する。それを通じて政府の態度や決定に現場の意志を反映できることもあります。中国代表権の問題は、日本の外交の軸でしたから、決定は外務本省、内閣でとられました。

国連代表部公使として

――三回目に参加されたのは、しばらく時間を置いて、一九七五年の第三〇回の国連総会でした。

前にお話ししたように、このときは家庭の事情から言えば、夫や子どもたちと一緒で、日銀が用意してくれたアパートメントに暮らしていました。ちょうど国連から北へ二丁ぐらい行ったところです。子どもは国連学校に通わせました。そうそう、サッカーで有名だったペレのお子さんは、うちの子どもと学校で一緒でした。

　毎朝歩いて国連に通ったのですが、当時のワルトハイム(Kurt Josef Waldheim)事務総長を良く見かけました。彼はずいぶん背が高くて、人波の上に頭ひとつ出ているのでわかるのです。オーストリアの伝統的な外交官で、いつもいいスーツを身につけていました。たいへん早歩きなのです。ハマーショルドさんとは逆で、調整型の事務総長という印象でした。

　第三〇回総会が終わってから、一二月に私一人で東京に帰り、国際基督教大学の教員宿舎で単身生活を始めました。そのような中で、外務省から、今度は公使として国連代表部に赴任してくれないかというオファーがあったのです。そこで大学に長期休職届を出して、七六年四月に国連代表部に赴任することになりました。

　七五年は「国際婦人年」であったということもあり、市川房枝先生たちが政府代表団だけではなく、外交官の上級ポストに女性を登用するよう働きかけていまして、当時、宮澤喜一さんが外相だったのですが、それを約束したようです。そのような状況から、私に国連公使が廻ってきたようです。

――その後、七八年四月には特命全権公使になられます。結局、第三〇回総会から数えますと、四年近くニューヨークでお暮らしになるわけです。ところで、公使と特命全権公使とはそもそもどのように違うのですか。

それは全然違うのです。特命全権公使は認証官で、天皇陛下による認証がなされます。昔は接受国の元首に対して派遣される地位でした。日本は六〇年代の終わりに公使館をすべて大使館に格上げしたので、大使館の次席が公使、その最上位のポストを特命全権公使と呼んでいるのです。自分で決められる範囲が広く、かつ決定を行うことのできる地位でした。

――全権公使になられた七八年には、国連安保理の非常任理事国選挙で、日本はバングラデシュに敗北します。

国連政治とは難しいものです。バングラデシュは国連に加盟してまだ四年しか経っていない小さな国です。しかし、非同盟グループやイスラム・グループ、イギリス連邦グループなど、大きな後ろ盾に基づく基礎票があって、しかも強い集票力があったのです。日本はそうした組織的な基礎票を期待できません。代表団で割り振りをして、毎日、他の代表団への説得を続けました。もちろん、在外公館を通じても働きかけをしました。投票を約束してくれた国は九〇ぐらいあったので、最初は好感触だったのですが、ふたを開けてみると、六五票でした。当選に必要な数に及ばないことがわかり、立候補を撤回したのです。

選挙が控えていますと、なるべく特定の国の不興を買わないようにしようとしますから、どうしても外交姿勢は曖昧になります。私の著書『国連からの視点』(朝日イブニングニュース社、一九八〇年)でも紹介しましたが、アメリカ代表部の友人が、「安保理に出れば、態度を明白にしなくてはならない。日本のような外交姿勢の国は出ないほうが楽ではないか」と言ったので、私は、「日本も常任理事国になって選挙に煩わされずに堂々と言いたいことを言いたい」とやり返したことがあります。

――緒方さんは三年間、平和維持活動特別委員会に出席されています。当時、平和維持活動についてはどのようにお考えだったのでしょうか。

冷戦下にあって、国連の集団安全保障体制は完全に機能不全に陥っていました。国連憲章第七章に規定された国連軍による軍事制裁が実現できるとは思えませんでした。それは私だけでなく、国連で働いていた多くの人たちの共通認識だったと思います。その中で実績を積み重ねていたのが、平和維持活動(PKO)でした。紛争地域に、非武装の停戦監視団や自衛のための軽武装をした平和維持部隊を派遣して、事態の悪化や紛争の再発を食い止める活動を行うというものです。ただ、このPKOは、国連憲章には基づかず、一般に第六章と第七章の中間的なもの、六章半と位置づけられていました。

一九六五年以降、平和維持特別委員会でこの六章半の不備を補うためのガイドラインを作って、法的な整備をしようとしていました。私はその作業部会に参加していました。そこでの最大の問題は、事務総長にどれぐらいの権限を与えるかでした。ソ連はできるかぎり安全保障理事会のもとにＰＫＯを置こうとして、事務総長に実質的な指揮権を認めるイギリスやアメリカの主張に反対したのです。この対立が延々と続き、ガイドラインの策定は頓挫してしまいました。一九七三年、中東に派遣された国連緊急軍(ＵＮＥＦⅡ)を設置するときに、安保理の権威の下で事務総長に最高指揮権を与えるという合意ができたのですが、決定版となるようなガイドラインは難しく、その状況は冷戦が終わってからも続きました。

——しかし、実際に平和維持活動は中東などを中心になされています。

そうです。ＰＫＯ担当のブライアン・アークハート(Brian Urquhart)事務次長に、国連ビルの三八階の会議室に連れていってもらったことがあります。そこには、大きな世界地図が貼ってあって、ＰＫＯが進行中のところに、小さな旗が刺してあるのですが、中東が多かった。

アークハートは、ハマーショルドの右腕で、ＰＫＯを直接手がけてきた人です。直接話をしたのは七〇年代終わりですが、すでに当時、国連のＰＫＯ活動は、ＰＫＯ局員の士気が低下しているなど、大きな課題に直面していると嘆いていました。でも、ＰＫＯは冷戦下で国連が安全保障面で持つことができた重要な機能で、苦しい時期もありましたが、よく発展させたと思います。冷戦後の混乱期、ＰＫＯの急激な増加と活躍ぶりは目を見張るものがありました。もともと法的に固定した制度ではありませんから、ケースごとに柔軟に運用できたのでしょう。そこにＰＫＯのよさもあったように思います。

——ＰＫＯは日本国内では集団的自衛権に触れるのでは、ということでタブーに近い状況があったと思います。

当時まだ自衛隊については国論が二分されていました。自衛隊のＰＫＯ参加は憲法解釈に絡んで「海外派兵」につながるという懸念も強く、政府も議論することにすら非常に消極的でした。しかし、ＰＫＯは交戦権の行使を前提とする海外派兵とはおよそ性格の違う活動なのです。私は、平和外交を掲げる日本こそ、積極的にＰＫＯ活動に取り組むべきだと思っていましたし、国内でそうした議論がなされるべきだと考えていました。

ニューヨークで議論していると、日本の議論は世界の動向からかけ離れているという印象を強く持ちました。国際的には日本は貢献できるはずの国と見られていましたが、お金だけは出して、実施のプロセスに関与しようとしなかったのです。イスラエルがレバノン南部から撤退しそこにＰＫＯを派遣することになったときのことです。一九七八年でした。日本はＰＫＯ設置を支持し、大口拠出国でもありましたが、その実施については何の相談も受けませんでした。お金を出しても平和のために進んで身を危険にさらす国々と同列には扱われなかったのです。結局、冷戦が終わるまでＰＫＯ参加の動きは表面化しませんでした。

ユニセフ執行理事会

――七六年八月からユニセフ(国連児童基金)の執行理事会の役員になられます。ユニセフの基本方針や援助計画、予算などを審議し承認する機関ですね。

なったはいいものの、開発援助事業についてはまったくの素人で、理事会に出ても何もわかりませんでした。それにもかかわらず、いきなり行財政委員会委員長に推されました。日本をユニセフにもっとコミットさせて、拠出金を増額させようという各国の魂胆があったようですが、とにかく一年間、行財政委員長をやることになりました。その翌年には、計画委員長に、そして七八年には執行理事会議長に選出されて、三年間ユニセフの仕事もしました。議長に選出されたあと日本の拠出額は大幅に増えましたから、彼らの魂胆は実現したとも言えましょう。

ユニセフは国連の機関の中ではたいへん活発な組織でした。日本国内でも支援者が多くありましたし、募金活動なども巧妙でした。ちょうど七九年に国際児童年があったので、日本でも広く知られるようになりました。それもあって拠出額が増えました。

――議長としてかなり現地視察をされたそうですが。

ニューヨークにいても現場の事情は良くつかめません。ほかの執行理事国には対外援助省といった政府組織があって、現地にある出先機関から現地の様子とともにユニセフの活動についても情報が上がってきて、理事たちはそれにアクセスできるのですが、そうした機関が日本にはなかったのです。ですから、とにかく自分で現地に行って、何をやっているのか、何に困っているのかを知る以外にはありませんでした。時間を見つけては、現場に足を運ぶようにしました。

ユニセフ執行理事会の議長として(1978年5月，UN Photo/Milton Grant)．

ハリー・ラブイス(Harry Labouisse)ユニセフ事務局長の強い支援を受けて、彼と現地視察に一緒に行きました。彼の夫人は、物理学者のキュリー夫人の令嬢で、どこへ行くのも夫婦一緒でしたから、ご夫婦とはずいぶん仲良くなりました。ラブイス事務局長はアメリカ人ですが、アメリカ政府からの反対を押しのけて、ベトナムの子どもたちへの援助を実行したような、強いリーダーシップと責任感のある人でした。

ユニセフは私にはとてもやりがいのある仕事でした。会議ばかりではなくて、現場で実質的な事業活動を行なっているからだったと思います。

――タイやベトナムにも視察に行かれていますね。

七八年にはタイ北東部にあるコーンケーン州で、給水事業の視察をしました。要するに、井戸掘りです。どうしてユニセフが井戸を掘るのかとよく聞かれました。ミルクを配る、そのためにはきれいな飲み水が必要になるのです。汚れた水でミルクを溶いたら病気を広めることになりますから。だから井戸を掘る。技師が、村の人々の意見を聞きながら、使いやすいところに場所を定めて、掘っていくわけです。

大切なのは井戸を維持し管理することで、これには村の人たちの参加が欠かせません。彼らへの技術指導や訓練を施すところまでも、ユニセフのプロジェクトとしてやらねばならないのです。さらに、水は感染症と関係しますので、基本的な医療や保健衛生の知識を伝えることも必要になります。母親たちに基本的な栄養、衛生の教育もしなくてはなりません。事業が関連分野に広がらざるを得ないのです。

単に井戸を掘るだけではなく、飲料水を出発点に、関係するさまざまな問題に対応することの重要性を学んだように思います。

ベトナムへ行ったのは、七九年の春でした。保健衛生や初等教育、福祉事業などを見学しました。トイレの汚物処理のしくみが工夫されていたのを覚えています。二つの浄化槽を持つトイレで、ひとつを使い終わったら灰を入れて塞ぐ。もうひとつの方を使っている間に封をした方では肥やしができてくる。発展途上国でトイレを見るのは、かなり大事なことでした。その国の衛生観や衛生状態などいろいろなことがわかるのです。ベトナムを離れたのは、ちょうど中越戦争が始まる数日前の、危ういときでした。

――緒方さんがのちにUNHCRやJICAなどで実践される現場主義は、このユニセフ時代から見られると感じます。

会議室に座っているだけでは理解も深まりません。その国の発展のプロセスとか方向とかを知るには、やはり現場に行くのが一番早いのです。開発には現地の風土に合った知恵、工夫が重要です。ベトナムの薬草園とかバングラデシュの重要なタンパク源になっているティラピアという魚の小さな養殖池とか、どこの国を視察しても現地の工夫の大切さを教えられました。

国連には二つの顔があります。会議で話し合いをする国連という顔がひとつ。これはニューヨークとかジュネーヴが舞台です。もうひとつは現場で事業をする国連という顔です。事業をする国連というのは、実はあまり知られていないのかもしれません。でも、非常に大きなものなのです。その実践体験があるからこそ、討議のときにニューヨークやジュネーヴの議論にしっかり食い込める。両方に食い込めて初めて国連のプロとなるのだと思います。どちらかだけではダメなのです。

――現場主義と同時に、即決主義を感じます。

決断するために直感は大事です。ただし年季を積まないと直感は磨かれない。スピードと質のせめぎ合い。両者のバランスが決断の要諦だと思います。

カンボジア難民にかかわって

――一九七九年にニューヨークから戻られます。この年の一一月に日本政府のカンボジア難民救済視察団の団長として、難民が集まっているタイに行かれます。緒方さんが難民問題にかかわるようになった最初ではないかと思います。

これには前段があるのです。ユニセフの執行理事会議長として七九年春にベトナムを視察しましたが、それ以来、インドシナ情勢が気になって、何かできないだろうかと思っていました。一九七五年以降インドシナ三国が社会主義化したため、この体制を嫌う人々が流出しだしたのです。とりわけ難民問題が深刻になっていました。ボートピープルが急速に増えて、五、六月には月に五万人にもなったのです。

一九七九年七月に、ジュネーヴで国連難民会議が開かれて、そこでベトナム難民問題が話し合われることになりました。私はちょうど経済社会理事会にユニセフ執行理事会の報告をするためにジュネーヴに行く予定が入っていましたから、この難民会議にも出席することにしたのです。難民会議は、人道問題を前面に出したのが功を奏して、ベトナム政府も出席することになりました。ＵＮＨＣＲはベトナムと「合法出国了解覚書」を締結しました。そこで各国からＵＮＨＣＲへの拠出表明や難民支援の表明がなされました。日本はインドシナ難民計画総額の半分を出すことにしました。

その後、ベトナム政府がＵＮＨＣＲと無秩序な難民流出を規制する約束をしたこともあって、ベトナムからの流出がすこし落ち着いたのですが、今度はカンボジア難民がタイに流入しはじめました。国連から日本に帰って、私がちょうど奈良見物に出かけていたときに、突然、外務省から連絡が入りました。政府がカンボジア難民救済視察団を送るから、その団長になってくれというのです。それで、ばたばたと準備して、一一月にタイへ行くことになりました。

カンボジア難民現地調査団長として，タイのバンノサメットでカンボジア難民に話しかける(1979年11月，朝日新聞社).

――緒方さんが団長で、副団長に外務省アジア局次長の三宅和助さん、以下外務省や国際協力事業団、日本赤十字社などのメンバーから構成されていたようです。

最初、タイのクリアンサック(Kriangsak Chomanan)首相を訪問して、地婦連(全国地域婦人団体連絡協議会)から託された一億円の寄付金を渡し、要望などいろいろ話を聞きました。クリアンサック首相は陸軍参謀総長だった方ですが、柔和な方で、人道上カンボジア難民を受け入れるが、タイの負担も大きいので支援が必要であることを訴えられました。そのあと、タイに集結していた国際機関の代表たちとも話し合いを持ちました。そして、タイ政府が用意してくれた軍用機に乗り込んで、サケオの難民キャンプや国境付近の難民集結地域を見て回りました。こんなに人が集まっている状況は見たことがありませんでした。

ポル・ポト(Pol Pot)支配から逃れてきた難民の多くが、栄養失調や病気にかかっていて、ほぼ飢餓状態にありました。きびしい惨状で、水も食料も医療品も衣料も何もかも足りませんでした。対応する国際機関の中ではユニセフがリード機関になったのは、ポル・ポト政権の承認のような厄介な政治問題にとらわれずに援助できるからでした。

内戦に伴う難民の支援には、後に大問題になるような難しさも見えていました。難民の中に混じっている戦闘員を区別しようとすると、被災者の支援も難しくなります。それでも全体的に見れば、カンボジア難民支援は成果を上げたと思います。

——視察団としてはどんなことを行なったのですか。

とにかく毎日、何をどうやるのかの話し合いから始めました。すぐに実施する事項を提案するための慌ただしい視察で、帰りの飛行場の待合室で最終の提案の大筋をまとめました。医療チームの派遣、医療基地の建設、食糧援助を入れたと思います。副団長の三宅和助さんは本当に指導力のある面白い人で、飛行場で記者たちに対して大見得を切ることから始めるのです。日本はこれこれをやると言ってしまうから、やらないわけにはいかなくなる。そう言って、どんどん仕事を進めるダイナミックな人でした。

不安だったのは、本当に日本社会に難民救援の動きが出てくるか、実際に現地に行ってくれる医療関係者が現れるか、ということでした。その心配は杞憂でした。ひと月もたたずに、三つの医療チームが作られました。

――このときは難民救援の動きが全国に広がって、義援金集めや毛布集めが物凄い勢いで進みました。

当時のユニセフの事務局長は、毛布が足りないと言っていました。毛布は、昼間は木に掛けておくと日陰を作るので暑さをしのげるし、夜はそれを使って眠れるので、難民救援の必需品なのですが、ユニセフだけではこれ以上手が回らないのです。

それで、「毛布の会」というものを作って、音楽会を開いたところ、多くの聴衆が毛布を持って来てくれたのです。聴いている間は膝に毛布を掛けておいて、終わったらその毛布を寄付してくれる。森繁久弥さんも協力してくださいました。とにかく集めるだけ集めたのです。後に都庁が建った空き地にテントを張って、物資を集約するデポを作り、そこに大量の毛布や物資を集めました。あのときは、日本中がカンボジア難民救援で燃えました。

——決める人が要所にいたら、物事はサッと動く。人々もそれに応えてくれるのですね。

視察団の動きも早かった。とくに三宅さんの働きはすごいものでした。どこにいようが毛布が何枚集まったかを気にしていました(笑)。

早く物事を動かすためには、こちらがうまい働き掛けをすればいいのだということを本当に感じました。通常、日本人は何があってもシーンとしているけれど、あのときは、日本中が熱くなりました。日本人も動員すればできるのだということを学んだのは、このときでした。日本人だって動くことはあるのだと。

——このときも日本の難民の定住受け入れ枠が少なくて五〇〇人でした。

でも、五〇〇人分はできたのです。それまではゼロですから。ともかく日本政府の難民受け入れは消極的でした。いまでもそうです。手続きに関しても、非常識にもほどがあると思うことがありました。なぜなら、法務省の人は難民申請をする人に、卒業証書を持ってこいなどと言ったのです。考えられますか？　難民が卒業証書を持って逃げるなんて、ありえないでしょう？　当時はまだ非常に杓子定規だったのです。

——カンボジア難民の救済援助は緒方さんの後の仕事にもつながっていくわけですね。

そうですね。つながったのは偶然でしたけれど、いまから思うと、そこから始まったのです。

国連人権委員会での活動

――一九八二年から八五年まで、緒方さんは国連人権委員会の日本政府代表を務めます。八二年に日本政府が初めて委員国になりました。確か中国も初めて一緒に参加したのです。そこから毎年春休みに、ジュネーヴの国連欧州本部に通って、人権委員会に出席しました。

日本は戦争中ずっと人権侵害をしてきたという過去があったと考えられたからだと思いますが、人権委員会の委員国になるのに消極的でした。他国の人権状況を批判することなどできないという感じだったのだと思います。遠慮というか、自信がないというか、躊躇してきたのです。

それに私も、先ほどもお話ししたようなことで、それほど人権委員会は好きではありませんでした。大所高所から人権はこうあるべきだとか、みなさん立派なことをおっしゃるのです。でも、議論ばかりで、現実にどんな効果があるのか。本当にしなければならないことをしていないのではないかという感じがして、会議に出ていてもあまり張り合いがあるように思われませんでした。
人権委員会が対応しなければいけなかった人権侵害のケースはもちろんあります。でも、一つひとつの人権の調査は時間ばかりかかって、法的に証明するのは難しいのです。その割に効果がどこまで上がるか見えません。人権は大事だけれど、正しいか正しくないかを話し合う会議室は議論ばかりになりがちでした。私としては、生き延びられるかどうかがかかっている人道的な仕事を現場でしている方が大事だと思われましたし、そこに私の生きがいがあるように思われました。

――一九九〇年には、国連人権委員会の下で、ビルマの人権状況に関する特別報告者になられます。アウンサンスーチー(Aung San Suu Kyi)さんらが八八年に国民民主連盟(NLD)を結成しますが、翌年に彼女は自宅軟禁になります。九〇年五月に総選挙をして、国民民主連盟などが勝利するのですが、軍政は議会を開かず、民主勢力を弾圧しました。

ビルマの人権状況が懸念されていたのです。私はビルマ政府の軍人たちや外交官と話し合いの場を作って交渉し、人権をどういう形で守っていくのかを確認するために行きました。
西洋の人たちは軍部に対して批判的でしたので、私がビルマに行くだけでもかなり批判がありました。ビルマの現状を認める効果が生じると懸念したのでしょう。でも杓子定規でなく、すこしでも状況を改善することも必要でした。ビルマへ行ったら良く来てくれたと歓迎されて、将軍が自分の飛行機を出して、遺跡のあるパガンへも案内してくれました。帰ってきて話し合いを続けたのですが、それで大きく進展したとは思えませんでした。日本人が来たということで、向こうは話し合いをしやすかったようです。その後も話し合いを続けました。

ビルマが今日のように民主化していくとはその頃は考えられませんでした。でもそのような展開を顧みますと、やはり高圧的でなく状況をすこしでも改善する、少なくとも悪化させないで将来につなげるというような努力を続けたことはよかったと思いました。

――七〇年代のお仕事を中心にお聞きしてきましたが、ＵＮＨＣＲでのお仕事につながる原型がすでにこの時期に出来上がっていると思いました。

私は自分から何かをしたというよりも、いろいろなところから仕事を頼まれて引き受けてきただけです。ただ、その時々のミッションには自分なりに一生懸命に取り組みましたし、勉強もしてきたつもりです。別に人権屋さんでも難民屋さんでもなかったのですが、関連する現場の仕事に関心を持つようになり、気がついたらこのような道をたどったというのが、私の実感です。

第6章　国連難民高等弁務官として（上）

私たちが向き合っていたのは、人の生き死にの問題でした。難民を放っておけばそれだけ死者が増える、そういう緊迫感はみんな持っていました。大事なときは行動しないとならないのです。

就任まで

――緒方さんは、一九九一年二月から二〇〇〇年の末まで、第八代の国連難民高等弁務官(United Nations High Commissioner for Refugees：UNHCR)を務めました。この時期は、冷戦終焉後に相次いで起きた地域紛争、その多くは内戦でしたが、そのせいもあって大量の難民流出の時代で、まさに難民救援が世界の最大の課題として浮上した一〇年でした。まずは、難民高等弁務官に就任された経緯についてうかがいたいと思います。

一九九〇年一一月、国際的な注目度の高いトールヴァル・ストルテンベルグ(Thorvald Stoltenberg)さんが急に辞任して、本国ノルウェーの外務大臣になりました。その知らせを聞いたのは、私が国連人権委員会の特別報告者としてビルマの人権状況を調べに、ヤンゴンに行っていたときでした。たまたま聞いた英語のラジオニュースで知りました。まだ就任してから一年も経っていない高等弁務官の退任に驚きました。日本に戻りましたら、後任に立候補してはどうかという打診が外務省よりありまして、さらに驚きました。

私は一九八二年からジュネーヴの国連人権委員会に日本政府代表として出席していたのですが、そこでいろいろな方と知り合いました。おそらくその活動の過程で、アメリカが私に注目したのではないかと思います。人権委員会は小人数の会合ですから、そこで四週間から六週間、毎日顔をつき合わせて議論をたたかわしていると、注目されるようになるのでしょう。国際会議では割合静かな日本人が多いのですが、積極的に発言する私を見て、アメリカ人みたいな日本人だと思われたのかもしれません(笑)。人権委員会の誰かが私の名前を出したのではないかと思います。アメリカも私には話しやすかったのでしょう。ともあれ、日本政府の強い後押しとアメリカのサポートが大きかったと思います。

――日本の中でも擁立の動きがあったのですか。

外務省でも人を探したのではないかと思います。松本洋さんという難民高等弁務官の事務所で長く働いていた方がいまして、彼が熱心に動いて、外務省にも人を探すよう働きかけたようです。

そのような中で、外務省から私のところに話がありました。どういうことになるのかわからないままに、万が一自分に決まった場合は引き受けるという程度の返事をしたように記憶しています。その頃には子育ても親の介護も一通り終え、家庭での仕事はかなり楽になり、動きやすくなっていました。でも、最初はそんなに本気ではありませんでした。名前だけでも入れておきましょうか、といった感じでした。そのうち候補者が絞られ、私が三、四名の中の一人になりますと、当時、国連大使だった波多野敬雄さんからニューヨークに呼び出され、数日間にわたって、いろいろな方と面会し、運動らしきことをさせられました。私の対抗馬はカナダの女性元外務大臣、フランスとノルウェーの現役の大臣、それにトルコの元外務大臣で当時フランス大使であった方だったそうです。みなさん世界的に名の通った人たちでしたから、無名の私なぞに出る幕はないだろうというのが、正直な気持ちでした。

立候補者は当初一五名以上いたそうですが、人数がだんだん絞られていく中で、アメリカの人権委員会の代表が「国連事務総長に会いなさい」と私を強く推してくれまして、ニューヨークで一度だけ面接のようなものを受けたことがありました。その頃になりますと、私もやってみようという気になっていたと思います。

間もなく、デクエヤル(Javier Pérez de Cuéllar)事務総長から電話があり、国連総会に私を高等弁務官の候補として推すことに決めたと知らされました。そして、九〇年一二月のクリスマス直前に、国連総会で承認を受けました。当時は上智大学で外国語学部長を務めていましたから、学年末の採点に始まる多くの残務を整理して、ようやく九一年二月一七日に難民高等弁務官事務所の本部があるジュネーヴに到着して、高等弁務官に就任しました。

――就任に際してどんなお気持ちでしたか。

私は物事を大げさにとりあげ、悩んだり決意したりしない性格なのでしょう。最初は、前任者の残任期間の三年間だけ務めればいいという程度の気持ちでした。難民問題がこれほど深刻化するとは思っていませんでした。楽観的に考えていたというのでしょうか。実際、どんな仕事になるのかあまりよくわからないまま着任したわけです。

最初のうちは挨拶回りをしたり、事務所の各部局からの説明を受けていました。すべてが新しいことで、私は次々とスタッフに質問を連発したようで、今度の弁務官はなんでもよく訊く人だ、と言われていたとあとで聞きました。しかし着任早々に緊急事態が立て続けに起きてしまい、あれこれ考える暇もない状況に立ち至ったのでした。

――緒方さんの回想録『紛争と難民――緒方貞子の回想』（集英社、二〇〇六年）によると、着任してひと月も経たない三月半ばに、三つの緊急事態がほとんど同時に起きたようですね。湾岸戦争後のクルド難民の流出、ソマリアから大量難民が移動したエチオピア危機、それからアルバニア難民がイタリアに押し寄せた事件です。

そうでした。私も正直なところ、えらいところに来てしまったと思いました。どう手を付けたらいいかわからないままにとにかく動きまわりました。こんなに世界を飛びまわることになるなんて、まったく想像外でしたね。どちらかというと旅行嫌いな方でしたから。

「さすがに事件が一週間に三つも重なることはもうない」と慰めてくれる人もいました。でも、実際にはその後も日々、危機に対応しなくてはならない毎日となりました。いま思えば、そういう時代が始まっていたのでしょうね。

——着任してジュネーヴの国連難民高等弁務官事務所のカルチャーをどのように感じましたか。

あそこは完全にヨーロッパのオフィスでした。私が着任するまで、高等弁務官は一人を除いてすべてヨーロッパ人でした。初めてのアジア出身者は第四代のサドゥルディーン・アーガ・カーン(Sadruddin Aga Khan)で、イラン人です。アーガ・カーンは私が高等弁務官の候補者の一人に名が挙がった折にニューヨークでお目にかかり相談したら、やればいいじゃないかと、私の背中を押してくださった方の一人です。私はといえば、初めての女性で、アジア人で、しかも政治家でもなく、あまり知られていない学者がやってきて、みんなどうなるかと思っているような雰囲気でした。私も大変なことになったと思いましたが、スタッフも同様だったと思います。

赴任当時のUNHCRの年間予算は約五億ドル、職員は約二五〇〇人でしたが、UNHCRの士気は、どちらかというと低かったかもしれません。というのは、二代前の高等弁務官はスイス出身のジャン゠ピエール・ホッケ(Jean-Pierre Hocke)さんでしたが、スキャンダルで辞任しましたし、後任の高等弁務官ストルテンベルグさんも就任後一年も経たないうちに辞任しましたから。それに当時のUNHCRは、財政的にかなり苦しい状態でした。そこに私がトップに就いて、職員は戸惑ったと思います。一体、UNHCRはどうなるのかと。でも、スタッフは一生懸命支援してくれて、すぐに私のチームを作りあげてくれました。

着任一カ月も経たないうちに、それこそ次から次へと難題が押し寄せ、UNHCRの存在理由が問われる状況が噴出しました。危機が組織を鍛え、私を鍛えたと言っていいのかもしれません。難民問題を勉強するというより、危機に身をさらすことで理解を深めたし、スタッフとの一体感もできていきました。

——高等弁務官退任後にお書きになった英文の回想録(二〇〇五年)のタイトルは *The Turbulent Decade* です。「激動の一〇年」「疾風怒濤の一〇年」を指す言葉ですね。

Turbulent という言葉が一番似つかわしいと思ったのです。嵐で荒れ狂ったところに、難民も私たちも置かれた時代でした。

クルド難民危機と「国内避難民」

——緒方さんは湾岸戦争の真っただ中に着任されました。一九九一年一月一七日にアメリカ主導の多国籍軍がクウェートを侵略したイラクに対し武力行使を始め、三月にはイラク軍を撃退し占領されていたクウェートを解放します。緒方さんの着任は二月でした。イラクのサダム・フセイン(Saddam Hussein)政権が弱体化したところで、イラク北部のクルド人居住区で反政府勢力が蜂起します。しかしイラク軍に制圧され、迫害を恐れたクルド人が大量の難民となって移動を始めたのでしたね。

あんなにも膨大な難民が一挙に発生したのは前例がないことでした。一三〇万人がイランとの国境に、四五万人がトルコとの国境に押し寄せました。イランは国境を開放して、自前で緊急支援をやってくれたからよかったのですが、問題はトルコでした。トルコ政府はこれ以上クルド人を受け入れたくない。トルコは国内に同じクルド人を抱えて、独立運動に手を焼いたりしていましたから。しかし、イラクとトルコとの国境地帯は急峻な岩だらけの山岳地帯で、生存が脅かされるようなところに多くの子どもや女性たちが足止めされてしまいました。

ともかく現地に行こうと、四月半ばに、イランとトルコへ向かいました。現場を見ないことにはどうするかも見えてきませんから。イランでは違和感がなかったとまでは言いませんが、私は自分の髪をスカーフで隠して、まず難民キャンプへ乗り込みました。軍用ヘリコプターに乗ったのもそのときが初めてで、途轍もないことを引き受けたものだと思いました。

国境地帯からキャンプへは人と車の大渋滞です。膨大な数の難民が必死になってどん

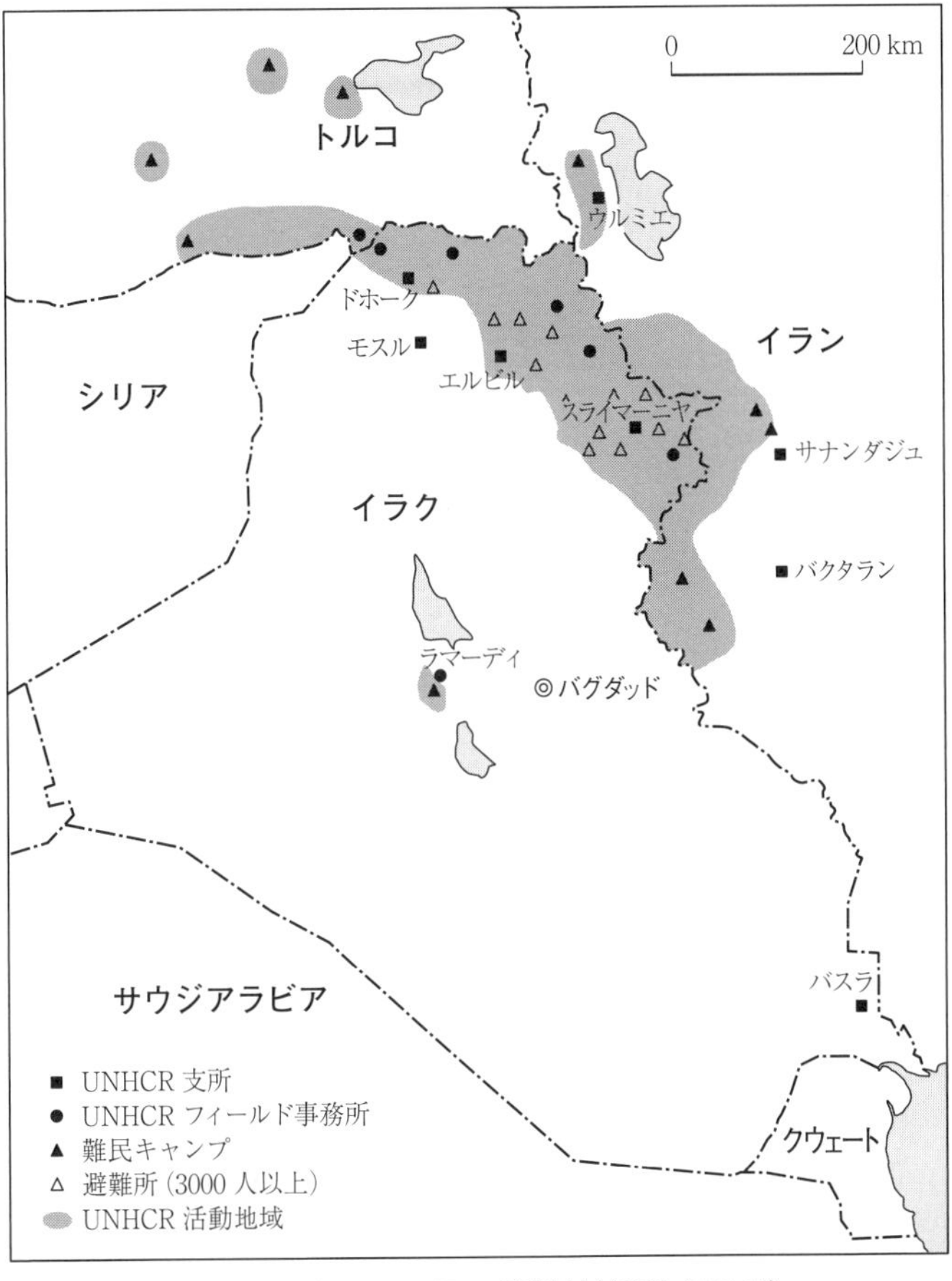

イラクにおける UNHCR の活動地域（1991 年 11 月）

どんイラク・イラン国境の山を越えてくるのです。キャンプには食料もテントも毛布も何もかも足りない。本当は多国籍軍が輸送してくれればいいのですが、アメリカはイランへの支援となる行動をすることを嫌っていました。一九七九年のイラン革命、それに続くテヘランの米大使館員人質事件以来の対立が解けていなかったのです。結局、UNHCRが責任を負って、支援物資の空輸を続けました。

他方のトルコはもっと厄介でした。いまでもその光景は目に残っていますが、国境沿いにある避難所は数十万人の人で溢れかえり、さらに国境の手前の山にも膨大な人数が取り残されていました。山道は急勾配の岩ばかりで、夜には氷点下になる寒さでした。国境の向こう側に下りようとしてもトルコが受け入れない。戻ればイラク政府に攻撃される。イラク北部にはイラク軍が一万五〇〇〇人もいました。行き場を失ってしまった人たちをどこでどうやって庇護するのか。それが大問題でした。

――結局、イラク北部に難民を移動させて、そこで救援することにしたのですね。どのようにして、その決断に至ったのですか。

現地に行く前に、トルコのオザル(Halil Turgut Özal)大統領には、クルド人難民の越境を認めるよう手紙で要請していました。トルコに着いて避暑地の町に滞在していた大統領と会談し、重ねてこの件の実行を求めました。大統領は、難民の状況に理解を示してくれましたが、国内への受け入れには応じませんでした。結局、国境地帯の「どこか」

にキャンプを設営すること、国連が難民への対応の全責任を持つこと、最終的にはイラク国内に難民を帰還させるということでトルコ政府側との合意ができました。問題は難民を移す「どこか」をどこにするか、そこの安全をどうやって確保するか、ということでした。

四月初めに、国連安保理は決議六八八を採択していました。この決議はイラクによる民間人弾圧は国際の平和と安全を脅かす脅威であると非難し、そのための強制措置を規定する国連憲章第七章に基づく決議でした。イラクに対しては、国際人道援助機関を即時受け入れるように要求し、加盟国にはそれに必要な支援を求める内容でした。これを受けて、アメリカのジョージ・ブッシュ(George Herbert Walker Bush)大統領が、多国籍軍による作戦を行うと表明しました。イラク北部のクルド人が居住していた地域に安全地帯を作って、そこにクルド人を移動させるというものでした。難民保護のために国際社会が介入し、人道危機に対応するために軍が関与する初めてのケースです。

しかし、実はアメリカとしては、できるだけ早く国連に責任を移したかった。アメリカ政府も、他のどの政府も、湾岸戦争が終わったあとでイラク北部に再び自国の軍隊を派遣したくなかったわけですから。アメリカ、ＮＡＴＯはクルド難民を受け入れないトルコの態度には沈黙していました。ＮＡＴＯの一員であるトルコの基地を使いたいので、トルコと揉めたくなかったのです。私は人道救援を考えますが、政治の動きは違った思考過程をとるのです。

――そこで焦点は、「国内避難民(internally displaced persons: IDP)」にどう対応するかでした。

難民の地位に関する条約(一九五一年)では、人種、宗教、国籍、特定の社会集団への所属、あるいは政治的意見を理由に迫害を受ける恐れがあって自国の外にある人々を「難民」と定めています。ですから住んでいるところを追われても自国内にとどまっている人たちは、条約上は「難民」ではないのです。難民条約上の義務は、迫害の恐れがある状況で難民を送還しないことで、国内で庇護を与えることは義務ではありません。そのためイラク国内でクルド人を保護する活動は、難民保護というUNHCRの本来の任務ではないのではないか、ということが問題になったわけです。

トルコ政府も、アメリカもクルド人を保護すると言うのです。でもそれは、イラクの国内に安全地帯を作って、そこにイラク国籍のクルド人を戻して保護するという考えなのです。そこでUNHCRは、厳しい判断を迫られました。国境内の避難民に対する保護の任務を行わないのか、それとも支援をするのか。UNHCRのオフィスの中で議論が続きました。法務部などは基本的に現状維持派ですから、難民条約に定めてあることを厳格に適用しようとする。彼らは、イラクにおけるUNHCRの活動は合法とはいえず、危険な前例を作るものだと反対でした。逆に、原則を乗り越えるべきだと主張する人もいたのです。高等弁務官とはいえ、私は新参者でしたから、とにかくオフィスのいろいろな人の意見を聞くことにしました。そのうえで、最終的にイラク内の安全地帯で避難民の援助活動をすることに決めたのです。

――それは非常に重大な決断だったのではないですか。どのようにその結論に至ったのですか。

状況を踏まえて現実的な判断をしたまでです。UNHCRが国内避難民を保護する活動を行うという点では、もちろんルールが変わることになるわけですが、UNHCRの任務は難民の命を守るという原則に則って解釈すべきだろうと考えました。国境を越えていようがいなかろうが、保護を必要とする人を保護することに変わりはありませんから。

私はUNHCRの原則を変える重大な決断をしたという意識はなく、状況に照らして現実的な判断を下しただけだと考えていました。そもそもUNHCRもそのような状況に直面したことはなかったのです。新しい事態を前にして以前のルールを守っていたら、必要な任務を果たせないことにもなりますからね。その後も国内避難民をどう保護するかというケースは相次ぎましたが、あとから考えてみると、あのときの決定は大きな決断であったと思います。

――UNHCRがイラク国内に入って活動するにあたって、まずイラク政府の同意が必要になりました。

強制措置ではありませんからイラク政府の同意が必要なのです。そこで、私の四代前の難民高等弁務官だったサドゥルディーン・アーガ・カーンが、国連事務総長の首席代表としてイラクに行きました。先ほど紹介したように、彼はイラン人で、ヨーロッパ以外で難民高等弁務官になった最初の人でした。彼がイラク避難民の帰還促進やイラク国内での国連の活動についてイラク政府と覚書を交わしました。イラク政府は多国籍軍を率いるアメリカの活動に抵抗を示していましたから、国連が責任を持って難民を救援することを逆に望んでいたのです。この合意が、UNHCRがイラク国内で活動する際の根拠となりました。

――文民機関であるUNHCRと戦闘任務を持つ多国籍軍が並行して活動することになりますが、両者の関係は微妙だったのではないでしょうか。

難しいところです。でもこの場合は、安全が確認できない地域に難民を帰還させるのですから、多国籍軍の協力が必要なことは明らかでした。だからこそ、UNHCRと多国籍軍の活動を調整する必要があったのです。そのためクルド難民保護の全体の枠組みを話し合う会議がパリで開催されました。四月二〇日でした。デクエヤル事務総長、米欧軍副司令官のジェイムズ・マッカーシー(James P. McCarthy)将軍、アメリカの国連欧州本部代表モリス・エイブラム(Morris Abram)大使などが出席し、事務総長特別代表アーガ・カーンや私も同席しました。その席で、マッカーシー将軍は、多国籍軍がクルド人の安全な帰還のために活動し、難民キャンプも設営するが、具体的な救援活動についてはノウハウもないので、できるかぎり速やかに国連にゆだねたいと言うのです。本音はできるだけ早く難民支援から手を引きたいということですね。全体としてそのような道筋が確認されました。

多国籍軍は二万人もの軍事要員を送り込み、難民キャンプを作りました、軍の作業は手際よく早いですね。これが「オペレーション・プロバイド・コンフォート」と銘打った作戦です。そこに、山岳地帯からクルド人たちを移動させたのです。大規模なオペレーションでした。救援物資の輸送には二〇〇機の航空機が使われましたし、五〇以上の国際人道援助機関が救援活動に参加したのです。UNHCRもキャンプの管理を担いまして、現地職員を増やしました。

でも、多国籍軍はUNHCRが遅れがちだと感じたようです。彼らはとにかく一日も早く撤収したいものですから、UNHCRのやっていることがまだるっこく見えたのでしょう。UNHCRはイランでも難民支援活動をしていて手がいっぱいだったこともありますし、また人道機関としてクルド人の帰還が自らの判断に基づくものだという、つまり自主帰還の確認をしなくてはならないのです。大変な作業でしたが、六月末には難民のイラク国内への帰還を完了させたのです。

――その後、ホワイトハウスを訪問していますね。

ＵＮＨＣＲが一番頭を悩ませたのは、逆に多国籍軍の撤収した後、この地域の安全をどう確保するのかということでした。そこで六月下旬に、私はワシントンに飛んで、ホワイトハウスでブッシュ大統領と面会しました。そういえば思い出しましたが、そのような緊急時に、私の荷物だけが届かなかったのです。友人にブラウスを借りて、それを着て大統領に面会に出向いたのです。大統領は物静かな、ジェントルマンという印象の方でした。

私は大統領に、「難民は国際社会が自分たちの安全を保障してくれるものと信じて帰還したが、ＵＮＨＣＲのような組織はそうした保障をすることはできない」と説明して、米軍の駐留延長をお願いしました。大統領は私の話に理解を示してくれたようですが、米軍は撤退しなければならないと言いました。いつまでも駐留して帝国主義的と見られるのを厭がっているようでした。ただ、撤退にはある程度時間をかけて、責任を果たしながら撤退するとも発言されました。ディック・チェイニー(Dick Cheney)国防長官やコリン・パウエル(Colin Powell)統合参謀本部議長とも会見し、多国籍軍とＵＮＨＣＲとの連携について具体的なやりとりを続けました。

――国連難民高等弁務官が、米軍に安全の確保を要請するというのは、それまでになかったことではないでしょうか。軍民協調の新しい形を開いたともいわれています。

協力しなくてはならない人たち同士が協力すればいいという程度のことです。前例ばかり考えていると、物事は解決できないこともあるのです。こちらは文民の組織ですから、安全の確保には大きな限界があるのは当然です。難民救援には軍隊が関与せざるを得ない局面もあるのです。クルド難民の場合は、多国籍軍がいたからUNHCRが任務を果たせたことは間違いありません。もちろん人道支援という基本原則を維持できる限りでの協力です。戦うことが任務の軍の活動によって人道原則が歪められたら、協力は難しくなります。軍隊のかかわり方はケースによって違ってきますから、クルド難民支援の例が典型とは言えないと思います。

——難民、避難民の帰還は短期間で進みましたが、イラク軍により街が破壊され、自宅に戻ることができない人たちもかなりいました。UNHCRの任務は、帰還で終わらなかったのですか。

難民救援と同時に、UNHCRは復興事業も始めなくてはなりませんでした。これもそれまでのUNHCRではしてこなかったことです。でも、イラク北部は冬が厳しいですから、六月に最後のキャンプを閉鎖してすぐに越冬準備の計画を立てないとなりませんでした。建設資材を提供して、仮設住宅を建設したり、家を修復したりしました。また、医療や水道などの基本的なインフラを整備していきました。帰還した人たちがそこで生活を続けられるようにすること、個人の命を守るとともに村、コミュニティの暮らしを回復すること、その第一歩を踏み出せるようにする援助も、UNHCRは担ったのです。

UNHCRが緊急復興事業を実施する先例になりました。人道機関は、本当に難民を救援しようとすれば、難民の緊急救援から帰還、復興までを含めたすべてのプロセスにかかわる必要があるということです。ユーゴ紛争でもアフリカでもそうでした。

一九九二年六月、UNHCRはその後の活動を他の国連の開発諸機関に引き継ぎました。

――その後も、UNHCRは緊急事態に直面していきますが、このときの経験から対応能力を高める改革をしたそうですが。

これほどの大量の難民、避難民が、これほどのスピードで発生したのですから無理もないのですが、物資も要員も資金も、すべてが足りない中で活動しないとなりませんでした。そこで、緊急対応資金を倍の二〇〇〇万ドルに引き上げて柔軟に使えるように改革しましたし、緊急救援物資の備蓄も行いました。それに、緊急事態対応担当官を設け、各地に配置して、何か起きたときにすぐに対応できるように組織の強化も図りました。各国政府やNGOと物資や人員の優先派遣の取り決めを結んで迅速に対応できるようにもしました。

不十分ではあるのですが、難民問題で重要なのは初動態勢なのです、最初期の対応こそが一番重要ですから。

――そういうことも含め、緒方さんが高等弁務官になられてから、難民問題への対応の仕方も変わっていきました。当時、変わりはじめたという認識はあったのですか。

変わったといっても、前のことを知りませんでした。変えようと思って行動したわけではなく、必要に迫られて次々と対応しているうちに前のやり方と変わっていたということです。オフィスには非常にしっかりした職員がいました。彼らの支援を受けながら、必死に動き回っていたら、こういう結果になっていったという感じです。あまりくよくよ心配しなかったのは、やっぱり若かったからなのか、未経験だったからなのか、性格的に繊細じゃなかったからでしょうか(笑)。

もちろん組織となると、原則を守ろうとする人たちは必ずいるわけです。でも、私たちが向き合っていたのは、人の生き死にの問題でした。難民を放っておけばそれだけ死者が増える、そういう緊迫感はみんな持っていました。大事なときは行動しないとならないのです。スピードが求められるときに、原則に即してどう決定するかを慎重に考えている余裕はありません。そのような中でこそ、リーダーシップが大事なのです。

サラエヴォ空輸と陸路輸送

――続いてお聞きしなくてはならないのは、旧ユーゴスラヴィア、バルカン半島における紛争です。多民族国家が分裂する過渡期の民族紛争で、しかも長期にわたりました。UNHCRは停戦合意のない状態で人道援助を大規模に行うという前例のない経験をすることになります。

一九九一年六月にスロヴェニアが独立を宣言したのが発端で、クロアチアがそれに続くことで民族紛争の連鎖が始まりました。クロアチアでは多数派のクロアチア系住民と、セルビア共和国の後ろ盾がある少数派のセルビア系住民との戦いが深刻化し、相互に自分たちの居住地域から他民族の退去を強制しあったのです。

クロアチアの独立が承認される前でしたから、ここでも法的に言えば、難民とは認められない、国内避難民が対象でした。九一年の終わり、デクエヤル事務総長から「紛争に巻き込まれた避難民を救援するように」という要請を受けて、UNHCRは国内避難民の保護を始めたのです。UNHCRの使命を難民保護に限定することは不可能でした。それでもクロアチアの紛争は、国内に国連保護区域を作って、国連が九二年二月に設置した国連平和維持活動(PKO)の国連保護軍(UNPROFOR)が駐留して紛争を防止し、なんとか落ち着いたのです。

最大の問題はボスニア・ヘルツェゴビナでした。ここは非常に厄介な地域で、四四%の多数派ムスリム人、三一%のセルビア人、一七%のクロアチア人が混住していました。九二年初めにEC(欧州共同体)がスロヴェニア、クロアチアの独立を承認し、同時にボスニア・ヘルツェゴビナに独立するかどうかの国民投票を求めたのです。ボスニアが三月にセルビア系の反対を押し切って独立を宣言すると、最大民族のムスリム人、独立反対のセルビア人、クロアチア人の三つ巴の軍事衝突になりました。それぞれが自民族の支配領域を拡大しようとして、そこから他民族を根こそぎ排除しようとしたのです。いわゆる「民族浄化」が起きたのです。すこし前までは仲良く暮らしていた隣人たちが憎しみ合って殺し合うのですから、本当に悲劇です。

――「民族浄化」とは住民を力ずくで難民化する政策である。そのため、UNHCRは非難されかねないジレンマに見舞われた」と、『紛争と難民』でお書きです。

その通りです。それぞれが他民族を追い出しにかかっていて、住民の危険は差し迫ったものでした。UNHCRはそれを放置できず、住民を避難させざるを得なかったのです。しかしそれはある地域を民族的に純化することで、結果的に「民族浄化」に加担することになりかねません。そういうジレンマに直面したのです。本来ならば、安全に自国内にとどまる人々の権利を尊重しなくてはならないわけですが、そこにとどまるように言うことは、住民たちを危険なままにしておくことになるわけです。そこにさまざまな勢力の政治的な思惑がからみあってきます。ＵＮＨＣＲの活動はその後もこのジレンマにずっと悩まされることになりました。

——ＵＮＨＣＲは一九九二年七月からボスニアの首都、サラエヴォへの救援物資の空輸に、深くかかわることになります。これはどのように始まったのですか。

サラエヴォは、周囲を山に囲まれた美しい街です。セルビア系の武装勢力がその周囲の山に陣取って、街へ通じる道路を封鎖し、市民たちは完全に孤立状態に置かれました。セルビア系の人々は、ムスリム人の多いサラエヴォに連日猛烈な砲撃を加えたので、市民は街の中を移動もできないし、食料や水にも困る状況になったのです。国際社会にはこの街を見殺しにはできないという思いがあったのではないでしょうか。サラエヴォは冬季オリンピックを開催したこともあって、「世界のサラエヴォ」でしたでしょう？

まずは、空から物資を届けることになりました。空以外にアクセスがなかったからです。安保理が九二年六月に空港を再開し、サラエヴォ空港の安全確保のために国連保護軍を展開することを決議しました。クロアチアに派遣していた国連保護軍を廻したわけです。空輸は、ＵＮＨＣＲが担うことになりました。軍事目的ではなくあくまでも人道目的のものでしたからね。世界中の政府、ＮＧＯから輸送機、援助要員の提供が表明されまして、心強い思いをしました。

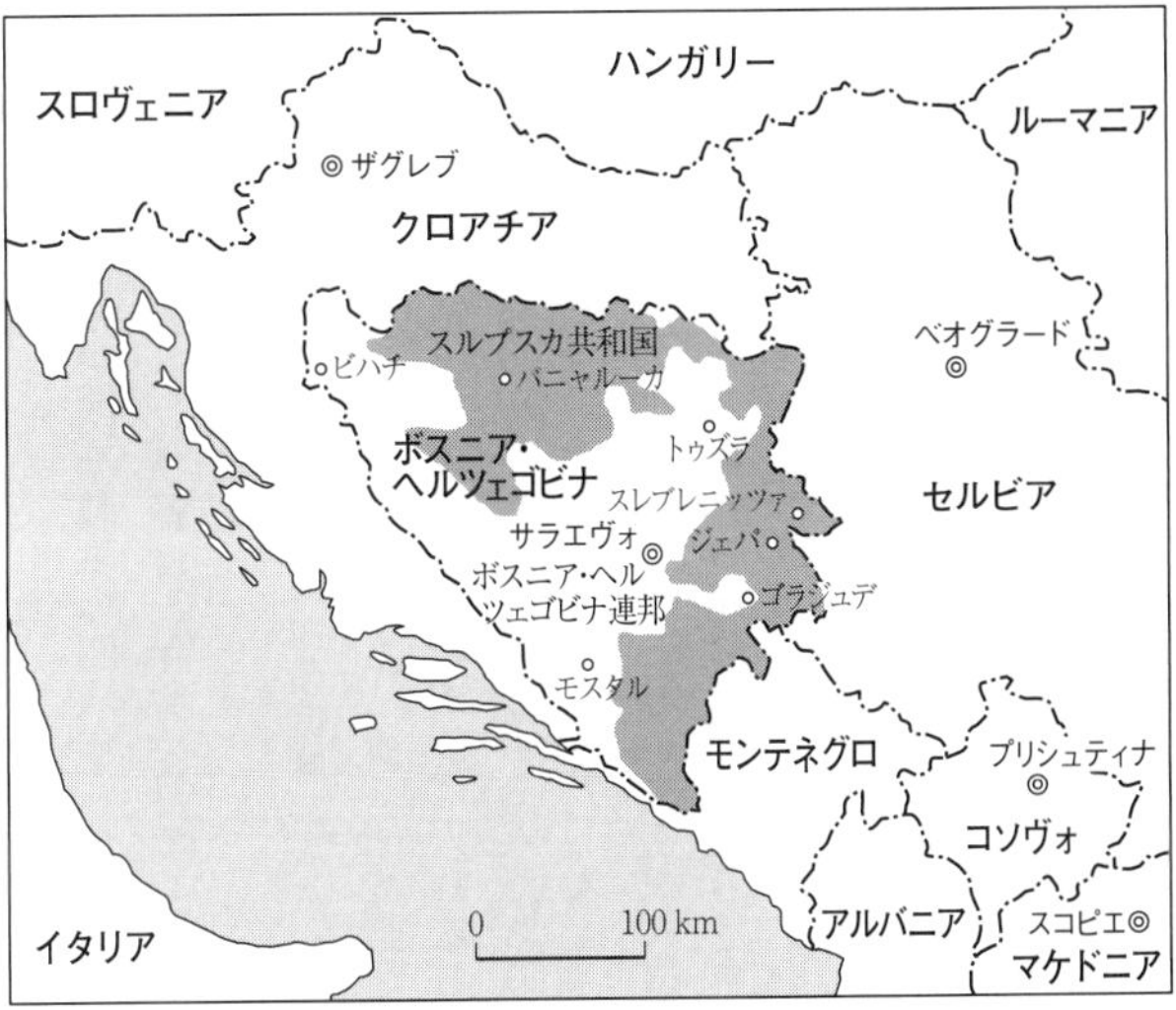

旧ユーゴスラヴィア地域(紛争後)

サラエヴォ空輸は初めての経験でいろいろな試行錯誤もありましたが、ジュネーヴのUNHCR本部にサラエヴォ空輸緊急タスクフォースを立ち上げました。アメリカ、イギリス、フランス、カナダ、ドイツから派遣された七、八名の空軍将校たちが本部の小さな部屋に常駐して、航空機の手配やスケジュール作成などを担いました。彼らの身分をどうするかは微妙な問題だったのですが、国連の任務にあたる専門家アドバイザーということにし、難民高等弁務官の指揮下に入ることになったのです。

当初はそんなに長期間にわたって大規模に続けなくてはならない

とは思ってもいませんでした。数週間で終わるだろう、というのが当初の見積もりでしたから。それが東西冷戦下の四八年六月に始まったベルリン空輸よりも長い期間になったのです。ベルリン空輸は一年数カ月でしたが、サラエヴォ空輸は三年半も続いたのです。

――UNHCRのような文民の機関が軍と一緒に仕事をするというのは異例なことですね。

最初はUNHCRの中からも、そこまで自分たちがやるべきものなのかという異論がありました。軍人を人道機関の本部に入れることに抵抗を感じていた人もいました。NGO関係者も含めて、人道活動をする人たちの中には、軍との協力関係を嫌う人たちが少なくないですから。しかし、このケースは、戦闘が続いている中での人道支援ですから、軍の協力が不可欠だったと思います。人道機関の使命が維持され、軍の側にもその理解が十分あれば、軍との連携は一概に否定すべきものではありません。人道支援にも効果的です。軍が戦闘任務に就くようになると問題ですが。

空輸を続けていくにしたがい、食料や毛布といった救援物資にとどまらず、新聞用紙や郵便物の輸送から、国際協議などに参加する政府要人の移動、急病人や負傷者の輸送なども引き受けていきました。世界各国のジャーナリストもずいぶん運びました。サラエヴォ市民はUNHCRの空輸と支援物資を本当に頼りにしてくれたのです。

あとのことですが、アメリカの視察団がサラエヴォに入ったときに、どの建物の窓にもＵＮＨＣＲのロゴが入ったビニール・シートが張ってあるので、ＵＮＨＣＲの事務所がこんなにあるのかと言ったそうです(笑)。私の特使のホセ・マリア・メンデルーチェ(Jose Maria Mendeluce)がＵＮＨＣＲのビニール・シートを配ったのですが、住民たちはそれで砲撃で壊れた窓を塞いでいたのです。窓ガラスなんか手に入らないわけですから。そういうビニール・シートも重要な救援物資でした。紛争後九六年に復興が始まるとガラスに取りかえられましたが、記念にビニール・シート窓の写真集を作りました。

──サラエヴォ空港まで空輸したあと、そこからさらに救援物資をボスニア全域に陸路で運ばなくてはならなかったわけですね。

そうです。サラエヴォ空港は市街からすこし離れたところにあるのです。市街に入る道が「スナイパー(狙撃兵)通り」と呼ばれて、通行者や車両に攻撃が加えられる危険な道路として知られていました。空港の大きな倉庫に物資を入れて、そこから市の周辺にある何個所かの配送センターまで物資を運ぶのですが、ＵＮＨＣＲのメンデルーチェ特使が中心になってそういう物流のシステムを作り上げてくれました。彼は、情熱あふれる行動派で、現地のことに本当によく通じていました。そうした陸路の輸送も人道支援の一環としてＵＮＨＣＲが担ったのです。防弾チョッキと防弾の四輪駆動車を一〇台購入して、職員を守るようにしましたが、輸送隊が出るたびに心配でなりませんでした。

空輸が始まってから六日後に、私はサラエヴォに飛びました。市民の様子を知りたか

防弾チョッキを着てサラエヴォ空港に到着(1992年7月, UNHCR/S. Foa).

ったし、物流システムがどの程度機能しているかも見たかったのです。副高等弁務官が危ないからやめてくれと、アメリカから電話してきました。地上から攻撃される危険がたえずあったのです。実際、空輸が始まってまだ間もないときに、イタリアの輸送機がミサイルで撃墜されて乗組員が亡くなったという悲劇もありました。九二年九月三日でした。そんな状況ですから、飛行機は空港ぎりぎりまで高度を保って近づき、そこから急降下して着陸するのです。そういう着陸の仕方を経験したことがありませんでしたから、最初は怖くて……。その後、何度も何度もサラエヴォに通ううちに慣れっこになりました。

防弾チョッキを着て、装甲車に乗って市内に入ったのですが、市内を歩いても、どこからか砲撃の音が聞こえてきました。物流システムは動いていましたが、市民がどれだけ危険な状況にさらされながら暮らしているのか、身をもって感じました。また、避難民たちがわずかな食糧で空腹に耐えながら暮らしている場所も実際に自分の目で見ました。三カ月も包囲されて孤立するというのはこういうことかと思いました。建物からたくさんの人々が手を振って、歓迎してくれましてね。わずかな滞在時間でしたが、そのときの情景は本当に忘れがたいものでした。

その後、セルビア共和国へ飛び、ベオグラードの難民収容センターにも行きました。そこではボスニアから避難してきたセルビア系の貧しい女性や子どもが多く難民になっているのを見ました。その後も私は、なるべく機会を作って、現地を視察するようにしました。

泥沼化するボスニア内戦

――大々的な空輸は、多くの市民の救援につながっただけでなく、これを続けることが、紛争下にいる人々を勇気づけるメッセージにもなったでしょうし、紛争の悲惨さを忘れがちな国際社会へのアピールにもなったのではないでしょうか。

そうだったと思います。大規模でしたからね。空輸は一万二〇〇〇回以上、食糧は一五万トン、医薬品一万四五〇〇トンを運びました。そこからボスニア各地に陸送された物資は九五万トンにのぼったのです。しかも長期間続けられました。国際社会の意志は示せたと思います。

ただ、私たちの活動はあくまでも人道支援です。いくら続けても紛争の解決はできません。メンデルーチェ特使は政治的な解決の動きが伴わないことを問題にして、「UNHCRはサラエヴォを統治できない」「戦闘を終わらせなければならないことを声明にすべきだ」と言っていました。難民たちの苦境を終わらせるには、紛争そのものを終わらせるしかないのです。そのためには政治プロセスが欠かせない。当事者間の交渉による解決です。それがなかなかできずに、紛争が長期化していきました。

空輸再開の頃だったと思いますが、私はブトロス＝ガリ(Boutros Boutros-Ghali)国連事務総長に人道危機に関する国際会議の開催を持ちかけてみました。彼は賛成してくれまして、しかも私がイニシアティヴをとってはどうかと言うのです。そこでいくつかの国と調整をしたあとで、ロンドンに飛びまして、イギリスのジョン・メイジャー(John Major)首相を訪ねました。彼はやるべきだと言うだけでなく、閣僚級会合を呼びかけてくれたのです。こうして九二年七月二九日に、ジュネーヴで旧ユーゴスラヴィア人道援助国際会議が開かれたのです。この会議は、すでに実施している人道活動を強化することを訴えて、実効性のある政治解決を促すものでした。私は政治解決なしに人道活動を長く続けることはできない、と力説したのを覚えています。

この国際会議がひとつの呼び水になって、八月には国連と欧州連合(九三年一一月よりE

U）が共同で、旧ユーゴスラヴィア国際和平会議（ICFY）をロンドンで開きました。この会議の運営委員会の共同議長にデイヴィッド・オーウェン（David Owen）とサイラス・ヴァンス（Cyrus Vance）が就きました。英米の元外相ですから、なかなかの布陣です。オーウェンはエモーショナルになることがある人でしたが、ヴァンスはものすごく知的な人で、何かと頼りにしていました。こうしてようやく紛争解決を目指す国際的な場が作られたのです。

――そこで政治プロセスと人道問題がつながったのですね。

運営委員会がジュネーヴに設けられましたから、私は毎週のように出席しました。やっと人道活動が政治プロセスにリンクすることになったわけです。この会議の下に六つの作業部会が作られまして、私はそのひとつ、人道問題作業部会（HIWG）の議長になりました。どうもブトロス＝ガリ事務総長が、人道事業の指揮をUNHCRに取らせたかったようでした。ここでの主な議論は、人道物資の配布をどうやるかと、難民の帰還、強制収容所の解体問題でした。

この部会で私は難民保護に二つの新しい側面があることを提起しました。ひとつは「予防的保護」。民族、宗教にかかわる内戦では、最初に強制退去を減らす予防的保護措置が必要になるということです。いわば自宅にとどまる権利の保障が不可欠なのです。もうひとつは、いずれは帰還させる「一時的な保護」という考えです。紛争と難民をめぐる状況が大きく変わって、こういう保護のあり方が不可欠になりました。実際この後のＵＮＨＣＲの活動の枠組みになったと思います。

私は作業部会を二つに分けました。ひとつは関係する国家、機関がすべて参加する全体会議で、これは安保理の制裁を受けて締め出されている新ユーゴスラヴィア、つまり、一九九二年にセルビアとモンテネグロが創設したユーゴスラヴィア連邦共和国のことですが、これを会議に出席させる仕掛けでした。新ユーゴは、難民を受け入れていましたから、人道支援では欠くことができなかったのです。

もうひとつはボスニアの将来を考える少人数の会議です。ここには各勢力の指導者、セルビア系からラドヴァン・カラジッチ(Radovan Karadžić)やクロアチア系からマーテ・ボバン(Mate Boban)などが出てきますから、人道活動を進めるうえでもメリットが大きいと思いました。現地でいろいろな妨害活動が行われていましたが、それを紛争当事国の政治リーダーたちになんとかしてほしいと訴えることもできました。

ただ、紛争解決の政治交渉は遅々として進みませんでした。集まってはプカプカと煙草を吸っているばかりで、まるでバルカンのカフェです。どの勢力も自分たちの支配地域を広げることばかり考えていて、国際会議の場を逆に利用したり、約束をしてはすぐに反古にしたりする、そんなことの連続でした。

――外交の場では停戦へ向けた協議は進まず、かといって欧州諸国もアメリカも積極的には軍事介入をしようとしない。ＵＮＨＣＲは政治・外交・軍事が対応できないために仕事を押し付けられていたように見えます。国際社会がコミットを続けていることを示す隠れ蓑に使われている印象があるのですが。

最初はヨーロッパ諸国が、バルカンは自分たちの裏庭ですから和平交渉をやろうとするのですが、うまくいかないわけです。逆に、火に油を注いだところもあったりして。かといって、安保理も動かない。安保理が決議しても各国が行動しない。安保理なんかを待っていたら、みんな死んでしまうと誰もが言っていました。

しかも状況はどんどん悪化していったのです。とくにセルビア系が優勢なボスニア東部に点在するムスリム人が住む町、スレブレニッツァ、ゴラジュデ、ジェパは危機的になっていきました。そしてついにスレブレニッツァの虐殺が起きて、やっとＮＡＴＯが重い腰を上げるわけです。それまでにも何度も何度も、このままではさらに大きな悲劇が起きると言い続けてきたのですが。

――一九九二年一一月に緒方さんは国連安保理に出席して報告をしました。

和平会議の共同議長のオーウェンとヴァンスに来るように言われたのです。もちろんＵＮＨＣＲが果たしてきた大きな役割も背景にあったと思います。救援物資の調整と輸送を、ＵＮＨＣＲが統括する形で進めていましたが、実はその傘下でいろいろな国際機関やＮＧＯのスタッフが働いていたのです。世界食糧計画(ＷＦＰ)、国連食糧農業機関

(FAO)、国連児童基金(ユニセフ)、世界保健機関(WHO)など、他に二五〇ものNGOが加わっていました。それをUNHCRが調整(コーディネート)したわけです。三〇〇〇人もの援助要員がみんなUNHCRの身分証を持って、UNHCRのマークの入ったトラックに乗って活動しました。

国連の人道機関の人間が安保理に行くことはそれまで一度もありませんでした。人道機関には「中立と公平の基本原則」というのが根幹にあって、安保理のような政治的なところからは距離を置くべきだと考えられていたわけです。しかし、人道支援は紛争解決へのプロセスなしには続けられないというのが、経験から引き出した私の考えでした。政治的・軍事的なコミットメントが欠かせないと思いました。

それでブトロス゠ガリ国連事務総長にこのことで相談に行ったのです。そうしたら反対も賛成もしない、「時間の無駄でないと思うようならば行きなさい」というのが彼の答えでした。安保理に行っても、状況は動かないということが骨身にしみていたのでしょう。ガリという人は、ものすごく頭のいい人で、ときに皮肉たっぷりのことを言うのです。私が高等弁務官時代に強い印象を受けた政治家の一人でした。

それで安保理に行くことにしました。なんといっても安保理は国際社会の政治的意志を決める最高機関ですから。私は安保理で現地の状況をブリーフィングして、いまのUNHCRの活動だけでは住民の安全を守れないこと、国連保護軍をもっと早く大規模に派遣して、柔軟に活動できるように権限を付与すること、周辺国が積極的に難民を受け入れるように圧力をかけることなどを訴えました。

そのあとも年に二度ぐらいは安保理に呼ばれて、報告をしました。この場は必要なときに平和維持軍の派遣を求めたり、政治解決を促したりできるのです。どれだけ効果があったかはともかく、人道支援活動も政治解決を必要としていたわけですから、行って良かったと思っています。

――いまお話にも出た国連保護軍ですが、UNHCRの物資の陸送にはその護衛がついていたのですか。

最初はそうではなかったのです。国連保護軍に当初与えられていた任務には、こうした物資の輸送を支援することは入っていませんでした。それにUNHCRの側にも、なるべく軍隊と一緒の機関のように見られてはならないという意識は強かったのです。ただ、紛争地帯の真っただ中で人道援助活動を続けていくにしたがい、武力による護衛が欠かせないということも実感していました。私は安保理にもそう訴えました。ブトロス＝ガリ国連事務総長も国連保護軍を拡大し、UNHCRの支援にあたらせることを勧告しました。そうでないと、私たちの身の安全も物資の保全もありませんでしたから。

安保理決議で国連保護軍が人道支援活動の護衛も任務とするようになったのですが、調整はなかなか大変でした。徐々にですね、改善されたのは。私たちのトラックも守られるようになったのです。ただ、国連保護軍は同意に基づくPKOです。ボスニア東部のセルビア系の支配地域は、国連保護軍の受け入れを拒否したのです。そこに支援を必要とするムスリム人の町がいくつも孤立してあったのですが、結局、ボスニアのかなりの地域で引き続き、護衛なしに輸送をしなくてはなりませんでした。

――文民支援要員の安全を確保すること自体が課題となったわけですね。戦闘地域での救援活動は、赤十字国際委員会(ICRC)が担うというのが一般的な理解だと思います。これがUNHCRの任務かという異論はなかったのですか。

もちろんICRCがボスニアに入って医療活動や物資の配布などをしていたのです。ところがサラエヴォで車両が攻撃されて、代表が死亡するという事件が起きまして、それでボスニアから撤退したのです。その空白をUNHCRが埋めることになったわけです。

人命が実際に脅かされる人々がいるという現実があり、現地からさまざまなニーズが挙げられてくるのです。そういう状況に対応して動き回っているうちに、やらなくてはならないことがどんどん増えていきました。どこかがやらなくてはならないわけですよ。

――一九九三年の初めから状況が急速に悪化したのはどうしてだったのですか。

旧ユーゴ和平会議共同議長が、一九九三年一月に民族居住地(領土)の分割案を出したのがきっかけです。ヴァンス＝オーウェン案です。この案は否決されましたが、これを機に地域の人口構成が将来の領土を決めるということで、各民族がすこしでも領土を拡大しようとして戦闘が一気に拡大してしまったのです。

ボスニア中部では、セルビア人に対して一緒に戦っていたクロアチア人とムスリム人の間でも激しい戦闘が起きました。ボスニア東部はセルビア人が優勢で、その中に飛び地のようにしてムスリム人の町や村が散在していたのですが、セルビア系勢力は飛び地の人口の分布を有利にしようと攻撃を強めました。住民たちはそこから避難するか、あるいは包囲されて孤立するかという状態でした。小さなサラエヴォがボスニア中にあったようなものです。そういうところにUNHCRが物資を届けようとすると、輸送隊が次々と攻撃されます。犠牲者が続出して、耐えがたい思いをしました。どの勢力も徹底的に戦う構えでした。強制的な人口移動が戦争の目的になっていたのです。

ある勢力が支配する地域に救援物資を運び込むことは、別の勢力にとっては自分たちの不利になる、つまり私たちの人道活動が「敵」を強めるようなものだと思われる状況になっていたわけです。輸送隊は阻止されるし、ときには砲撃も加えられました。道路や橋も壊されました。地雷も敷かれました。輸送トラックが次々攻撃されて死傷者も出ました。とにかく現地で交渉を重ねて、輸送ルートを確保し、トラックを通す以外にないのですが、それでも妨害行為はやみません。政治指導者をジュネーヴに呼んで訴えたりもしたのですが、効果はそれほどありませんでした。

――援助停止事件はこうした中で、起きたのですね。大々的に報道されてさまざまな波紋を呼びました。

そんなにも大きな出来事になるとは思ってもいなかったのですが……。ボスニア東部の飛び地に支援物資が届かなくなる状況の中で、サラエヴォ市議会が援助物資をボイコットすると宣言したのです。東部にいる自分たちの同胞をさらに苦しい状況に置くことで、世界にアピールし状況を打開しようという考えだったみたいです。人道援助を政治的に利用するなんて、考えられないことです。それを聞いて、私は激怒したのです。

私はちょうど中部アフリカを視察するためにアフリカにいました。ナイロビで、援助物資がサラエヴォ空港で山積みにされて輸送できない映像を見て、すぐに行動しなくては、という衝動にかられました。その次の日(九三年二月一七日)に記者会見を開きました。全勢力の政治指導者が私たちの努力を無駄にしようとしていると非難して、セルビア人支配地域とサラエヴォでの援助活動を停止して輸送隊を引き揚げること、空輸も停止することを発表したのです。

これが大騒ぎになりました。ブトロス＝ガリ事務総長からは懸念が表明されましたし、緒方に援助停止を決める権限があるのかという批判も相次ぎました。決定前に事務総長と協議すべきだったとか、国連事務総局が会見について事前に伝えられていなかったとか、非難されました。実際には、ヴァンス事務総長特別代表と事前に協議していたのです。援助の一方的な停止という報道も事実と違います。私の声明は、政治指導者が援助の再開を求め、輸送隊に対する妨害をしないことを確約するのならば、すぐに再開すると強調していましたから。中には緒方は辞任を検討しているとする記事まで出ました。すぐに否定しましたけれど。

予想しない事態になってしまったのですが、UNHCRの職員たちは、私の決断を支持してくれました。当時もいまも、私の判断は間違っていなかったと思います。ただ、私の言ったことと現場での実行との連携や、国連事務局へ伝えるタイミングなど、もうすこし配慮をするべきでした。

そのときに限りませんけど、私はもうこれ以上やることがないとか、私がやっていたことが間違っていたと考えるときには、いつでも責任をとろうと思って仕事をしていました。このときにはその後、ボスニアのイゼトベゴヴィッチ(Alija Izetbegović)大統領が、空輸再開を求めるメッセージを伝えてきまして、停止宣言から五日後に空輸を再開しました。

――UNHCRのジェセン゠ピーターセン(Søren Jessen-Petersen)官房長は緒方さんの決断を「ショック療法」だったと言っています。

意図してできるわけではありません。メディアがかなり書きたてましたし、結果としてボスニアに世界の注目が集まりましたから、「ショック療法」的な効果があったのかもしれませんが。サラエヴォのムスリム側も、UNHCRの活動なしにそう長期間やっていけるわけがありませんでした。

スレブレニッツァ虐殺からデイトン合意へ

——一九九五年七月に、ボスニア東部のスレブレニッツァで、セルビア系武装勢力による大規模な虐殺が起きました。国連が「安全地域」に指定した場所ですが、そこで事件が起きたのはどういうことだったのでしょうか。

まず安全地域をめぐる論議について振り返る必要があります。九三年に現地の情勢がますます厳しくなり、UNHCRの輸送隊もセルビア系が優勢のボスニア東部の飛び地にはなかなか近づけなくなりました。そのひとつが、スレブレニッツァです。そこに五万人ぐらいのムスリム系住民が、セルビア系武装勢力に包囲されて、孤立していました。セルビア系と交渉を重ねて、限られた救援物資をトラックでなんとか運び込むのですが、トラックが荷物を下ろして向きを変えたとたん、町を離れようとする人たちが荷台に一気に乗り込んでくるのです。その中で圧死するという出来事も起きました。また、トラックが来ると、子どもたちだけでもなんとか町から逃してほしいと、親たちが必死にUNHCR職員に頼んでくるというのです。住民たちが避難を求めていることは明らかでした。私たちは、住民を安全な場所に避難させることをまずは優先すべきだと考えていました。UNHCRの活動はほとんど限界に来ていたのです。

そこで、私は国連事務総長に、住民を大規模に避難させるか、あるいは国連が飛び地になっているスレブレニッツァを保護地域に指定して、そこに国連保護軍の駐留など国際的なプレゼンスを強化するか、という二つの選択肢を出したのです。結論から言いますと、結局、そのどちらも実行されませんでした。

――国連安保理はどんな議論をしたのですか。

安保理は、九三年四月、ベネズエラやパキスタンなど非同盟諸国の提案で、スレブレニッツァを安全地域とすることを決議しました。決議八一九です。安保理は、事務総長に対して即刻、国連保護軍を追加派遣することを求めたのです。しかし、安保理は私が示した住民退避案を退ける一方で、安全地域を守る国連保護軍の新たな任務のための権限、人材、財源を何も示さなかった。本当に「安全な」安全地域を作ることもできなかったのです。安保理は政治的調整の場で人道問題は二の次ですね。安保理の限界をこれほど感じたことはありません。

安全地域の政策には、さまざまな政治的な思惑が入り込んでいました。そもそものアイディアには、住民を安全地域にとどめ置くことで、大量の避難民が欧州に流入してくることを阻止しようとするヨーロッパの発想がありました。ムスリム人政府やスレブレニッツァ、トゥズラなどムスリム居住地当局は、将来の領土分割で不利になることを恐れて、住民の退避に反対していました。女性や子どもの退避も、そうすればセルビアが攻撃しやすくなるというので反対でした。セルビア系だけは、退避は自分たちが有利になることですから支持していました。みな自分の利益しか考えていないのです。

しかし、安全地域は、十分な軍事的・政治的な支援がなければ、安全が名ばかりになるのは当然です。UNHCRはもともと安全地域には懐疑的でした。現実には安全が確保されていない巨大な難民キャンプになりかねないのです。ですから敵対行為を止められなくて安全地域が必要になるにしても、まずは難民を受けいれる安全な地域に住民を退避させ、安全地域は本当に最小限にすべきだと考えていました。しかしスレブレニッツァに続いて、サラエヴォ、トゥズラ、ジェパ、ビハチも安全地域に指定されたのです、本当にどう考えていたのかと言いたいです。

——安全地域を指定しながら国連保護軍は強化されませんでした。

安保理は、九三年六月に決議八三六を採択して、国連保護軍の任務を拡大しました。安全地域に対する攻撃の抑止、停戦監視、武装勢力の撤退促進、要所の占領などを加えて、自衛のための武力行使を含む必要な手段をとることも認めたのです。これが履行されれば実質的な強制措置ですから、従来のPKOを超えるミッションということになりました。それを受けて、事務総長が安保理に三万四〇〇〇人の追加派兵を求めたのですが、派遣に応じる国はなかったし、安全地域への再配置にさえ応じなかったのです。ひどい話です。

スレブレニッツァに派遣された国連保護軍は、最初はカナダ軍で、九四年からはオランダ軍に代わりましたが、いずれも小規模な部隊でした。包囲しているセルビア系武装勢力の方がはるかに多いのですから、国連保護軍が、安全地域への攻撃の抑止なんてできるものではありません。その後、スレブレニッツァに続いてゴラジュデもセルビア人に激しく攻撃されました。

結局、国連はＮＡＴＯに援護の航空攻撃を要請せざるを得なくなったのです。先の決議八三六は、国連加盟国に国連保護軍の支援のために「必要なあらゆる手段」をとる権限を与えていたのですが、これが使われたわけです。「必要なあらゆる手段」というのは湾岸戦争以来、加盟国に強制措置を認める典型的な文言なのです。

ところが、それに対してセルビア側は、国連保護軍の兵士を人質にとって、攻撃目標付近に手錠で拘束しました。「人間の盾」です。ＰＫＯはもともと戦うことを目的としていないのに、能力を与えないで任務だけ拡大したひとつの結果がこれですよ。ＵＮＨＣＲによる援助物資の配布はほとんどできない状態になりました。飛び地に配されていた国連保護軍はもはや存在意味がなくなっていたのです。ルパート・スミス(Rupert Smith)は、現代の戦争論と評価の高い『軍事力の効用』を書いた軍人ですが、その頃国連保護軍の司令官でした。彼は皮肉たっぷりに、国連保護軍は「人質にとられるためだけにいる」と述べていましたね。

——そうした中でスレブレニッツァへの全面攻撃が、一九九五年七月一一日に開始されたのですね。

セルビア系武装勢力はスレブレニッツァ全域を制圧しました。ムスリム人避難民が出たのですが、セルビア人は女性や子ども、高齢者をそこから引き離して追放し、トゥズラの空港に置き去りにしました。男性たちは処刑されました。犠牲者数は七〇〇〇とも八〇〇〇とも言われています。

数日後に、私は現地へ飛びました。トゥズラ空港では、追われた女性たちがテントの中にいて、ほとんど狂わんばかりになっていました。自分の家族はどこへ行ったのか、なぜもっと早く来て、惨劇を防ぐことができなかったのか、そう問い詰められました。このときの辛い思いは忘れられません。当時、国連保護軍として安全地域にいたオランダ軍三〇〇人はほとんど何もできなかったのです。安全地域固有の矛盾が露呈したのです。

——このスレブレニッツァでの虐殺の後、デイトン和平合意に結びつく動きが急展開しました。

それともうひとつ、サラエヴォの青空市場に迫撃砲が撃ち込まれて多くの市民が死傷する事件ですね。これも衝撃が大きかった。虐殺事件の翌月のことです。これでNATO軍のセルビア人勢力に対する空爆が本格的になりました。アメリカ、ロシアも仲介に動いていたのですが、これに英独仏が加わってコンタクト・グループが設けられた。これが、旧ユーゴ国際和平会議に代わって政府間交渉を進めていました。

NATOの空爆で、クロアチア人、ムスリム人側が優勢になったのですが、この機をとらえてアメリカが主導して、ボスニア紛争はようやく和平交渉の局面を迎えたのです。リチャード・ホルブルック(Richard Holbrooke)米国務次官補が中心になっていました。実に優れた交渉官でした。最後はアメリカが、ボスニア内の武装勢力ではなく、ボスニア、クロアチア、セルビアの三政府をオハイオ州デイトンの空軍基地に連れていって近距離交渉で合意をまとめました。デイトン和平協定は、一九九五年一一月二一日に調印されました。こうして長いボスニア紛争は終わったのです。

デイトンで合意があったとき、私はちょうど安保理でユーゴとルワンダについての報告をしていました。アメリカのオルブライト(Madeleine Albright)国連大使の姿が見えないと思っていたら、途中で遅れて入ってきまして、和平協定が調印されたと発表しました。その夜は国際救済委員会の夕食会があって、そこで私は「自由賞」を受けたのですが、会場に和平交渉を導いたホルブルックさんが登場すると、みな総立ちで拍手喝采を贈りました。忘れられない晩です。

UNHCRは前面に立って、人道支援活動を続けましたし、ヨーロッパ諸国や国連が行なったさまざまな政治交渉にもかかわりました。しかし、人道活動は、紛争解決の政治プロセスに代わるものではないのです。戦争終結に決定的だったのは、やはりNATOの空爆、それと本気で和平交渉を行なったアメリカの力だったのです。人道支援活動は人の生命を救う重要な活動ですが、人道機関だけではどうしようもないことがあるのです。そのことを痛感させられました。しかし和平がなっても人間の苦境はすぐには終わりません。UNHCRには、その先にさらに大きな仕事があるわけです。

難民帰還と共生プロジェクトへ

――難民・避難民の帰還の問題ですね。UNHCRはすぐにジェセン＝ピーターセンを旧ユーゴ担当特使に任命するなど、そのための準備は素早かったですね。

デイトン合意の前から、私は帰還について考えていました。九五年一〇月の人道問題作業部会でも、人道援助はそれ自体が目的でないこと、自由意志に基づく帰還によって紛争犠牲者を解放することを目指さなくてはならないと訴えていたのです。まだ戦闘がやまないときだったので、こういう話はあまり現実感がなかったかもしれません。UNHCRは人が移動を続ける間いつも先を考えないといけません。それが知らないうちに習い性になっていたのでしょう。

デイトン合意の後、一二月にロンドンでこの合意の非軍事部門代表者会議が開かれました。和平合意は、ボスニアを、スルプスカ共和国(セルビア人)とボスニア・ヘルツェゴビナ連邦(ムスリム人、クロアチア人)という大きく二つの「エンティティ」といわれる地域に分けたわけですが、その境界線に即して自分たちの地域から異なる民族を追放しようという暴力的な動きがしばらく続きました。NATOが組織した平和履行軍(IFOR)が治安を担当し、各勢力の軍隊の撤退や分離地帯の確保にあたっていました。

私は、ロンドンの会議で治安の重要性を大いに強調したのです。といいますのも、IFORは軍なのです。彼らには警察ではないという意識があって、住民の安全を守ろうとしない。でも住民の安全を守らないと帰還が進まないし、民族分断が進行しかねないのです。ムスリム人難民に同情が集まりがちですが、ムスリム人、クロアチア人が優勢になると、今度はセルビア人難民が急速に増えてしまったのです。そういうとき、棲み分けが手っ取り早い解決のように浮上するものです。でも難民帰還とは、民族に関係なくもともとの居住地で生活する権利の実現でしょう？　難しいことですが、私は住民を民族別に構成する動きに屈してはならないとたえず言っていました。軍が難民保護の規範と実務を理解すること、これはいくら強調しても足りません。

――難民の帰還はどのように進めたのですか。

帰還は段階的に秩序だって行わなくてはなりません。まずボスニア・ヘルツェゴビナの中の避難民、次に旧ユーゴの共和国にいる難民、最後に欧州諸国で一時保護を受けている人々という順で、大体三段階で進める案を考えていました。一挙に帰還したらとても対応できませんから。帰還先の治安の確保、帰還が妨害されないようにすること、それから帰還者や移転者のための住宅の整備など山積していました。難民を受け入れている欧州諸国には、和平と同時に帰還させようとする動きもありましたが、一時的保護を続けるように要請したのです。

一九九六年五月でしたか、陸路でボスニア各地を視察しました。防弾チョッキなしに、銃撃音が消えたボスニアを見るのは初めてでした。至るところで生活再建への希望と同時に、民族的な憎悪の強さにも触れ、和平への道は困難であると痛感しました。難民の大方は、自分の帰属する民族グループが多数を占める地域へ帰還しました。これは比較的容易なのですが、逆に自民族が少数派となったところへの帰還は絶望的なまでに難しい。やっとの思いで帰ってきても、かつて親しかった幼なじみや近所の人から、まったく声をかけてもらえなくなったという話も聞きました。人間の気持ちほど難しいものはないと思いました。

——多民族が共生する状態、つまり緒方さんのおっしゃる「民族浄化」以前の状態ということですが、そこにもどすために、UNHCRは新しい手法を次々と開発していきますね。実にユニークなプロジェクトだと思います。

ＵＮＨＣＲは帰還・復興タスクフォースを立ち上げて、そこで退避していた人々の帰還と復興を連動させるようにしたのです。現地のスタッフがＮＧＯと協力しながら、いろいろな新しいことを始めていきました。とにかくなんでもやってみるしかなかったのです。

村から退避した人が、自分の家がどうなっているか見に行こうとしても、少数派が軍事境界線を越えて移動することには大きな危険がつきまとって、行けないわけです。家族の墓参りもできない状況だったのです。そこで住民がエンティティの間を安全に移動できるようにするため、バスを白く塗って「平和の白いバス」を作って走らせました。

住宅の修復や建設も大規模に進めました。避難民が帰還してみると、自分の家がほかの民族の家族に占拠されていることがままありました。占拠している家族を移さないといけないのですが、彼らも自分たちの家が他家族に占拠されて逃げてきた人たちであったりするわけです。財産権を取り戻す法規が不備ですから、この解決は非常に困難でした。少数派が戻ってきて自分の家をようやく修復した直後に、家が爆破されるという出来事もありました。どうしてそんな愚かなことを……、いま思い出しても、腹が立ってしようがありませんよ。とくに自民族が少数派である地域への帰還にはきわめて大きな障壁が立ち塞がっていたのです。

──結局は「共生」をどう回復するかということでしょうか。

そうです。まず、少数派の帰還と共生を促すプロジェクトを始めました。ひとつが「開放都市宣言」で、住民の帰還を歓迎する宣言をした自治体を、手厚く支援するというものでした。いくつも自治体が声をあげてくれたのです。でも実際にはなかなか帰還は進みませんでした。難しいものです。帰還しても働き口がないという声も聞いたので、地域社会の再建と雇用の確保を結びつけた「共生のための雇用」というプロジェクトも始めました。それから、「ボスニア女性イニシアティヴ」。女性のエンパワーメント(力量強化)を進めるプロジェクトも展開しました。どこでもコミュニティの要は女性にあるのです。女性が自立できるように、彼女たちが始める小さなビジネスに資金援助をするというもので、アメリカのクリントン(Bill Clinton)大統領がたいへん興味を示して、支援してくれました。

「共生を想像する」というプロジェクトも実施しました。アメリカでたまたま立ち寄った本屋で、ハーヴァード大学のマーサ・ミノウ(Martha Minow)教授の本を見つけて面白そうだと思って買ったのです。虐殺のあとにどうやって赦しや和解を導けるかという実践的なものなのです。読んでみて、これがユーゴでも役立つのではないかと思いました。ハーヴァード大学で彼女に面会を申し込み、実践へ向かっての構想作りに入りました。その後、異なる民族の人々が一緒に仕事をする場を設けて、対話を促す試みを始めました。

難民高等弁務官としていろいろな試みをしましたが、真の「和解」と「共生」に到達するのは容易ではないと痛感しました。

――UNHCRが難民の再定住や復興、さらには共生のための心の問題にまでかかわらないといけないとなると……。

ミッションが猛烈に拡がってしまうわけです。ですから、本当は国連開発計画(UNDP)にでも引き渡したいのですが、開発機関が行動するのは一番最後の時点となるのです。紛争のときに協力できるのは、赤十字国際委員会とユニセフと世界食糧計画でした。UNDPは戦争がすべて終わらないと活動を始めないので、彼らとの速度の相異はいわゆる「ギャップ問題」と言われる時間軸の課題でした。これでは何もできないのです。この状況は、「人間の安全保障」を考える大きなきっかけになりました。

コソヴォ紛争と空爆の逆説

――ボスニアがようやく紛争から脱したのもつかの間、今度はセルビア共和国のコソヴォで紛争が起きました。セルビアのミロシェヴィッチ(Slobodan Milošević)政権は、一九八九年にコソヴォ自治州の自治権を剥奪した後、多数派のアルバニア系住民に対して抑圧を続けてきましたが、独立を目指して武装闘争に出るコソヴォ解放軍(KLA)との間で戦闘状態に入りました。九八年から、セルビア治安部隊がコソヴォのアルバニア系住民への弾圧と追放を進めたためで、大規模な国内避難民や難民が発生したのですね。

この紛争はボスニア和平とつながっているのです。デイトン合意で、クロアチアから移送されたセルビア人の一部がコソヴォに移されて、アルバニア系住民と対立するようになっていました。デイトン合意で、コソヴォ問題が国際的なバルカン討議の議題から外されてはたまったものではない、というのがアルバニア系の人々の気持ちだったのではないでしょうか。セルビア系の正教とアルバニア系のイスラムという宗教対立も重なっているのでしょうが、多民族国家が分裂すると、玉突き的に民族紛争が連鎖していったのです。

ですから、UNHCRは大分前からコソヴォに事務所を置き、情報を集めていました。九八年の春頃だったと思いますが、アルバニア系住民が住んでいる場所から追い出されて、国内でテント暮らしをしたり、国境を越えて隣国のアルバニアやモンテネグロやマケドニアに入り込んだりしていました。そこでUNHCRがコソヴォ全域で緊急支援活動を展開することになったのです。

一九九八年九月に私はベオグラードに飛んで、ミロシェヴィッチ大統領と会談しまし

ベオグラードの南東にあるコソヴォ難民キャンプを訪れ，子どもたちと話をする(2000 年 3 月，AFP＝時事).

た。避難民の保護と帰還を訴えたのです。大統領は「テロリスト」、アルバニア系住民のことですが、彼らを攻撃する必要性を主張する一方で、UNHCRが難民の数を大げさに言いふらしていると、私たちを強い調子で非難しました。私は、セルビア治安部隊が住民を追い出しているのだと反論しましたが、認識の違いはあまりにも大きなものでした。それでも、大統領はUNHCRにコソヴォで活動するための自由な移動は認めてくれました。

ベオグラードからコソヴォに向かい、大勢の避難民がモスクに逃げ込んでいる場所へ行きました。何人かの女性から話を聞いたのですが、みんな疲れ切った状態で、自分たちがどのように村から追いたてられたのかを話してくれました。目の前で家に火を付けられたとか、家畜が殺されたとか、悲惨な話ばかりでした。

すぐに、そこで聞いた話を伝える書簡をミロシェヴィッチ大統領に送りましたところ、次に向かったモンテネグロで――おそらくミロシェヴィッチ大統領が派遣したのだと思いますが――セルビアの難民担当大臣が先回りして私を待っていました。そして、私がコソヴォで見聞きしたものはすべてアルバニア系住民によって演出されていると説明するのです。そんなことはあり得ないと強い調子で反論しましたが、あれには心底、驚きました。UNHCRの活動の影響が大きくて、彼らが気にしていたということです。

――コソヴォ紛争では、ボスニアと異なり、国際社会がかなり早い時期から関与していました。それでいったん危機は回避されたかのように見えました。

そうです。安保理は決議一一九九を採択して、コソヴォの停戦、セルビアの国際監視の受け入れ、難民・避難民の帰還支援を求めました。NATO軍も武力行使の準備を始めていました。ボスニア戦争を終結に導いたコンタクト・グループが活動を始めたのも同じ頃です。でも大きかったのはやはり、九八年秋に再びアメリカのリチャード・ホルブルック大使が乗り出したことだったでしょう。彼はセルビアのミロシェヴィッチ大統領と直接交渉に入って、セルビア治安部隊の撤退、欧州安全保障協力機構(OSCE)によるコソヴォ検証ミッション(KVM)、NATOによる航空監視の受け入れなどに合意したのです。

ホルブルックは、私にコソヴォへ行くように促しました。現地の情勢に危機感を持っていたのです。ただ国際社会はセルビアの強圧的な行動をやめさせようとはしましたが、コソヴォの独立につながるような軍事行動は取ろうとしませんでした。そのため、UNHCRはコソヴォで孤立無援のまま、人道支援を行なったのです。

合意後は小康状態に見えたのですが、その間にコソヴォ解放軍の民兵が支配地を拡大したものですから、ユーゴスラヴィア連邦共和国当局も対抗して軍を進めました。衝突があちこちで続いていましたが、年が明けて九九年、ラチャック村でアルバニア系住民が四五人も虐殺されるという事件が起こりました。事件を調査したコソヴォ検証ミッションのチームが虐殺を非難したことから外交上の大事件に発展しました。しかし、その後もコンタクト・グループの呼びかけで当事者間の和平交渉は行われたのです。

――フランスで行われたランブイエ交渉は決裂し、NATO軍による空爆が始まりました。

コンタクト・グループがまとめた合意案は、コソヴォの地位は先送りして、コソヴォ解放軍を武装解除し、ユーゴ軍の撤退を進める、それをOSCEがEUの協力を得て監視する、NATOはボスニアのときと同じくコソヴォ平和維持部隊(KFOR)を組織してユーゴ軍を完全撤退させる、というものでした。ユーゴはこれを拒否しました。とくにNATOの地位に不満だったようです。

ランブイエのあと、ホルブルックはベオグラードで粘って最後の交渉を続けたのです

きて、NATO事務総長のハビエル・ソラナ(Javier Solana)が私に電話をしてが、その頃実はNATOが攻撃を始めるからUNHCR職員をコソヴォから引き揚げるように、とのことでした。なんとかまとまらないかと思っていましたが、NATO軍はすでに臨戦態勢でしたから、すぐに全職員をコソヴォから退避させました。空爆が始まったのは、その翌日、三月二四日でした。セルビア軍とセルビアの治安部隊の撤退に目的をしぼった限定的な空爆ならば、やむを得ないと思いましたが、実際に保護すべき人がいるのに、人道援助活動を停止しなくてはならなかったのは本当に悔しいことでした。

――大量の難民の流出が始まったのは、空爆が始まってからでした。

最初は数日でセルビアをランブイエ交渉の場に戻せると思っていたようでした。予想ははずれたのですが、難民の流出も想像を超える規模とスピードでした。戦災を逃れたというより、実態はセルビアによる強制退去、追放でした。対応がまったく追いつかない。わずか数日のうちに、住民が列をなして国境を越えていきました。最初の一週間だけで、アルバニア、マケドニア、モンテネグロに一五万人以上が避難したのです。

後手に回ったせいで、UNHCRは無能と言わんばかりに批判的な報道をするメディアも相次ぎましたし、各国政府からも陰に陽に批判されました。「権限を行使して事態を改善しろ」といった発言でした。私たちがコソヴォでやってきたこと、戦闘開始を知らされてもいなかったことを考えると、こういう批判には虚を衝かれる思いでした。

難民をめぐる周辺国の事情は複雑でした。スラブ系とアルバニア系少数派で構成されるマケドニアは、大量のアルバニア系住民が入ってくると民族のバランスが変わりますから、警戒していたのです。次第にマケドニア政府は、難民の受け入れを渋るようになって、何万人もの難民が国境地帯のブラチェのあたりに立ち往生してしまったのです。UNHCRはマケドニアに抗議しました。この件では、NATOはUNHCRを非難しました。NATO軍はマケドニア駐留を維持したかったのです。ただ国境の大量難民を見かねて、NATO軍は、難民のために一時的に使用するキャンプを建設しました。他方、アルバニアは、難民を受け入れてはくれましたが、NATOに直接人道援助を要請しました。UNHCRを通さずにこのような行動に出たため、NATOの難民問題へのかかわりは大きくなっていきました。

――NATOが難民救援活動にコミットしたことについて、どのようにお考えだったのですか。

NATOとしても必死だったと思います。ちょうど創設五〇年で、NATOとしての力を見せようということもあって武力介入に突入したように思います。しかし、すぐに終わるかと思っていた空爆が、四月になっても五月になっても終わらず、国際世論からの批判も高まっていきました。空爆はユーゴ軍に大きな打撃を与えることができずに、逆に、アルバニア系住民の難民化を促す結果になってしまったのです。そういうこともあって、「人道支援を行うＮＡＴＯ」というイメージを強く打ち出そうとしていたのではないかと思いました。

ＵＮＨＣＲとしてはＮＡＴＯの力を借りるのは気が進みませんでした。難民キャンプは文民機関が設置し運営すべきだからです。とはいえ、マケドニアのブラチェの国境の難民を助けなければならないし、マケドニアに国境の封鎖を解かせるには、ＮＡＴＯの力を借りなくてはなりませんでした。それで英仏にキャンプの建設を要請しました。ＮＡＴＯは人道任務にかかわるのを喜んでいたように思われました。他方のアルバニアは難民を受け入れたのですが、先ほど言ったように、ＮＡＴＯに直接難民危機への対応を要請しました。イタリア、ギリシャがアルバニアと二国間協定を結んで、難民の流入が起こると軍事活動を難民援助にきりかえました。人道機関と軍に事前の調整がありませんでしたから、いくつかの難民キャンプの間で保護、安全、援助管理がマチマチになってしまったのです。

これは人道機関として大問題でした。私はソラナＮＡＴＯ事務総長に、援助活動は文民が行うのが基本であるし、人道的な性格を持つべきだと念を押しました。コソヴォ平和維持部隊のマイケル・ジャクソン(Michael Jackson)司令官には、ＵＮＨＣＲが一〇日程度でキャンプの管理を引き取ることを提案したのです。彼はＮＡＴＯがアルバニア平和維持部隊(ＡＦＯＲ)を作って人道任務にあたるという話をしました。当惑の一語でした。人道支援にあたっては、NATOの役割は後方支援であるということをはっきりさせるよう努力をしました。

NATOの力は確かに大きく、統率のとれた軍事組織ですから、キャンプの建設にせよなんにせよ、瞬く間にやってしまいます。でも、やはり人道援助のプロというわけではありませんから、限界があります。いろいろな機関が、必要に応じてUNHCRを使おうとしましたが、人道活動には特別な原則と規範があるのです。いつも強調してきたことでしたが、原則と規範を守るために戦うという趣旨を浸透させることはなかなかできませんでした。

――空爆が続けられる傍らで、外交交渉が始まりましたが、六月一〇日にようやく和平に至りました。コソヴォからセルビア軍が撤退し、国連コソヴォ暫定行政ミッション（UNMIK）に統治が委ねられることになりました。

空爆でミロシェヴィッチを交渉に引き戻せたとは言えません。空爆がユーゴの地上軍に与えた打撃はわずかでしたし、コソヴォ市民の追放や殺害を阻止できたわけでもありません。最後はアメリカのストローブ・タルボット(Strobridge Talbott)国務副長官が和平合意をまとめたのですが、最終段階でのロシアのヴィクトル・チェルノムイルジン(Victor Chernomyrdin)特使、フィンランドのマーティ・アティサーリ(Martti Ahtisaari)大統領の仲介は非常に重要だったのです。

その内容も、ランブイエのときと比べてみると注目すべきものでした。問題のひとつはやはりNATOのコソヴォ駐留だったのでしょう。米欧側の用意した案では、今回は「NATO主導の軍」ではなく「NATOを中核とした国際治安部隊」とされ、それが「国連の傘下に入れられることを歓迎する」という複雑な書き方になっていました。全体として国連が管理するのだとセルビアが言える形にしたのでしょう。ランブイエのときにどうしてこう書けなかったのかと疑われます。

UNHCRが難民の越冬計画をどう立てるかというような話をしていたときに、和平が成立したのでした。セルビア軍がコソヴォから引き揚げているというニュースが届くと、難民たちは我も我もと、一気に帰還していきました。数日のうちに一〇万人が帰っていったのです。UNHCRの活動の場も、難民とともにアルバニアやマケドニアから帰還先のコソヴォに移りました。ジェセン＝ピーターセンが言っていた「集団として存在する権利」の回復と言ってよかったのです。

――難民帰還が始まると、帰還先で新しい難民が出るという問題が起こるのではないでしょうか。

私はそれを恐れ、難民帰還の過程で新たな難民を生むことがあってはならないと言い続けました。アルバニア系住民が帰還すれば、今度はコソヴォ内の非アルバニア系の住民、つまり、セルビア系やロマなどの少数派が追い立てられる可能性が見えていましたから。戻っていったアルバニア系の中には、少数派に対して「報復」的な行動や差別に出る人たちもいました。コミュニティ同士の対立も激化して、コソヴォ内の治安が悪化していったのです。結局、二〇万人ものセルビア系やロマが、セルビアやモンテネグロに移動してしまうことになりました。ここでも難民の連鎖が起きたわけです。

こういう紛争では、人道援助を必要とする人々は難民はもとより、国内避難民、被災者とあらゆる人々に広がってしまうのです。これがこの時代の難民問題の特徴となりました。それに伴ってＵＮＨＣＲの活動も拡大しました。難民の帰還を中心に取り組みましたが、結果的には復興、民族の和解、コミュニティの再建、共生にかかわらざるを得なくなりました。いったん民族間の関係が悪化すると、元に戻すことは本当に難しいものです。他の民族紛争にも言えることですが、どのように異なる民族同士の和解を進めるか、共生を進めるかが、難民問題の根本的な解決には不可欠な問いなのです。

――和平が成立した直後に、ケルンでＧ８サミットが開かれましたが、そこに招待されました。

ええ、あれは本当に嬉しいことでした。ドイツのシュレーダー（Gerhard Schröder）首相から招待状が届いたのです。ケルン交響楽団による演奏をＵＮＨＣＲのコソヴォでの活動に捧げますとの発言がありました。難民問題となると、先進諸国はどこも後ろ向きになりがちですから、これほど嬉しいことはありませんでした。コンサートホールで、シラク(Jacques Chirac)大統領とシュレーダー首相の間に座って、音楽を楽しみました。コソヴォではUNHCRは批判にさらされ通しで、悩みが尽きませんでしたが、あの夜はほっと一息つけた思いでした。

第7章　国連難民高等弁務官として（下）

人の生命を守ることが一番大事なことで、そのことに従来の仕組みやルールがそぐわないのならルールや仕組みを変えればよい。それが私の発想でした。変わってゆくのは不可避なのです。

ソ連解体と民族紛争

——緒方さんが国連難民高等弁務官に就かれた一九九一年の終わりに、ソ連邦が崩壊するという世界史的な事件が起きました。その後、九〇年代を通して、UNHCRは旧ソ連の難民問題にかかわってきています。

ソ連がなくなるなんて、考えてもみなかったことでした。独立した一四の共和国の中でロシア人が少数派になりますし、さかのぼればスターリン時代に行なった強制移住の問題がありましたから、これは物凄い規模で人の移動が起きると思いました。一九九一年にロシアから要請があってモスクワ事務所を開設していました。旧ソ連の共和国に居住していたロシア人などが急激に移動を始めたのです。一九九〇年代に三〇〇万人が動いたのではないでしょうか。旧ソ連の問題は大変でした。

——ロシアのような大国に人道機関がかかわるというのは珍しいことではないでしょうか。

誰も予想しないことが起こったということです。ロシアも困っていたと思います。ソ連というシステムが「民族の牢獄」といわれる錯綜した民族問題を抑え込んでいました。それがソ連の解体とともに、グルジア、ナゴルノ・カラバフ、そしてチェチェンと、民族紛争として噴出しました。やはり一番大きかったのは、チェチェンの問題でした。旧ソ連を構成していた共和国が独立する中で、チェチェンは自治共和国でしたから、ロシアはその独立を認めなかったのです。それで分離独立を目指す武装勢力と、ロシア軍との戦闘が九四年から大きくなり、多くのチェチェン人が難民となって流出しました。チェチェン人は少数民族としてロシアと一〇〇年も戦ってきたのです。簡単には片付きません。

ヨーロッパへ逃れた人もいますが、多くは周囲のダゲスタンですとかイングーシに避難したのです。そこはロシア連邦内ですから、国内避難民の問題になったのです。国外に出た難民ならばUNHCRの管轄下に置けるわけですが、国内避難民となると政府の意向に左右されますから、政治の問題になってくるのです。しかもロシアは国連安保理の常任理事国ですから、完全に政治の問題になるのです。それで、この難民・避難民の問題にどうかかわるか、国連事務総長とも何度も話し合ったのです。

その後、九五年にロシア政府から人道援助をしてほしいと要請を受けたので、ロシア国内で活動するようになり、チェチェンなど北カフカスの難民問題に取り組んだのです。そんな中、UNHCRの地域事務所長が誘拐される事件が起きまして、三〇〇日以上も解放されずに、本当に苦労しました。あのあたりは伝統的な部族社会が残っていて、部族間で人質をとって金を稼ぐということが頻繁に行われていたようなのです。

――冷戦後の特徴ともいえる内戦はなかなか終わりません。二度目の大きなチェチェン紛争が起きたのは、かなり後の一九九九年でした。

そのときもロシア軍の攻撃が激しくて、首都のグロズヌイは破壊され尽くしました。一般市民の被害もかなり出ましたので、ロシアへの国際的な非難が高まっていました。この年の八月に首相になったプーチン(Vladimir Putin)は、KGB出身らしい辣腕で強硬策をとったものの、その収拾に手を焼いていたのでしょう。それで一一月にアナン(Kofi Annan)事務総長の親書を持って、プーチンに会いに行きました。市民への過剰攻撃の抑制を求めたのです。そして、UNHCRとして難民の帰還の支援を行う用意があること、そのためにもUNHCR職員の安全を保障してほしいと伝えました。そのときのロシア側の交渉相手は、ショイグ(Sergei Shoigu)非常事態相でした。現在のロシア国防相です。

チェチェンの難民が避難しているイングーシのキャンプへ飛行機で行きました。難民たちから、ロシア軍の攻撃は、それは凄まじいものだったと聞かされました。われわれは避難民を支援するのですが、口々に「ロシア人に支配されるのは嫌だけれど、やはり自分の故郷、自分の家に帰りたい」と言うのです。まだ戦闘が続いているチェチェンにも足を踏み入れたのですが、警護のためにロシアで一番狙撃がうまいという人をそばにつけてくれたのを覚えています。

ルワンダ難民の大量発生

――さらに大規模な難民が発生したケースとして、アフリカの大湖地域のルワンダ難民問題についてお聞きしたいと思います。回想録を読みましても、大変に困難な状況の中で陣頭指揮をとられたことがわかります。

問題は、つきつめると国際社会にこの問題に取り組もうという意思がなかったことなのです。そのために状況がどんどん悪化しました。フランスやアメリカ、それにカナダあたりが多少は動いてくれましたが、紛争を抑えるための軍事介入は結局なされませんでしたし、外交的な対応も一貫して貧弱なままでした。国連安保理は見て見ぬふりだったと言ってもよいぐらいです。事務総長が兵力の提供を呼びかけても、参加する国が出てこない。バルカン危機のときは、深刻になると支援物資が増え、軍隊も増派されて最後は多国籍軍まで出たのにですよ。その点、アフリカの場合、国際社会の対応が全然違ったのです。

――このケースを振り返って改めてショックを受けるのは、この地域では国際関係がきわめて弱く、交渉による停戦合意とか講和のような国家間の処理もできなかったことです。

国家らしい国家がないのですから。私もこの地域には何度も行くことになりましたが、状況が見えてくるとそのことを痛感しました。ルワンダ自体、とても小さな国なのです。多数派で農村部のフツ族という部族と、少数派でもともと牧畜を営み軍事に優れるツチ族という部族からなっている国ですが、植民地時代には宗主国ベルギーがツチ族を使って統治していたせいで、ツチ族の方がエリートと見られていました。ところが独立して共和制をとると、多数派のフツ族が権力を握ったわけです。そのためツチ族の多くが難民となって周辺国に出てしまいました。ですから、難民問題はすでに一九六〇年代からあったわけです。

しかも厄介なことに、周囲のどの国にも、フツ族とツチ族の軋轢があるのです。ルワンダの西がザイール――現在はコンゴと名前を変えていますが――、東がタンザニア、北がウガンダ、南がブルンジですが、どの国にもフツ族とツチ族がいる。一九六〇年代にはルワンダのツチ系の人々は国境を越えてウガンダ、ザイールに逃げ、そこで大規模なコミュニティを形成していました。南のブルンジでも、一九七〇年代、それから九〇年代にもツチ族に追われて、フツ系の人々がタンザニア、ルワンダ、ザイールに移動するという具合でした。国外に逃げた集団がそこで勢力を蓄えるとまた権力奪還のために戻るということもあるのです。国境がないようなものです。どこかで政変が起こると影響が伝播して周辺諸国全体が不安定化してしまう。主権とか内政不干渉といったルール

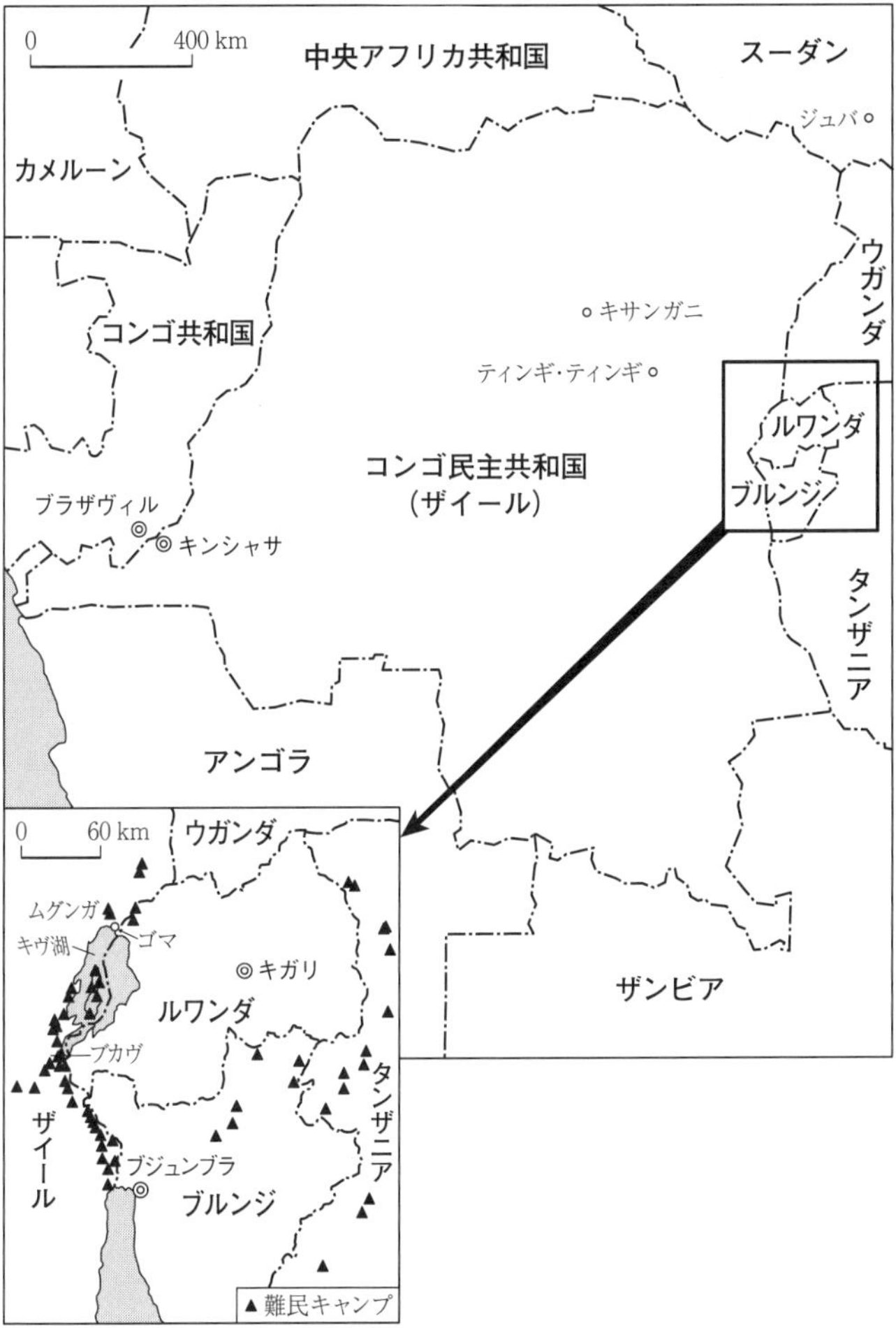
0
400 km
中央アフリカ共和国
スーダン
ジュバ
カメルーン
ウガンダ
キサンガニ
コンゴ共和国
ティンギ・ティンギ
ルワンダ
コンゴ民主共和国
(ザイール)
ブルンジ
ブラザヴィル
キンシャサ
タンザニア
アンゴラ
ザンビア
0
60 km
ウガンダ
ムグンガ
ゴマ
キヴ湖
キガリ
ルワンダ
ブカヴ
タンザニア
ザイール
ブジュンブラ
ブルンジ
▲難民キャンプ

アフリカ大湖地域

で動くわけではないのです。それが問題を難しくしたわけで、UNHCRは難民問題といっても、それまでとは違う新しい問題にかかわったのです。

——問題のもとをたどると、ヨーロッパの植民地支配に行きつくわけですか。

そういうことです。アフリカでは、宗主国が旧来のエスニックな共同体を無視して境界線を引き、それがそのまま国境になって独立国家が生まれてしまいました。同じ部族が国境を跨いで居住しているかと思えば、ひとつの国の中に異なる部族が混在していて、民族紛争が起こりやすい構造がありました。それに統治機構も脆弱なままで、国といっても人々が所属する場所でしかなかったのです。国家のない社会が拡がっていると考えれば、現実に近いかもしれません。昔からそうだったというより、植民地から独立して国内で権力争いをすることで、部族が政治化した結果かもしれません。

——ルワンダ問題の発端もその民族問題でした。一九六〇年代から迫害を恐れてウガンダに逃げていたツチ系の集団がルワンダ愛国戦線（RPF）を結成し、一九九〇年一〇月にルワンダの北部へ侵攻を開始したことで紛争が始まりました。

戻ってきたツチ系武装勢力とルワンダのフツ系政権の間の武力衝突になってしまったのです。でもこのときは国連の仲介もあって、一九九三年八月にいちど和平合意に達しましたし、PKOの国連ルワンダ支援団（UNAMIR）も設置され、合意履行の監視にあたりました。ところが、衝撃的な事件が起こってこの和平の機運が吹き飛んでしまいました。ブルンジとルワンダの両国の大統領を乗せた飛行機が、ルワンダの首都キガリで撃墜された事件です。一九九四年四月でした。

撃墜事件を最初に聞いたのは、確かラジオのBBCニュースでした。これはいよいよ忙しくなるとみんなで緊張したのを覚えています。この事件をきっかけに、フツ族の政府や過激派民兵がツチ族の人々を襲い、大虐殺が始まったのです。それはもう凄まじいものでした。一般市民に対するジェノサイドが起きたのです。ツチの武装勢力であるルワンダ愛国戦線であろうがなかろうが、とにかくツチ族というだけで女性も子どもも高齢者も宗教者も見境なく殺されました。実はツチ族だけでなく、穏健で民主的なフツ族も標的になりました。銃火器だけではなく、「マテューテ」という身近にある鉈《なた》のようなものや鎌も使われるという惨劇になったのです。ラジオ放送がツチの恐怖、ツチに対する憎悪を煽って、人々を殺戮に駆り立て、瞬く間に広がった。殺戮の犠牲者は八〇万とも一〇〇万とも言われますが、正確にはわかっていません。

――大虐殺に対して、国際社会は対応できませんでした。

機能的に限られたUNAMIRというPKOでは、こうした状況で活動を継続できません。あまりに危険な状況だというので、どの国も自国の部隊を撤退させてしまったのです。アメリカもイギリスも外国人の脱出に動いただけです。国連ルワンダ支援団に一貫して積極的だったベルギーも、兵士が殺されると、部隊の撤退を決めました。

本来ならば、こうした非人道的な危機に対して、国際社会による断固とした介入が必要だったと思いますが、安保理は国連ルワンダ支援団を一〇分の一に縮小させる決定をしました。その後増員を決めましたが、ガリ事務総長が各国に派兵を呼びかけても、目標の一〇分の一も人員が集まりませんでした。

ルワンダ国内で殺戮の嵐が吹き荒れる中で、UNHCRがまずやったことは、前年一九九三年の政変でブルンジからルワンダに逃れていたフツ系難民を安全なところへ移すことでした。それから、UNHCR職員も国外に逃がす必要がありました。ルワンダ国内がどういう状況になっているのか、わかりませんでしたので、空から状況を把握するためにフランス軍が飛ばしたヘリコプターにUNHCRの職員を乗せて、視察に出しました。

――フランスは、大虐殺のあと現地で「トルコ石」作戦を展開しましたが、そのヘリのことですか。

はい、そうです。国連ルワンダ支援団の強化に手を挙げる国が出てこないため、安保理は六月にフランス軍を中心とする多国籍軍の派遣を認めました。フランスはルワンダ南西部に部隊を進め、そこを拠点にして人道支援や難民救援を始めました。二カ月限定の作戦でした。仏軍が出ることには懐疑的な見方もありました。フランスはもともとフツ系の旧ルワンダ政権に対する肩入れが強かったですから。しかし他に軍を出す国はありませんでした。

フランスのヘリコプターに乗った職員から、膨大な数の人々が列をなして西へ西へと動いているという報告があがってきました。ザイール方面へ向かっていたわけです。写真も見ましたが、これはただごとではないとすぐにわかりました。ツチのルワンダ愛国戦線が間もなくルワンダ新政権を樹立する(七月一九日)という時期で、権力を掌握しかけていました。そのルワンダ愛国戦線が、フランスが南西部に軍を出したために、北西部を集中的に攻撃してきたわけです。それで今度は虐殺に対するツチの報復を恐れたフツ族が難民となって、ザイールとの国境の方へと向かいはじめたのです。

そこで、UNHCRの職員を、ザイール東部、ルワンダとの国境に近いゴマに送り込んで、難民を受け入れる準備をとらせました。七月半ばの数日だけで、一〇〇万人ものフツ族がルワンダから逃れ、大変な事態になりました。ゴマがあっという間に難民たちであふれ、周りの町や畑なども人でいっぱいになりました。とりあえずザイール政府と協議してキャンプ地を決め、設営にあたらせましたが、キャンプを次々に作ってもすぐに満員になるのです。収拾がつかない事態でした。

ちょうどその頃、UNHCRは旧ユーゴの紛争への対応も並行して行なっていたこともあって、資金も人手も不足していました。一〇〇万人もの難民流出という緊急事態に、UNHCRだけではとても対処しきれない。そこで、忘れることもできない、七月一五日金曜日の夕方、ジュネーヴ駐在の各国大使に声をかけまして、緊急に集まっていただきました。大使たちが週末休暇に出るぎりぎり直前のタイミングでした。たくさんの方が来てくれたのですが、そこでルワンダ難民の状況を説明して、なんとか援助してほしいと訴えました。

それが終わって、午後七時を回っていたと思いますが、帰宅しましたら、アメリカの大使から電話が入りました。「ワシントンはあらゆる支援を行う用意がある」と伝えてくれました。そのスピードには驚きました。アメリカの大使が大統領に近い方だったのでしょうか。出先の大使と大統領の関係が深いと、こういうときは役に立つのだと感じました。他の国もいろいろな支援を申し出てくれました。われわれの方で必要な支援計画を立て、各国に割り振りをする作業を夜通し続けました。

しかしながら、国際社会の動きが全般的によかったとも言いきれませんでした。現場ではＵＮＨＣＲだけでなく、世界食糧計画(ＷＦＰ)、赤十字国際委員会(ＩＣＲＣ)、ＮＧＯが活動を始め、各国に物資の補給を嘆願しました。しかし一〇日たっても現場には主として人道援助機関しかいませんでした。

――アメリカは救援活動を支援したのですね。

クリントン大統領は各国に支援を呼びかける手紙を書いたり、アピールを出したりして、ずいぶん助けてくれました。アメリカは前年のソマリアのＰＫＯで米兵に死者が出て撤退して以来、地域紛争の対処に出るのが難しくなっていました。しかし、補給、輸送の支援ではやはりアメリカの力は大きなものでした。

キャンプでコレラが発生したときも同様でした。ゴマでコレラが拡がり、難民たちが次々に死んでいきました。コレラに対処するには大量かつ良質な水が必要です。下痢症状が続きますから、まずは水分補給、それから水で菌の混じった汚物を洗い流さないとなりませんから。アメリカ軍は大型輸送機に、浄水装置と消防車二台を載せて、空中給油をしながらゴマまでノンストップで飛んできたのです。そして、キヴ湖から水をくみ上げたのです。アメリカはやはり大きな力を発揮するものだと思いました。キャンプにいる難民にコレラが拡大すると大変なことになりますから、なんとか収まってくれて本当に助かりました。

――難民発生から三カ月後の七月末の段階で、緒方さんはルワンダ国内に入っていますね。

はい、難民の大量発生からそれほど日にちが経っていないときでした。情報は毎日ジュネーヴに届いていましたが、どういう状況になっているのかを自分の目で確認したいと思いました。とくに難民をこれからどうするかについて、できたばかりのツチ系ルワンダ新政権やザイールの指導者たちと協議する必要がありました。

ケニアのナイロビからルワンダの首都キガリに入りました。市内はどこもかしこも破壊されていて、UNHCRの事務所もやられていました。まず、ルワンダ新政府を訪ね、パストゥール・ビジムング(Pasteur Bizimungu)大統領や首相、ポール・カガメ(Paul Kagame)副大統領と会見しました。副大統領のカガメ将軍は軍人ですが、新生国家の建設を急ぐ有能な若手政治家で、その後もたびたび話し合いの機会がありました。現在はルワンダ大統領です。当時、彼らのわれわれに対する不信感は非常に大きなものがありました。「ツチ族への大虐殺が起きている中で、国連は何もしなかったではないか」「難民となったフツ族をUNHCRが助けているではないか」と激しく批判していました。それでも話をしていくうちに、「難民の帰還を歓迎する」と言ってくれました。ちょうど同じときに、アメリカのウィリアム・ペリー(William J. Perry)国防長官の一行もキガリを訪問していましたので、アメリカの支援にお礼を言いました。それからジープに分乗して、一五〇キロも離れたゴマのキャンプへ向けて出発したのでした。

難民キャンプへ行くと、まだコレラの患者が横たわり、ビニール袋に入った遺体が散在していましたが、最悪の時期は過ぎたという印象でした。仏軍のヘリでいくつかのキャンプに足を運びました。秩序もおおむね回復しているようでしたし、遺体の埋葬や食糧物資の配給も行われていましたので、七月中旬の混乱はなんとか乗り切ったと思いました。

——八月にアメリカ軍とフランス軍が撤退しました。回想録には、「どんなに不安を感じたか、私は今も思い出す」とあります。

正直な気持ちです。難民キャンプに旧政権の武装した者たちが紛れ込んでいることが深刻な問題になってきていましたから、キャンプの法と秩序を維持するためには軍が不可欠でした。ですから、アメリカとフランスが撤退したことで、不安を感じていました。国際社会は全般的に及び腰でした。フランスの作戦は最初から二カ月に限定されていましたし、それに軍というのは人道援助や警察業務は自分たちの任務でないと考えているのです。

――アメリカとフランス両軍の任務を引き継ぐ形で、一九九四年九月からその年末まで、日本の自衛隊がこの地で平和維持活動をすることになりました。

これについては、本当に誇らしく思いました。日本人の私が指揮を取っているのに、日本から誰も支援に来なかったらどんなに寂しい思いをしたことでしょうか。

一九九二年に日本で国際平和協力法が制定されました。それによって、文民や自衛隊が海外で人道救援活動を担うことができるようになっていましたから、日本はその枠組みを国際社会のために最大限に活かすべきだと私は常々考えていましたし、日本政府関係者もいろいろな可能性について検討しはじめていました。日本は人道危機に資金と物資だけでなく、十分な訓練と装備を備えた要員を派遣して国際貢献すべきであり、このルワンダの危機でこそ、日本に力を貸してほしいと思ったのです。法律には「国際機関からの要請」という文言がありますから、ＵＮＨＣＲから要請をしました。

当時は村山富市内閣です。野党時代はずっと自衛隊を違憲だとして批判してきた社会党ですから、受けてくれるかどうか不安はありましたが、村山さんは首相になったときに自衛隊を容認していました。直接、村山さんと電話で話をしましたら、前向きに考えると言ってくださったのです。アメリカからの要請もおそらくはあったと思いますが、いずれにせよ、総勢三〇〇名の自衛隊員がゴマへ派遣され、三カ月間、ウガンダのエンテベ空港を拠点にして医療や衛生管理、給水、空輸活動などを担ってくれました。北海道の旭川の部隊でした。

キャンプの治安にはあたれないのですが、規律ある活動をしてくれまして、現地の人々からもたいへん感謝されました。人道支援の現場で日本が大きな役割を担う姿を見ることは、本当にうれしいことでしたし、励みにもなりました。UNHCR時代の忘れがたい思い出のひとつです。この経験はまた、日本の国際的な支援活動に新局面を拓くことになったのではないでしょうか。

難民キャンプの軍事化という問題

——難民キャンプでは治安の問題が深刻化していきました。キャンプの軍事化という問題に関しては、たいへん苦労されたと思います。

難民キャンプにはフツ族の旧ルワンダ政権の指導者、旧ルワンダ政府軍(FAR)、民兵たちもいました。虐殺を行なった者たちが多数、混じっていたのです。その者たちが旧政府の管理機構をキャンプで再現して、難民を実質的に支配していました。難民から寄付の形で資金を集めてさえいたのです。われわれが配布する救援物資を彼らが独占するという事態も起きました。難民への暴力もありましたし、救援活動をしていたわれわれに対する嫌がらせや脅迫もありました。キャンプを拠点にして権力奪還のためにルワンダへ侵攻しようと画策していたので、その勢力を維持するために難民がルワンダへ帰還するのを阻止する行動にまで出たのです。

そういう状況では人道機関の支援活動などできません。その武装した者たちを、難民から引き離して、キャンプの安全を確保しなくてはならないわけです。現地の事務所からは、しきりに国際治安部隊の派遣が必要という意見が上げられていましたし、緊急を要したのです。国境を挟んだ内戦という特異な状況で難民を支援するとこういうことが起こります。

――紛争の一方の当事者で、しかも虐殺を行なった張本人たちが隣国に逃れて、難民キャンプを隠れ蓑に再攻撃の準備をしている。そして、UNHCRはそのキャンプへの支援活動を行なっているわけですから、政治的には非常に微妙となりますね。実際、NGOなどからUNHCRに対する批判が噴出したそうですが。

私のところに「国境なき医師団」の代表がやってきまして、旧指導者に利用されることの懸念を伝えてきました。「国境なき医師団」は一九九二年にノーベル平和賞を受賞した、有名な国際NGOです。私と国連安保理に宛てた書簡には、このまま難民キャンプにとどまれば旧体制派指導者による支配の正当化に利用されてしまうため、決然とした立場をとらざるを得ない、と記されていました。

彼らの言うこともわからなくはなかったのです。しかし、UNHCRとしては難民がそこにいる限り、支援活動をストップすることなんてできません。それは任務を放棄することになりますから。私は「国境なき医師団」の代表者に、ここにいる難民の半数は女性と子どもであり、いまここで難民を見捨てるなど到底できないと答えました。結局、「国境なき医師団」はキャンプから撤退しました。NGOは自分たちの原則に従って、自由に動けますが、UNHCRは違うのです。

その約一カ月後、今度はアメリカを本拠とするNGO「ケア・インターナショナル」が、スタッフが危険にさらされているとして、ゴマにある難民キャンプでの活動を一時停止すると伝えてきました。彼らが一番危惧したのは、ジェノサイドを実行した軍と政治指導者が難民キャンプにいて、しかも彼らの指導力が人道援助物資を基盤とした経済に依存しているという点でした。ここでも、私たちUNHCRの立場は、「国境なき医師団」の場合と同じでした。

――キャンプの軍事化という事態に対処するには、警察か軍隊の力がどうしても必要となるのではないでしょうか。

そうなのです。私は八月末にガリ事務総長に、国際的な警察部隊を派遣する案を提出しました。キャンプの治安は、難民受け入れ国のザイール政府の管轄ですが、ザイール自体に法と秩序がないわけですから。ザイールに部隊を提供してもらうので、これを支援する形で国際的な警察部隊を派遣してほしいという案を出したのです。

ガリ事務総長との話し合いで、この案を安保理に提案することになったのですが、結局、そうした部隊に名乗りをあげる国はほとんどありませんでした。三九カ国と接触しましたが、前向きだったのはたった一カ国だけだったそうです。それは予想されたことと言いますか、参加する国など出てこないということを承知のうえで、あえて提案したというようなものです。冷戦後は紛争対処で民間軍事会社(PMC)の利用が広がっていましたから、一時は英国のディフェンス・システム社に委託するという案も浮上したのですが、コストの問題があってうまくいきませんでした。事務総長からは、結局、UNHCRが独自で考えるようにと言われました。そうなるかと思って、実はこちらもある程度は準備を進めてはいたのです。

ザイールの部隊からなる「ザイール保安隊」というものを組織するというのがその案でした。これを国際的な監視下に置いて難民キャンプの治安にあたらせる作戦です。実際、ヨーロッパとアフリカから専門家を集めて、ザイール人の保安隊の訓練と監督をしてもらい、最終的に一五〇〇人規模の保安隊を組織しました。前もって独自の制服を決めて与えました。そこらじゅうに武装集団がはびこっていましたから、まずそれと区別しなくてはならなかったのです。UNHCRから給料も支払いました。

一九九五年一月に、ザイール政府と協定を結んで、正式に保安隊を設立したのですが、その翌月でしたか、ゴマを訪問したときに、ザイールの国防大臣と一緒に、閲兵式にも参加しました。人道機関の長の閲兵というのは、なかなか珍しい任務でした。

――「保安隊」の実際の効果はどうだったのですか。緒方さんは回想録で「アスピリン」だったと言っていますが。

我ながら、しゃれた言い回しだわね(笑)。残念ながら、ガリ事務総長や私が求めた強力な国際警察部隊案は日の目を見ず、代替策としてザイール保安隊が組織されたわけですが、それだけでは旧指導者たちが難民キャンプを支配するという構造を根本的に変えることは無理でした。その意味では「アスピリン」止まりだったということです。でも、それなりに効き目はあり、少なくとも九五年中はキャンプの秩序がある程度は保たれ、難民の帰還も少しずつ進んでいきました。

結局、国際社会にはこうした事態に対処する適切な手段がなかったのです。平和維持部隊に加わろうという国はありませんでしたし、ザイール政府にも治安の役割を担う力

ザイール南キヴ州のルワンダ難民と(1995年2月，UNHCR/P. Moumtzis)．

がなかったのです。国際社会が想定していない事態が起こっていたのでしょうね。人道機関はそういう中でも人の命を救うのが任務ですから、苦肉の策といいますか、まさに妥協の産物でした。その時点で、できることをやるしかなかったのです。

――キャンプの治安維持までUNHCRがイニシアティヴをとることについては、どうお考えだったのでしょうか。

国際社会が動かずに人道危機が店晒《たなざら》しにされたのですから、われわれがする以外にはなかったと思います。これしか方法がなかったのです。国際社会は、国連安保理は、一体何をしているのかと、このときは大きな疎外感を味わいました。

ザイールでの紛争拡大

――その後、この地域は、難民キャンプが焦点となってザイール内戦、ザイールとルワンダの対立、それからルワンダ南部にあるブルンジからの難民キャンプをめぐるルワンダ・ブルンジの対立激化と、いくつも紛争が複雑に重なっていきました。その対立の中で、ザイール国境の難民キャンプが、ルワンダ軍の攻撃対象になりました。

国境を越えたザイール側のキヴ地方に難民キャンプが何十もあったわけですが、それが攻撃の標的になり、地域全体を紛争に巻き込む原因となっていったのです。大湖地域五カ国の会議などで交渉も続けたのですが、対立は解けませんでした。ルワンダはザイールが難民を使ってルワンダの政権転覆を目論んでいると言うし、ザイールはザイールでルワンダが難民帰還を妨げてザイールに対する攻撃を準備していると言って、非難の応酬が続くばかりでした。ザイールのモブツ・セセ・セコ(Mobutu Sese Seko)大統領には、難民をザイールにとどめて内戦下の力関係の駆け引きに使いたい思惑もあったのでしょう。結局、一九九六年一〇月にルワンダの正規軍が難民キャンプを攻撃しはじめたのです。キャンプにフツ系旧政権勢力がいてルワンダ新政府の脅威になると考えていたからです。

こうして戦闘が始まったのですが、これは、ザイール国内の政治対立とも絡み合っていたため拡大しました。モブツ大統領はもともとルワンダの旧フツ系政権に近く、キャンプのフツ系難民にも同情的でした。そのモブツに対するザイール内の反政府勢力が、ツチのルワンダ政府軍の支援を得てコンゴ・ザイール解放民主勢力連合(ＡＦＤＬ)を結成して、モブツ政権と内戦状態に入っていたのです。ルワンダ政府軍は、ＡＦＤＬと同盟を組み、さらに南キヴに以前から居住していたツチ系ルワンダ人の武装集団バニャムレンゲを加えてキャンプを攻撃したのですが、これがザイール内戦とも重なっていたわけです。

襲撃された難民たちはまたもやキャンプから逃げ惑うしかありませんでした。

――ザイール東部は、内戦状態になったわけですね。

ＵＮＨＣＲの対応ではどうにもできない状況になっていました。国連で事務総長や国連の上級職員と協議しましたが、私は「大湖地域では本当に孤立無援」と言ったのを覚えています。その後、安保理に行ってもそう訴えました。本来ならば、安保理が介入すべきなのです。事務総長も安保理に警告まで発したのですが、私はどうにも手の尽くしようがない無力感を感じました。

私は、逃げ惑う難民たちに向けて、ルワンダへの帰還を考えてほしいと直接訴えかけるしかありませんでした。ザイールにとどまるのか、ルワンダへ向かうのか、どちらがより安全か考えてほしいという呼びかけを、繰り返しラジオで流したのです。

その間にもゴマの北二五キロほどのところにあるキブンバのキャンプが攻撃されました。一一月一日でした。キャンプは次々と攻撃されるので、難民たちは別のキャンプへと移動していきました。本当に悲惨な事態です。人道的対応だけでは不十分という限界点に達していたのです。

私はアメリカのオルブライト国連大使と話をし、またホワイトハウスや国務省ともテレビ会議を行いました。私が問いただしたかったのは、アメリカの介入の意図でした。しかし、結局、アメリカは介入に消極的でした。

――ウガンダのヨウェリ・ムセヴェニ(Yoweri Museveni)大統領が動いてくれたのですね。

そうです。難民を心配した大統領が、私に電話をしてきまして、難民の保護と帰還のための措置を、ルワンダのビジムング大統領に助言すると約束してくれたのです。彼は、ビジムング、カガメらのルワンダ愛国戦線がウガンダにいるとき、その支援を受けて権力を確立したので、ルワンダ政府と容易に話ができるのです。ムセヴェニは本当に頼りになる政治家で、面白い人でしたね。何度もお会いしましたが、あるときは、私に、バナナの運び方を教えてくれました(笑)。

それはともかく、ルワンダのビジムング大統領からもその日のうちに電話があり、ザイールの反政府勢力(AFDL)――これは要するにルワンダ軍と一緒に戦っているわけですが、彼らからUNHCRが安全に活動できるようにするという約束を取り付けたということでした。

——国連でもカナダを中心とした多国籍軍の派遣準備が進められました。安保理もさすがに何もしないではいられなかったのでしょう。

ええ、安保理でカナダを中心とした多国籍軍の話が動きはじめました。一一月一一日頃でした。ただ、カナダ軍の派遣は、どれぐらい効果的かはわかりませんでした。というのも、カナダは難民移動ルートの安全確保以上のことをするつもりはありませんでしたから。難民の帰還に反対する勢力の武装解除や中立化をしたり、帰還プロセスを支援したりするような活動は行わないとして、非常に限定的な任務しか担おうとしなかったのです。

多国籍軍設置の決議が一五日に承認される予定でしたが、まさにその前日に、ルワンダとザイール反政府勢力がゴマの西のムグンガの難民キャンプにロケット砲、迫撃砲、重砲で猛攻撃をかけてきたのです。テレビの光景にしばし呆然とし、大きなショックを受けました。西側から攻撃を受けたので大量の難民たちは東へ逃げるしかなくて、一気にルワンダへと帰還するという事態になりました。私たちの自主帰還の原則は踏みにじられ、強制送還になってしまったのです。

ルワンダとしては、アメリカをバックにした多国籍軍がキャンプに入ってきて、キャンプのフツ系武装集団がいつまでも残るのは最悪ですから、それを潰したかったようです。攻撃で難民がいなくなってしまった場所に、多国籍軍を派遣しておく必要はなくなってしまうわけですから。実際に各国は軍の派遣をためらうようになりました。強制によって難民問題がなくなってしまったのです。

――キャンプに対する攻撃で、難民たち全員がルワンダへ帰還したわけではなかったのですね。ザイールの西の方へと逃れ、行方不明になった難民もかなりの数にのぼったそうですが。

ＵＮＨＣＲはおよそ一二〇万のルワンダ難民のうち、七〇万人がザイール内にとどまっていると推計していました。ただ、所在が確認できませんでした。ザイールの広大な領域に逃げ込んだのですが、米英が航空機を出して空中から調査しても熱帯雨林地帯ですから限界がありました。ＵＮＨＣＲは行方不明の難民を探し出しては、ルワンダへ帰還させる活動を始めることになりました。これも前例のない活動です。

国際社会はこのときもほとんど動こうとしませんでした。ザイールで逃げ惑っている難民数に関する米英の見積もりは、ＵＮＨＣＲより大分少ないものでした。問題を矮小化しようとする空気があったのです。少なければ無視してよいと思っているのでしょうか。

ゴマ駐在の国連チームが九六年一一月に、ザイールのＡＦＤＬのローラン・カビラ

(Laurent-Désiré Kabila)議長と会談しました。議長は人道機関の活動を支援すると言ったのですが、内戦が続きＡＦＤＬが西に向かって進撃すると、その先を難民が西へ西へと逃げてゆくのです、状況はあまり変わりませんでした。早急に難民を見つけなくてはならないのですが、それは困難を極めました。九七年の初め、ゴマ北西にあるティンギ・ティンギなどの町に二〇万の難民が集まっていたようですが、われわれにはアクセスできませんでした。

そのうち、三月初めになってカビラ議長がティンギ・ティンギを制圧したと発表したのです。制圧後そこには二〇〇〇人の難民しか残っていませんでした。およそ一六万人がさらに西に向かったということです。大変な数です。

ＡＦＤＬはわれわれを難民から遮断して、難民の居住区を破壊しました。ＵＮＨＣＲゴマ事務所の所長だったフィリッポ・グランディ(Filippo Grandi, 二〇一六年より国連難民高等弁務官)が電話をしてきたのですが、彼の悲痛な訴えを聞きました。「自分は難民を救援するためにここにいるはずなのに、難民にアクセスできないでいる。ＵＮＨＣＲは撤退して世界に向かって非難の声をあげるべきなのか、それとも難民になんとかアクセスできるように交渉し続けるべきなのか」と言うのです。すぐには答えが出ませんでしたが、私は、現地にとどまることが私たちのすべきことだと言ったのです。難民が危険にさらされているときには、彼らの傍にいることが、一番重要な任務だと信じていました。

こうして、UNHCRは大きな限界がありながらも、非常に危険な中、ジープや徒歩で難民たちの捜索を行い、ザイールの反政府勢力と粘り強く交渉をして、見つけた難民をルワンダへ帰還させる活動を続けたのです。

――反政府勢力のAFDLは首都キンシャサへ進軍し、モブツを追放して五月一七日に権力を奪取しました。そして、国名をザイール共和国からコンゴ民主共和国へと改めました。こうしてザイール内戦は反政府勢力の一方的な勝利で終わるわけですが、その後新生コンゴから、UNHCRの活動は妨害を受けたそうですね。

難民の殺戮は非難し圧力をかけて阻止しなくてはなりませんが、コンゴに抗議すれば難民の救出を妨げられる。ジレンマです。そしてついに難民にアクセスをさせてもらえなくなったのです。九月初め安保理に状況を報告したのですが、キサンガニ事件にも触れました。五月の初めでしたが、AFDLが難民をキサンガニに移送しようとして、二〇〇〇人も貨物列車に詰め込んだところ将棋倒しになり、九〇人以上が圧死するという事件があったのです。キサンガニ事件は当時難民が置かれた悲惨な状況の象徴のようなものでした。この報告の場で私は、保護、支援の最低限の条件が失われているため、UNHCRの活動を一時停止せざるを得ないと述べました。私の意図は、安保理こそが残虐行為に立ち向かうべきだと訴えることにありました。安保理からコンゴに圧力をかけてほしいという狙いもあったのです。

しかし、結局コンゴの態度は変わらず、九七年一〇月、UNHCRはコンゴからの撤収を命じられ、ルワンダ難民への活動をすべて停止させられたのです。難民の捜索活動はその時点でだいたい終わっていたとはいえ、まったく不本意な結末でした。

ルワンダにしろコンゴにしろ、内戦は戦闘が長く続いてやっと勝者が決まって終わりました。その間、難民は、内戦状況に振り回されて逃げ惑うしかありませんでした。UNHCRは、いろいろな工夫をして活動の余地を見つけては難民支援を続けました。それをしながらUNHCRにも苦しい思いはありました。ジェノサイドに加担した政治家、兵士を難民から切り離すことができなかったからです。自分たちが刑罰を免れている集団に関与していると見られている、というわだかまりが消えませんでした。

国際社会の対応は情けないほど弱かったですが、現地諸国政府も十分に協力してくれたとは言えません。アメリカの国連大使のビル・リチャードソン(Bill Richardson)が大湖地域の指導者と討論した感想として述べているのですが、この地域に国連や国際社会に対する根深い不信感があったのもひとつの原因だったと思います。バルカン紛争のときはボスニア情勢が厳しくなると、増員の派遣、物資の追加をしたのに、ルワンダで似たような事態が起こっても、国際社会はあっさり支援を否定しましたから。この地域の指導者はそれを見ていたのです。

難民の帰還から再定住、復興へ

――UNHCRは紛争下の難民救済と同時に、ルワンダに帰還した難民への支援活動も、並行して行なっていました。

難民問題は帰還させれば終わり、とはいきません。流出したときもそうでしたが、帰還についても、短期間に膨大な数の難民がザイールからルワンダに戻ったのです。九六年だけで二〇〇万人という規模です。住む場所をどうするのか、子どもたちの学校をどうするのか、働く場はどう確保するのか……。課題は山積みでした。帰還した難民の支援をすぐに始めないと、それ自体がさらなる混乱の原因になるのです。

――ボスニア紛争のときもそうでしたが、このケースでも、UNHCRは難民帰還後の中長期にわたる支援活動に着手していますね。住宅の建設、女性のエンパワーメントといった活動、さらに驚いたのは司法制度の再建まで進めていることです。

確かに異例かもしれませんが、法制度の整備は、帰還した難民たちを守る重要な手段なのです。裁判所や検察庁といった建物、備品といったハード面の支援だけでなく、司法関係者への訓練やセミナーを開いたりしました。それと大量の文書の翻訳です。九一年のルワンダ共和国の憲法、その後のルワンダ基本法、アフリカ人権憲章、世界人権宣言、人権規約、こういう文書は国造りの基本的な枠組みを作るうえで不可欠なのです。

——本来ならば開発援助機関が行うべき仕事ではないでしょうか。

そういう声は本当にたくさんありました。けれども、人道援助と開発援助をそう簡単に区別できますか？　双方が折り重なる形で復興事業を展開していかないと、空白が生じてしまうのです。開発系の機関はプロジェクトの審査、予算の査定にじれったいほど時間がかかります。復興事業は、人々が暮らす共同体を立て直す事業ですから、それを待っている余裕はありません。空白が生じたら、平和構築はそこで頓挫しかねませんから。空白をなくすことこそが、難民問題を確実に解決していくには欠かせないものだと考えていました。

ＵＮＨＣＲは、まず住むところを整えなくてはなりませんから、住宅用資材パッケージを配布しました。コミュニティ建設には女性の役割が大きいので、女性たちが収入を得るための訓練とネットワーク作りも急がなくてはなりません。こうして開発にかかわることに踏み込まざるを得ないのです。一九九七年にキガリの女性センターを訪問しましたが、実に活発に女性支援の活動を行なっていました。ＵＮＨＣＲへのお礼だというので牝牛一頭を贈られました。とても驚いたのですが、ルワンダ社会では最高の感謝の表明だそうです。九九年の視察で、何より嬉しかったのはいろいろな部族の人が一緒に暮らしていることでした。ＵＮＨＣＲのコミュニティ建設が成果を上げていることを感じました。

――同じ時期に、タンザニアにいたルワンダ難民の帰還問題も浮上しました。

タンザニアとしては、長いこと「お荷物」だった難民問題を、これを機に一気に解決してしまおうとしたのです。実はタンザニアは、九三年のクーデタでブルンジにツチ系のピエール・ブヨヤ(Pierre Buyoya)政権ができたときに逃げてきたブルンジ難民も抱えていて大変だったのです。本来、難民の帰還は、自主的であるべきです。ですので、UNHCRがどのようにこれにかかわるかは内部でも議論になりましたが、タンザニア政府があくまで難民の自主性を尊重するというので、協力することにしたのです。

しかし、帰還が始まると、ルワンダ難民はツチ系政府のもとに帰れば迫害されると恐れ、途中からルワンダへと向かわずに、ケニアへと向かいだしたのです。それを見たタンザニア政府は、軍隊を派遣して、強制的にルワンダへと彼らを送還してしまいました。この事件で、UNHCRは激しく批判されました。私もこれを大失敗だったと考えていますが、UNHCRがかかわらなくともタンザニア政府はそうしたとも言えますし、どうすべきだったかはいまも確信を持っては言えません。

――一九九八年二月に緒方さんは東アフリカ諸国九カ国を訪問し、この地域の難民問題に包括的に取り組む必要性を訴えました。そして、同年五月にウガンダで、いわゆるカンパラ会議を開催することになります。この会議は、難民問題にこの地域の当事者たちが真正面から向き合った画期的な会議となったように思いますが。

大湖地域では、ルワンダ難民のあとも、ブルンジからタンザニアへの難民、タンザニアからコンゴ(旧ザイール)への難民などが発生して、難民問題はさらに複雑になっていきました。それをどう解決していくかは、この地域の最重要の課題でした。

議論の焦点は、やはり難民キャンプの軍事化にどう対処するかということでした。会議では、難民と武装した者とを分離するのは、第一義的には受け入れ国政府の責任ではあるけれども、国際警察か軍隊の存在が欠かせないということで認識が一致しました。非武装化は言うは易しですが、やるのは非常に難しい。粘り強い交渉も必要です。でも一番難しいのは、それを誰が担うのかというところで、答えが見つからないのです。ルワンダ難民キャンプではまさにその問題に直面したのです。ウガンダのムセヴェニ大統領は、PKO(UNAMIR)のような形ではなく、地域内軍隊の可能性を主張していました。アフリカ統一機構(現在はアフリカ連合)のような地域機構が担えないかという問題提起だったと思います。

会議にはアナン事務総長も参加していましたので、そこで話し合われたことは、彼から安保理へも報告されました。私は、ルワンダ難民問題をここまで深刻化させた一因は、間違いなく安保理など国際社会からの効果的な介入がなされなかったことだったと考えています。

もうひとつ、重要なこととして、UNHCRが難民帰還後の社会再建、社会統合の活動を担うという点で意見が一致しました。UNHCRは帰還があらかた終わったので、開発援助機関に引き継ぐ計画を立てていたのです。しかし開発系機関の動きは依然として遅々としていました。関係国はUNHCRが撤退して、開発援助機関との間で空白（ギャップ）を生じさせることに次々と懸念を表明しました。ルワンダはこのギャップ問題の重要性を理解していて、UNHCRにルワンダにとどまって再定住計画を続行するように求めてきました。この問題は、私が「人間の安全保障」を考える際のモチーフになっていきます。

——二〇〇〇年六月にルワンダを訪問したときは、カガメ大統領から「あなたはルワンダの友だ」という感謝状を贈られたそうですね。

紛争の当初は、UNHCRはジェノサイドの首謀者を支援していると非難していたのです。その後も大変だっただけに、感慨深いものがありました。自分たちの正義を主張するだけではなく、和解という方向に向きはじめたことを感じました。

——ところで、すこし話は横道に入りますが、アフリカと言えば、ネルソン・マンデラ（Nelson Mandela）とは何度かお会いしていますね。

最初にお会いしたのは、国連難民高等弁務官に就任した年、一九九一年の年末に第一回民主南アフリカ会議に出席したときでした。周りの人たちがみな小声で「あの人がマンデラよ」とささやいていまして、世界的な英雄という雰囲気の方でした。

本人とも何度もお話しする機会がありましたが、気さくで、長い投獄生活を耐えてこられたとは思えないような優しい方です。私が難民高等弁務官を退任する前に、プレトリアのご自宅にうかがったこともあります。自分の感情を表に出さずに、みんなのために動く、尊敬すべき本当のリーダーだと感じました。

ダボス会議の役割

——カンパラ会議のきっかけは、スイスのダボス会議(世界経済フォーラム)だったそうですね。

一九九八年一月のダボス会議のときに、ウガンダのムセヴェニ大統領、それから南アフリカのムベキ(Thabo Mbeki)副大統領と会談したのです。大湖地域全体の復興と和解を考えるような包括的なイニシアティヴをそろそろとるべきではないかと訴えたところ、二人とも強く賛成してくれまして、いろいろなアドバイスもいただけたのです。カンパラ会議に向けて背中を押してくれたようなものです。

ダボスといえば、こういうこともありました。何年か経って(二〇〇三年)、やはりダボス会議で「紛争後の平和構築」というパネルを開きまして、ルワンダのカガメ大統領と同席したのです。「こんな日がやってくるなんて想像できない」と二人で言い合いました(笑)。

――ダボス会議には、よく参加されていたのですか。

いまでも、ほとんど毎年出ています。ダボス会議はご存じの通り、正式には「世界経済フォーラム」と言いますが、毎年一月の終わりに、スイスのダボスで開かれます。世界中から政治家、経済人、学者、技術者などが集まって、その時々の世界の問題について集中的に議論する場でして、私は一九九二年からずっと出ています。

最初のうちは各国の財務大臣や金融大臣ばかりで、場違いのところにいるような気がしていました。私と同じように早くからダボスに来ていたユニセフのジム・グラント(Jim Grant)事務局長も似たような場違いな感じを味わっていたようでした。そのうちメンバーも拡がりましたから、そういう感じはなくなりました。ふだん忙しくて会えないような世界中の友人たちと会える機会ですから、楽しみにしているのです。

――ダボス会議を主催しているクラウス・シュワブ(Klaus Schwab)さんご夫妻とは家族ぐるみのお付き合いがあるとか。

前身の「欧州経営者フォーラム」の時代からです。八五年と八六年に、緒方(四十郎)が日本銀行理事として参加したのです。彼は議論のレベルの高さにたいへん刺激を受けたようでした。シュワブさんご夫妻とはそのときからの付き合いです。ある日クラウスが、ジュネーヴのUNHCR本部を訪ねてきて人道支援の資金集めの音頭をとってくれたこともありました。

——ダボス会議の機会を利用して、外交的、実務的なことも行うのですね。

もちろん公式のセッションに参加すれば、そのときの世界の潮流がわかるというメリットがありますが、ダボスに集まってくる人と会って相談したり、小会合を開いていろいろな調整をしたりするのです。そういう場がわれわれのような仕事をしていると、非常に大切なのです。

ルワンダの件もそうですが、ボスニアの難民問題などもダボスの場をずいぶんと使いました。一九九六年のダボスでは、私が司会して、旧ユーゴ事務総長特別代表だったコフィ・アナン、ボスニア上級代表をやったカール・ビルト(Carl Bildt)、ボスニアのデイトン合意をまとめたアメリカのリチャード・ホルブルックなどとボスニア紛争に関するパネルを持ちました。その年は、ダボスに旧ユーゴ諸国から政治家が来ていましたから、個別に会談も持ったのです。国内避難民や人道活動をしている人々の安全の確保について、そこで要請したりしました。各国の政治指導者に、難民受け入れを直接依頼することもダボスではずいぶんとやりました。

——ダボスに関して、印象に残っていることはありますか。

本当にいろいろな人と会いましたからね……。コソヴォ危機のときの参加者たちの反応は印象的でした。NATOの空爆が引き金になって、人道的な危機が深刻化したわけですが、ダボスに集まってくるビジネスリーダーたちの間で責任意識の高まり、人道主義の高まりを感じました。マイクロソフトのビル・ゲイツ(Bill Gates)は、コソヴォ難民の登録のためのソフトウエアを開発してくれまして、ダボスでお会いしたときに、登録のマシーンを実際に使って見せてくれました。それから、クオンタム・ファンドを率いて世界一の相場師といわれるジョージ・ソロス(George Soros)。彼は、ダボスでしばしば声をかけてくれまして、サラエヴォの電話システムやバルカン全域の学校の再建に力を貸してくれました。

——世界的なビジネスリーダーの集まりが経済の話題ばかりでなく、そうした人道問題にも開かれているというのは面白いですね。

そうなのです。他にダボスでは、次世代のメンバーによる「ヤング・グローバル・リーダー」というコミュニティ作りが始まっているのです。UNHCRの若いスタッフもダボスとつながりを持ってほしいと常々思っていたものですから、私のスタッフだったフィリッポ・グランディを推薦しました。今世紀に加えられるべき価値について話し合った二〇〇〇年の全体会議で、彼は人道的価値を強調したのですが、フロアーで聞いていて誇らしく思いましたね。私たちのやってきたことが、次の世代に引き継がれているという思いでした。

ＵＮＨＣＲでの一〇年を振り返って

――緒方さんが高等弁務官を務めた一〇年で、ＵＮＨＣＲは大きく変化したのではないでしょうか。国内避難民への取り組み、政治との連携、軍との協力関係、帰還後・紛争後の復興事業への踏み込みなど、枚挙に暇がないと思うのです。

それは私がいたから変わったというよりも、時代の要請で動いていたらそう変わらざるを得なかったということです。時代がそれだけ変化したのです。この時期、誰がトップに就いてもＵＮＨＣＲは変わらざるを得なかったと思います。

人道支援は、政治が解決を求めて動いてくれないと機能しません。ＵＮＨＣＲは政治に取って代わることはできないのです。紛争が継続する中での難民救済には、軍の役割も必要になりました。条約難民と同時に大規模な国内避難民への支援も重要な課題になりました。難民キャンプの武装化、これには国際社会にはなんの打つ手もなくてＵＮＨＣＲは孤立無援の状態で対応せざるを得なかったです。人道支援から開発援助へシームレスにつながらないギャップの問題も顕在化しました。どれもこれも、この時期に新たに起こってきたことです。いろんな重要な局面で政治はできればかかわりたくないという態度を見せるのですが、人道機関は即興であっても対応を考えないといけないのです。

難民保護という基本原則を守りつつも、従来の行動規範を超えた選択をせざるを得なかったということです。人の生命を守ることが一番大事なことで、そのことに従来の仕組みやルールがそぐわないのならルールや仕組みを変えればよい。それが私の発想でした。変わってゆくのは不可避なのです。また、どんなに妥協的であっても、救える命があるならそこで救うしかありません。

――UNHCRが変化していく中で、守りつづけた点はどういうところでしょうか。

人間を大事にするという価値です。そのためにあらゆる工夫をして、力を合わせてきたのです。その価値を追求すると、おのずと組織も機能も実践も変わらざるを得ないということではないですか。けれども、原則は変わっていません。「人の命を助けること」、これに尽きます。生きていさえすれば、彼らには次のチャンスが生まれるのですから。

残念ながら、世界では人間が大事にされない状況がまだまだ大きいということでしょう？ 最近のスーダンにしても、シリアにしても、そうです。

こういう状況を見ましても、つくづく政治の責任は大きいと思います。難民は種々の紛争から生まれますが、それを加速させるのは政治の貧困です。しかし同時に、難民問題を本当の意味で解決するのも政治にしかできないことなのです。人道支援は、政治が解決を求めて動いてくれないと機能しません。いろいろ経験する中で痛感したのが政治との連携の重要性なのです。人道活動家の中には、政治の世界、軍の世界とはかかわるべきではないと考える人もいます。それで難民問題が解決するならベストかもしれませんが、現実はどうですか。真の問題解決には「政治の強い意思」がどうしても必要なのです。

国連難民高等弁務官として最後となるUNHCR執行委員会で出席者総立ちの拍手を受ける．左はコフィ・アナン国連事務総長(2000年10月，UNHCR/S. Hopper)．

私は、国連安保理には計一二回報告に行きましたが、深刻な人道問題であればあるほど、高度な政治的解決を必要とする。このことを安保理ひいては国際社会に強く訴えたかったのです。

——『外交フォーラム』に「ジュネーヴ忙中日記」を連載されていました(その後、『私の仕事』〈草思社、二〇〇二年。のち朝日文庫、二〇一七年〉に収録)。一九九三年五月から九四年八月までの日記ですが、それを見ますと、世界中を文字どおりに飛び回っている姿が非常に印象的です。世界各地の問題が同時並行的に進行する中で、UNHCR全体の指揮をとりながら、キャンプの状況を視察したり、要人と会談をしたり、会議に出席したりと、超人的な働きぶりです。

一種の使命感のようなものもありましたが、やはりいい部下がたくさんいたから、やることができたのです。みんな結束していましたし、一緒に仕事をしていて楽しかったです。もちろん大変なこともたくさんありましたけれど、スタッフと話をしていくうちに、やってやろうという気になってくるのです。私の性格なのかもしれません。それに、仕事をしていくと、仲間がどんどん増えていきますし、ネットワークが広がっていくのです。何かあったら、あの人に相談しようですとか、この人の力を借りようですとか、そうなってくるのです。

私はもともと楽観主義的な性格なのかもしれないです。へこたれるということを経験したことがないのです。

――問題を解決することに関心があるのではないでしょうか。

そうですね。何か片づけたいと思うのです。プラグマティックな性格なのかもしれません。それに、デシジョン・メーキング(政策決定過程論)を勉強してきた影響もあるかもしれない。UNHCRのオフィスで、デシジョン・メーキングのちょっとしたレクチャーをしたこともありました。黒板にデシジョン・メーキングのモデルを書いたりして。

現実は複雑だからモデルがそのままあてはまるわけではありませんが、問題を整理し、先を見通すうえでものすごく役立ちました。何が問題なのか、どういうオプションがあるのか、利害関係者は誰と誰か、どこを、誰を押せば道が開けるのか、そういうことを考えるのに適したツールなのです。

日本の学界では実務の世界と学術の世界を分けて考える風潮が強いようですが、私はそうは思いません。両者は有機的につながっているべきです。その方がはるかに生産的です。私自身、大学や日本政府、国際機関でいろいろ働く中で、その思いはますます強まっていきました。

――辛かったこともたくさんあるのではないでしょうか。

部下を亡くしたことです。部下といいますか、私の同志でした……（長らく沈黙）。

――難民が物凄い勢いで出ているときなど、眠れなくなりませんでしたか。

私は、心配で眠れないということはないのです。気分転換にテニスを時々していました。あと、寝る前に必ずジントニックを飲むのです。そんなに多くではありません。ジントニックが好きなのです。気分がスッとして、一、二杯飲んだら、ぐっすり眠れます。

――もう一度、UNHCRの高等弁務官をしてくれないかという話があったらどうしますか。

もう一度？　冗談じゃないです。こんなに大変だと知っていたら、やりませんでした

（笑）。よく一〇年ももったと思います。きっと心身ともに丈夫だったんでしょう。充実した一〇年間でした。もっと若かったら……やっぱりトップで走り回るかもしれない（笑）。

第8章　人間の安全保障

見てしまったからには、何かをしないとならないでしょう？　したくなるでしょう？　理屈ではないのです。自分に何ができるのか。できることに限りはあるけれど、できることから始めよう。

「人間の安全保障」委員会

――今回は、主として「人間の安全保障」についてお聞きします。二〇〇〇年の国連ミレニアム・サミットでの日本の呼びかけで、国連の「人間の安全保障委員会」が二〇〇一年に設立され、緒方さんとアマルティア・セン(Amartya Sen, 当時ケンブリッジ大学トリニティ・カレッジ学長)が共同議長を務めました。まずは、その経緯からお話をうかがえればと思います。

私がUNHCRを退任したのは二〇〇〇年の終わりでしたが、それ以前からすでに「人間の安全保障」がさまざまなところで議論されていました。ただ、明確な定義もなく、いろいろな考え方の相互の関連も整理されておらず、どのようにすれば現場で役立つ概念にできるのか、まだ十分に詰められていない状況でした。

私の在任中から、UNHCRにおいても人間の安全保障に関連する議論がさかんになされていました。一九九〇年代には世界各地で地域紛争が多発し、本来人々の安全を守るべき政府がその役割を担いきれず、少数派の人々を抑圧するケースが相次ぎました。そうした人道危機に対して、他の国家や国連が関与することをためらう状況もたびたび見られました。UNHCRにとって国家や国際社会の保護を受けられない難民、とくに国内避難民のプロテクション(保護)をどのようにして確保するかが、最も大きな課題になっていました。一九九七／九八年の『世界難民白書』では、「同じ人間としてすべての人々の安全を保障する責任」が課題として書き込まれました。私の人間の安全保障の考え方は、そのような現場での対応をどうするかというところから始まりました。

――同じ時期に開発援助の分野でも、人間を中心にすえる議論が進んでいました。

人間の安全保障の議論には、いろいろな流れがありましたが、経済開発論がひとつの大きな流れを作りだしていました。この頃になると、グローバリゼーションの余波もあって、世界の貧困問題もさらに広がっていました。他方、一人当たりのGDPで測れるような開発は、途上国の人々を実質的に豊かにしていないのではないか、という疑問が強くなりました。そういう開発に関するさまざまな知的な交流から人間の安全保障という考えが自然に出てきたのだと思います。

国連開発計画(UNDP)が、『人間開発報告書』の一九九四年版を「人間の安全保障」という題にして、貧困問題に根本から取り組み、さらに、一人ひとりが人間らしく生きられる能力の開発をサポートする必要性を提起しました。この報告書は、厚生経済学者でノーベル賞を受賞したアマルティア・センの「ケイパビリティ(潜在能力)」という考えを土台にしたもので、その後の「人間の安全保障」の議論に強い影響を与えました。

「人間の安全保障委員会」は、開発に基づくアプローチにくわえて、私のように人々に対する政治的保護を考えるアプローチを組み込む形で立ち上げられたのです。

――二〇〇一年の「人間の安全保障委員会」の設立には、日本政府がかなりコミットしていますね。

日本は、早くから独自の関心を持っていました。一九九七年にタイの通貨危機からアジア金融危機が起きました。そのときに東南アジアを訪れた小渕恵三外務大臣が、戦後日本は経済開発支援に力を入れてきたのに、危機の結果、命まで脅かされている人々がいる、その暮らしぶりを見て、マクロの経済成長一辺倒の支援は見直すべきだと考えたようです。経済開発だけでなく、人間が暮らす社会そのものを良くしていかないといけないということです。翌年、総理として東南アジアを訪問した折に、小渕首相はハノイで支援の枠組みとして人間の安全保障の重視を打ち出したのです。人間の生存、生活、尊厳を脅かす脅威を包括的に捉え、これに対する取り組みを強化したい、というものでした。

小渕首相は、その後も「人間の安全保障」を日本外交の柱に据えようとして、演説などでもさかんに取り上げたのですが、残念ながら急逝されました。後を継いだ森喜朗首相が、二〇〇〇年の国連ミレニアム・サミットに出席され、人間の安全保障を議論する委員会の設立を訴えました。コフィ・アナン事務総長が来日し、「人間の安全保障委員会」が発足したのは翌年です。ＵＮＤＰなど開発論の方からは議長にアマルティア・センを推してきましたが、ＵＮＨＣＲなどから、暴力からの「保護(プロテクション)」の問題も取り上げるべきだという意見が出され、プロテクション系の代表が緒方、開発系の代表がセンということで、私たちが共同議長になったという構図なのです。

――大分アプローチが違うと思いますが、緒方さんはセンの考えをどういうふうに受け取っておられたのでしょうか。

アマルティア・センの世界は、私のいた世界とはかなり違うと思いながら議論を重ねました。センの「ケイパビリティ」という考え方は、私のように現場志向の人間からするとわかりにくいところがありました。彼は、生き方を選択できる幅、自由の幅といってもいいのでしょうが、それを人間の能力ととらえているのです。だから貧困は、自由が奪われている、あるいは脅かされている状態である。教育などで人の能力を高め、政治や社会の制度を変えて能力を制約しているものから解放することが発展、開発につながるということなのです。

センはある意味では哲学者なのです。貧困というのは本来、哲学的概念かもしれません。私は、抽象的な概念から議論するよりも、目の前の状況にどう対応するかという現実を起点とする発想の行動家でしたから、両者の違いははっきりしていました。その根底には、先ほど触れた開発系の思想と、私などの政治行動を重視する考え方との違いがあったと思います。それこそ二人の間にギャップがあることを理解するところから始めたのです。しかし、討論する中でそのギャップは埋められていったからこそ、共同行動をとるに至ったのだと思います。

二〇〇三年に報告書は完成しましたが、センは人間の安全保障と、開発・人権との違いについて次のように述べています。開発論は発展・拡大に主眼を置いていて上昇傾向が強いけれども、人間の安全保障は、人間が不意に危機に陥って崖っぷちに立たされるリスクに目を向け、その克服を目指す考えだと。また人権は権利について一般的な基準を設定するけれども、人間の安全保障は具体的にどの自由が重要で、社会がそのうちのどれを承認し保護し促進するかに応えようとするものだ、とも言っています。私から見れば、抽象的すぎて有益なのかと思うこともありましたが、私はこの委員会の議論からは学習することが多く、センも人間の安全保障を幅広い開発の文脈の中で明確にしようとしました。人間の安全保障論には、このような多面的な発展経路があったのです。

――委員会は、緒方さんとアマルティア・センが共同議長を務められて、各国から一〇名ほど著名な方が参加しました。

委員会メンバーのうち、三分の二ぐらいの方々は私が熟知する人たちでした。素晴らしい人たちです。ラクダール・ブラヒミ(Lakhdar Brahimi)は、私が強く働きかけて引き入れることができました。彼はアルジェリアの外相を務めた人ですが、アフガニスタン

「人間の安全保障」委員会で共同議長を務めたアマルティア・センとともに報告書をコフィ・アナン国連事務総長に提出(2003 年 5 月, UN Photo/ Eskinder Debebe).

にも取り組むなど、きわめて有能な政治学者であり外交官でした。南アフリカのフレネ・ジンワラ(Frene Ginwala)、タイのスリン・ピスワン(Surin Pitsuwan)も、私が長い間、協力を重ねてきた友人でした。スリンは、タイでは珍しいイスラム系で、外務大臣もしたことがある方です。その後、ASEAN(東南アジア諸国連合)の事務局長もされています。私がスリンに直接電話をしたのですが、ちょうど彼が外務大臣を辞め、外務省から徒歩で出て行くところをとらえることができました。タイでは委員会の公式会合を持ちましたが、非常に積極的で、タイには人間の安全保障省まであります。タイにはミャンマーなどからの難民がたくさんいましたから。それから、スウェーデンのカール・タム(Carl Tham)はとても頑固で議論好きな人で、途中でスウェーデン政府の仕事のため辞めました。いずれも印象深く、尊敬する友人ばかりでした。

――著名人が形式的に名前を連ねたのではなかったのですね。

中身に踏み込んだ議論をしっかりしなければなりませんでした。ほとんど無から始めたのですが、とにかく最終報告書にもっていくまでは、「人間の安全保障」などまだ誰もよくわからないわけですから、あらゆる側面から、そうとう議論しました。外部委託もしましたが、基本的なところは自分たちで進めたのです。議論はとても楽しかったと記憶しています。方々で泊まり込んで討議を重ねました。ニューヨーク、東京、バンコク、ストックホルムで、合計五回の会合を経て、報告書をまとめました。

報告書は、二〇〇三年春、小泉総理に提出した後、五月にアナン国連事務総長に提出しました。日本では、朝日新聞社から『安全保障の今日的課題』として翻訳が出版されました。これをフォローアップしていく母体を作ろうということで、人間の安全保障諮問委員会を作り、そこでも議論を続けました。委員会のメンバーだったコスタリカ出身のソニア・ピカード(Sonia Picado)が委員長になって、いまも活動を続けています。彼女は二〇一四年、人間の安全保障の主流化に貢献したということで、日本政府から叙勲されました。

人間の安全保障という考え方

――この時期にどうして安全保障の考え方の転換が生じたとお考えですか。

それは何よりも「脅威」の質が変わったからです。脅威はもう国家に対する外敵だけからのものではなくなりました。冷戦が終わって国家間の大戦争の可能性は遠のいたのですが、紛争、それも一九九〇年代には内戦が増えて、大量の人が虐殺されるし、テロも相次ぎました。難民や避難民が大量に発生し、命を脅かされていました。内戦は、人種、民族、宗教などをめぐって起きるので居住領域が争点になります。人々を住んでいるところから追い出したり、殺したりというのが目的になることもあるのです。こういう紛争では勝者も敗者もはっきりしないし、和平合意もないまま曖昧に終わることが多い。すると戦闘が終わっても人間の生存は脅かされ続けます。紛争だけでなく、開発の遅れや貧困、エネルギー不足、津波や地震など自然災害、環境悪化、それに感染症の蔓延などで亡くなる人は、戦争の死者よりも多くなってきたのです。

そういう脅威の多様化を初めてまとまった形で指摘したのは、私も委員でしたが、国連の独立委員会「グローバル・ガバナンス委員会」が一九九五年にまとめた報告書『地球リーダーシップ』(原題 *Our Global Neighborhood*, Oxford University Press, 1995)だったと思います。しかも世界銀行などが言っているように、所得が下がると紛争のリスクは増えるという関係があるので、開発と安全は一体として取り組まなくてはいけなくなっていたのです。人間を中心に考えるということは、いわば自然の流れだったわけです。

ところが、国際社会の安全保障のメカニズムは、どれも伝統的な国家の安全を守るという前提で成立していますから、効果的な対応はできない。途上国の内戦では、国家が国民を守れないだけでなく、国家自体が問題の一部でした。いくら国家を安全にしても、人間は安全にならない。その結果、コンゴ、シエラレオネ、ボスニア、コソヴォなど、九〇年代の紛争はいずれも、国内状況が悪化し人々は逃げまどいましたが、緊急援助に出動したのは人道機関だけでした。政府や紛争当事者は、安全な交通路、国境開放などについて話し合っても、国家や主権にこだわり、多様な脅威に対応することは試みようとしません。このような状況から、より人間を中心に置いた考え直しを試みることにしたのです。

――人間の安全保障という概念が発展する過程で、先ほどの二つの考え方の関係が問題になったということですか。

そうです。人間の安全保障には、最初から二つのアプローチがあったのです。紛争を背景にした人々を暴力から「保護(プロテクション)」することに力点を置くＵＮＨＣＲなどの人道支援系のアプローチと、貧困を背景にした人々の「開発・能力向上」を重視するUNDP系のアプローチです。

最初に人間の安全保障というコンセプトを出して注目されたのは、先ほどお話ししたように、UNDPの一九九四年報告書『人間の安全保障』でした。このときの考え方はまだ幅が広くて、経済安全保障から、食糧、健康、環境、人間、コミュニティ、政治的安全保障まで七つの安全保障が挙げられていました。ここでは平和の確保と開発は一方だけで実現することはできないと主張され、分裂はなかったようでした。

人間はいろいろな脅威にさらされていますが、問題のどの側面を注目するかは、当然、異なってくるのです。事実、保護を担う人道支援の機関と、開発を担う援助の機関とは区別され、分断されています。そもそも両者は関心も違います。緊急支援、紛争防止や解決、平和構築などに取り組んできた機関は、引き続き暴力からの人々の「保護」に目を向けるし、開発に関心がある機関は、貧困、飢餓、感染症、疾病、自然災害に目が向くものなのです。さらに方法もスピードも違いますし、それぞれの行動規範も異なります。これまで相互調整はあまりなされてきませんでした。国際機関では、UNHCRとUNDPとは分かれていますが、これは各国の政府の中でもおおむね同じように分かれた状況です。どこの国でも国内の人道・治安部門と開発部門の間の連携はそれほど良いとは言えません。

しかし、双方において、これまでのやり方ではどうにも好転しないという現実的な観点から、二つを連続的に考える動きが起こりました。ＵＮＨＣＲのボスニア、ルワンダにおける経験でも、「難民が帰りました。はい、終わり」とはいきませんでした。その後の生活の安定をもたらすために、ＵＮＨＣＲが紛争後の復興事業や難民が帰還した後の定着事業にかかわらざるを得なかったことは、先にもお話しした通りです。開発支援の側も同じだったのではないでしょうか。それまで線引きして分けていたのを、相互乗り入れをしなくてはならなくなりました。ところが相互乗り入れの枠組みは存在していなかったのです。そこに「人間の安全保障」という政策概念が出てきたと思います。

――二つの考え方を「人間の安全保障」というコンセプトのもとに結び付ける大きなきっかけになったのが、コフィ・アナン国連事務総長が二〇〇〇年の国連総会――ミレニアム・サミットと呼ばれていますが――、そこで行なった演説だったと思うのですが。

アナン事務総長は、「恐怖からの自由(freedom from fear)」と「欠乏からの自由(freedom from want)」の二つを強調しました。「恐怖からの自由」という法的・政治的なアプローチと、「欠乏からの自由」という経済的・社会的なアプローチが交わることなく別個に議論されていた中で、アナン事務総長が新しい国際秩序の指針として両方をセットにしたのです。彼がこういう形で二一世紀に取り組むべき新しい安全保障の概念を整理したのが、「人間の安全保障」にとって非常に大きかったと思います。

人間の安全保障委員会の報告書では、「広範かつ深刻な脅威から人間を守る」としましたが、「脅威」は恐怖と欠乏にあたります。われわれの報告書はまた、人々の生の中枢部分として「生存、生活、尊厳」をあげて、これを享受する手段を持てるようにさまざまな制度を一体として作り上げるとも述べました。これも後に人間の安全保障を定義する際に寄与したと思います。

国連六〇周年記念総会首脳会議の成果文書では、人間の安全保障を「自由と尊厳」「貧困と絶望からの解放」「恐怖と欠乏からの自由」「人間の潜在力を生かす平等な権利」と整理してありますが、その後、二〇一四年版に至るまで人間の安全保障に関する事務総長報告で踏襲されています。人間の安全保障が、開発と保護の連関において実現されるという点では共通了解が得られているわけです。現場での実行には多くの困難がありましたが、概念レベルでは整理され定着したと言えると思います。

国内避難民と人間の安全保障

――この報告書を読みますと、人間の安全保障は一般的・普遍的なコンセプトのような印象を受けます。何も知らずに読みますと、議論の上澄みのようで、どういう現場の葛藤、課題から「人間の安全保障」が立ち上がってきたかということがなかなか見えにくい気がします。

誰も反論できないような普遍的なコンセプトのように思えるかもしれません。しかし、人間の安全保障は、具体的な問題や困難から起きているのです。

私の立場で言えば、ＵＮＨＣＲが直面した国内避難民(ＩＤＰ)問題が焦点にありました。一九九〇年代に難民とされた大半は、国内避難民であったのですが、当時は対処する枠組みがなかったため、たいへん苦労しました。国内避難民とは言っても、実質的には難民と変わらないわけで、家族も住む場所も教育もすべてを失った状態にあり、保護されなければいけない対象であったことは間違いないのです。

ところが、一番大変だったのは、保護の法的な根拠をどこに求めるかということでした。難民条約は、国内避難民には適用されませんから。国際法で保護できない人間を、国際機関がどのようにして保護するかという問題です。そのようなことを論じている間にも、国内避難民は世界各地でどんどん増加しました。冷戦終焉後の一九九〇年代は本当に悲惨な状況でした。国家が崩壊しているから、国際社会がなんとか対応しないといけないわけですが、国際社会で一番決定権限を有し行動できるはずの国連安保理が腰をあげようとしない。そういう中でＵＮＨＣＲが国内避難民を保護しなければならない状況になったのです。それはまさに「人間の安全」をどう保障するかという問題でした。

——この問題は実は国連で検討され、一九九二年に「国内避難民に関する国連事務総長代表」というポストが作られて、スーダンのフランシス・デン(Francis Deng)が就任しました。

国連には国内避難民に関する法的な枠組みがありませんでした。国連は国家間の合意によって成立した機関ですから、国家の中にいる避難民の問題を正面から扱うことが難しかったのです。それは内政に関与することを意味しますから。私は、国連難民高等弁務官に就任しますと、国内避難民についての明確な指針の作成を主張しました。フランシス・デンが中心となって、UNHCRや国連人権高等弁務官事務所(OHCR)、赤十字国際委員会(ICRC)などの代表が参加して、法的検討チームが作られました。UNHCRがあまり前面に出ると、よそから文句が出るということもあったので、具体的な議論は、ブルッキングス研究所に依頼したのです。当時、ブルッキングスが取り上げていた国内避難民プロジェクトからは、かなり支援を得ることができました。

ブルッキングスの会議で、私は一九九三年に国内避難民問題を提起しました。国内避難民について現場で感じていた諸問題、居住地にとどまる権利、帰還する権利、人道的な保護を受ける権利などを中心に検討してほしいと願いました。ただ、検討は簡単には進みませんでした。案の定、途上国側から、国内にいる避難民に国際的に関与するのは内政干渉につながるのではないか、と反対が噴出したのです。みな主権については敏感です。避難民の保護ということで避難民に特権的な地位を与えられては困ると言うのです。周りの国民との差ができたら国内政治上厄介ということでしょう。だから弱い立場の人々を保護する義務を、主権の範囲内で政府にどう負わせるか、そういう隘路《あいろ》を縫って合意を作る作業でした。

――ブルッキングス研究所がまとめた報告書には、この検討過程では「必要に基づいたアプローチ(need-based approach)」が取られたと書かれています。

いろいろなアプローチがあったようです。ヨーロッパの法律家には、権利アプローチというのか、新たな人権規範を作ってそれを基準に保護しようとする考えが強かったのですが、国内避難民について法的な地位を与えるようなアプローチを受け入れる国は少なかったと思います。そこで「必要に基づいたアプローチ」として出てきたのが、アメリカの法律家によるプラグマティックな提案でした。国内避難民が必要としている保護を具体的に列挙する、そのうえですでに存在している国際法がどの程度満たせるかを検討してゆくという進め方でした。そうやって法的な考え方も統合して、フランシス・デンとロベルタ・コーヘン(Roberta Cohen)が一九九八年に「法規範の集成と分析」という文書にまとめました。この文書で初めて、政府には国内避難民を保護する責任があるとされ、強制移動や差別を禁止し、移動中や帰還、再定住における権利、人道支援が詳細に規定されました。

人間の安全保障という言葉だけ聞いていると誰も反対する人はいないと思うかもしれ

ませんが、それは大間違いでした。どの国からも、都合が悪いと言う人が出てきました。その後、熾烈な議論が継続し、ようやく文書が成立したのです。

――法を作ることは目指さなかったのですね。

この文書では、指導原則(guiding principles)という位置付けになっています。もちろん、条約にするという意見もありました。しかし法を起草することになったら、さらに一〇年もかかったでしょう。一〇年かけても、どのような結果が出されたか不明です。

避難民の保護を国家の法的義務にすることには支持がありませんでした。難民の強制帰還は難民条約で禁止されているし、拷問や追放は人権法が禁止しています。武力紛争下の文民保護は、人道法にあるわけです。それを避難民に適用してどう実行するかの方がはるかに大きな問題でした。そこで、国家間交渉によらずに五〇人もの専門家が集まって法そのものではなく「法的な文書」をまとめるという方法がとられたのです。

こういう文書の作り方は、珍しい努力の賜物であったにもかかわらず、これに対してすら疑問が出されました。エジプト、スーダン、インドなどの主張は、法形成主体としての国家をないがしろにしているということでした。これに対するため、スイスが主催して、反対派が受け入れるまで粘り強く討議を繰り返して、採択にこぎつけました。避難民の安全を保障する枠組みひとつ作るにもこんなに大変なわけですから、法にしないというのも十分ありえる選択だったのです。

――国内避難民の保護は、出発点においては原則の宣言のようなものでしたが、その後、徐々にその法的な位置づけが強まっているように思われます。たとえば、アフリカ大湖地域諸国は避難民保護の条約を作りました。

国際規範というものは一気に作られることはまずないものなのです。最初はガイドラインであっても、そこからいろいろな調整を進めながら徐々に国際社会に受け入れられて法の形になっていく。この指導原則は、二〇〇五年に国連総会首脳会議で採択された成果文書に、国内避難民保護の国際的枠組みとして入りました。翌二〇〇六年ですが、ナイロビで開かれた大湖地域首脳会議は参加国に指導原則の採択を義務付けました。さらに二〇〇九年に国内避難民の保護を含んだカンパラ条約が結ばれました。すでにルワンダのことをお話ししましたが、大湖地域の諸国は、九〇年代に多くの国にまたがる国内避難民の問題を抱えて一番苦労しましたから。避難民保護の規範が成熟して、そのある部分が法になってゆく。実行がどうなるかは、依然として大問題ですが、法の発展は重要なことです。

――この過程が、プラグマティックな対応を優先するソフト・アプローチということですね。「人間の安全保障」がどういうアプローチかがよくわかります。

国内避難民の保護は、ハードな、つまり厳密な法のレベルの問題ではないのです。法的に全部片付けようとすると、内政不干渉など難しい課題が出てきて国内法と国際法を腑分けする議論が始まり、大体そこでとどまってしまう。実行的なアプローチでいくより仕方がなかったのです。国内避難民保護のために、国家間の交渉に頼れないので専門家が集まって知恵を出すほかはありませんでした。議論の詰めでは、民間のブルッキングス研究所に大きな役割を果たしてもらったわけです。法律にもしませんでした。全部ソフトなやり方です。そのようにしてようやく保護の枠組みができたのです。

ソフト・アプローチというのは、現場の知恵というか、世界の多様性に即した現実的対応で、人間の安全保障の重要な特徴と言えるかもしれません。私の場合は、UNHCRでの国内避難民の経験がそのまま、人間の安全保障という考え方に展開していったと思います。

人道救援と開発援助とのギャップ問題

――UNHCRでの経験から「人間の安全保障」に至るつながりとして、もうひとつ重要なのが、いわゆるギャップ問題です。

難民・避難民保護では、人道救援と復興・開発援助との間に時間的なギャップがあって、そこから問題が生じていたのです。難民が自分の家に帰還しても、そこが破壊されていたり、敵対的な関係が解消されていなかったり、差別されたり、仕事がなかったりすると、平和や安定は持続しません。下手をすると紛争再発の原因になります。ボスニアでもルワンダのときもそういうことが起こりました。戦闘が停止し、難民が帰還する、でもその先を考える枠組みがないのです。UNHCRは自分たちの任務かどうかわからないけれども、住宅の建設、司法制度支援、女性の能力向上、民族コミュニティ間の移動バスのシステムなどに手を広げなくてはなりませんでした。しかし、人道機関は警察や軍に替われないし、法の執行力を高めることもできないのです。人道危機への緊急対応が済んだらそれで終わるのではなく、そのあとの息の長い復興支援へとつなげていかなければなりません。それがギャップを解消する、継ぎ目のない、シームレスな支援というものなのです。

従来のPKOのように停戦があってその監視をしていればよいという状況ではなくて、紛争後の「平和構築」、いいかえればコミュニティの再建、社会・国家の再建が進展しないと平和は来ない。ですから、シームレスな支援というのは平和構築の成否を左右するものなのですが、そのための枠組みはないのです。そこをつなぐことになったら、人間の安全を保障するという基本に戻っていろいろなことを試してみるしかありません。

――ギャップ問題というのも、先ほどのコフィ・アナンの言う「恐怖からの自由」と「欠乏からの自由」をリンクさせるということになるのですか。

そうです。恐怖と欠乏の両方から免れていなければ、人間は安心して暮らしていかれないわけです。恐怖から自由になって欠乏に陥るというのでは話になりませんから、ずいぶんその議論はしていたのです。ルワンダの難民問題が一段落した一九九七年、ウガンダで支援国会議を開いたのですが、ここで私はギャップ問題を提起しました。その後も継続的に検討するために「ギャップ・フォーラム」を立ち上げたのです。人道支援とか開発だけなら、非政治的ということで難しい状況でも入り込んで活動できる。しかしそれをつなぐ支援をするということになると、どういう社会にするか、どういう政府、国家にするかという問題にかかわりますから、必然的に政治的な問題になって、みなが受け入れるのを嫌がるのです。結局、人間の安全というベースに戻って、多くの制約の中でそこにいろいろな実行を入れ込んでゆくという考え方で進むほかはなかったのです。

——そうなると人間の安全保障も特定の措置、活動を指すわけではなく、非常に広くいろいろなものを含むことになるのではないですか。それがこの議論でよく出てくるインクルーシブネスということですか。

インクルーシブネスにはいろいろな意味があります。ひとつは、支援措置や活動の包括性です。人間の安全保障というのは、現地の具体的な状況に応じて、コミュニティの問題解決法を生かしながら、多様な手を打つことです。従来の問題解決型の援助や活動は、問題や案件を特定してそこに人もカネも集中するのですが、それではなかなか人間の能力を高めたり、コミュニティ・ビルディングにはつながらない。平和構築といっても、経済、社会、政治、文化まで含む複合的な問題ですから、それぞれの状況に応じて多様な支援活動を組み合わせて包括的に実施することになるのです。難民支援をするが、同時に現地に合った職を手につけてもらい、教育の機会にもする。そこを入り口にして農業や健康、衛生の改善につなげ、さらにコミュニティの意志決定能力を高める、というような包括性なのです。ですから、インクルーシブビジネスは、ローカル、ナショナル、グローバルというレベルについても、かかわるアクターの多様性についても論じているのです。

これは、最終的には現地の人々が一体感を持つとか、自分が社会の一員であると感じることが必要だからです。とくに難民という存在は、そういう感覚を奪われた人たちですから、どうすれば回復できるのかということになると、解決策は多様で、短期間では難しいのです。だから多種多様な方策を、包括的に、シームレスにと主張されているわけです。人間が能力を高めるにはひとつのことだけでは足りないのです。

――包括性に対応して「人間の安全保障」を実現する戦略として「保護(プロテクション)」と「能力向上(エンパワーメント)」という二つの提案が出されていますが、改めてどういうものか教えてください。

「保護」というのは、人々が自分の力ではどうにもならない原因によって安全を脅かされている状態を回避することを意味します。これは、どちらかといえば、「統治」を強めることを意味します。国家の統治だけではなく、人々の基本的な自由と権利、人間の尊厳を守るために、ローカル、ナショナル、グローバルなどさまざまなレベルで統治の制度を整える必要があります。

もうひとつの「能力向上」は、人々が自らのために、また自分以外の人間のために行動する能力を強化することです。これは、対比的にいえば「自治」を強めることです。そのためには教育や訓練、最終的には社会の自治能力の強化が欠かせません。人道支援や開発も外や上から一方的にもたらすのではなく、そのプロセスに人々を参画させることが重要なのです。

「保護」と「能力向上」の片方だけを実行するのではなく、両方を一体的に強化すること、つまり統治と自治が出会うことで、初めて「人間の安全保障」は実現可能になる。それが私たちの「人間の安全保障」報告書の大事なメッセージでした。

社会というのは、政治、経済から文化まで実に多くの要素からなる複合体です。それが壊れているときに、どのレベルの、どの部分から、どのような順序で修復、再建を始めるかを考えるのは難しいことです。しかし結局は、どこを入り口にして入っても、連動していってあらゆる側面にかかわらざるを得なくなるのです。どの部分、社会のどのレイヤーに手当てすれば、多くの人々を守ることにつながるか、自律的な社会になるか、国の開発に役立つか、を考えることを「人間の安全保障」は教えてくれると思います。

――人間の安全保障は、研究や実際の政策において使える概念かということについては、かなり批判もあります。

概念が曖昧だという批判は強いかもしれません。字面からは抽象的で何を指しているかわからないということもあるのでしょうか。確かに研究者は、定義できない概念では研究できないですから。私は別段、「人間の安全保障」という概念が最適と思っているわけではありません。しかし、いままでのコンセプトでは解決されない課題が激増しているのは事実ですし、多くの人が命の危険にさらされているときに、概念が曖昧だといって学術論争ばかりしているのはいかがかと思います。

概念をより鮮明に工夫する必要はあると思いますが、それは現場でどういう問題が起こっているか、どういう対応がありうるかということと連結して考えなければならないでしょう。安定した社会を対象とした研究者にはわかりにくいと思いますが、いったん壊れた社会、破綻した国家で支援活動をする現場に立った人は、すぐに「人間の安全保障」の現実を実感します。

先日、新潟で開かれた日本国際政治学会のシンポジウムで議論したのですが、研究者は研究と実務は分けて考えなくてはならない、というのです。私には、そんなことは考えられないことでした。「人間の安全保障」は理念レベルの話ではなくて、実体的な要請から出てきたきわめて実践的な概念なのです。この概念は人を暴力や紛争から保護しなくてはならないという必要性と、他方、介入や深い関与を受け入れないという国際社会の制約の間の、ぎりぎりのところで出されたものなのです。

「保護する責任」をめぐって

――「人間の安全保障」に関連して「責任」という考え方ができます。タイのアナン・パンヤーラチュン(Anand Panyarachun)元首相が議長を務め、緒方さんも参加された国連事務総長ハイレベル・パネルが二〇〇四年に発表した報告書「より安全な世界(A More Secure World)」は、重要な脅威を列挙し、これに対する武力行使のルール、さらに国連改革について述べて、「人間の安全保障」の実行面を具体化しています。この報告書の副題に「私たちの共有の責任」とあります。

人道的災禍については、まずはその国の政府の責任を免除してはならないのです。それがまず重要なことです。しかし、政府がどうしても国民の保護ができない場合、そのときは国際社会全体で責任を負わなければならない。そういう考え方でまとめられたと思います。

確かに、責任という考え方が強くなっていますが、これは何も突然出てきたわけではありません。こういう考え方には、国家が責任を果たせないときは、国民による抵抗もあるだろうし、国際社会がそれを支援することもあるだろうというのが、含意としてあるのです。この責任論の具体的な現れが、「保護する責任(Responsibility to Protect)」論です。報告書でも人道的災禍に対しては、国際社会が安全保障理事会の承認のもとでとされていますが、この責任を有するとも述べています。人間の安全保障論の定着となら ぶ形で「保護する責任」論も広がっていきました。

——UNHCRの仕事においても、難民や国内避難民の保護のために軍事的な関与がどうしても必要になる場面がありました。人間の安全保障は「保護する責任」を排除していない、あるいはできないということでしょうか。

難しいところです。人道機関には対応できず武力が必要という局面は確かにありました。しかし武力介入を前提にするような人間の保護は成り立たないというのが私の考えです。人間を保護するという考え方にも、二つのアプローチがあるのです。ひとつは法的・権利ベースのアプローチで、もうひとつはもうすこし柔軟に対応しようとする政治的アプローチです。法的アプローチは、安全の普遍的な法的基準を作ってそれを適用して人間を保護しようとします。これは突き詰めると、人権が侵されたら介入するという論理につながる可能性を持っているのです。法に違反するものは責任を追及される、処罰されるという論理になります。

——それはスカンジナビア諸国やカナダの人たちがさかんに議論していました。

そうです。カナダ、ノルウェー、オランダ、スイスでは、積極的介入論が強いですから。この議論が、鮮明な形をとるようになったのは、一九九九年のコソヴォ危機のときに、人道危機があるにもかかわらず国連安保理が割れて機能しない、ということがあったからでした。これを避けるために介入のルールを明らかにしてはどうかという議論になったのです。カナダが「介入と国家主権に関する国際委員会（ＩＣＩＳＳ）」を立ち上げました。ＮＧＯですが、カナダ外務省と密接に結びついていました。ギャレス・エヴァンス(Gareth Evans)元豪外相とアルジェリアの外交官モハメド・サヌーン(Mohamed Sahnoun)元国連事務総長特別代表が共同議長になって、二〇〇一年に『保護する責任』報告書を発表したのです。人道危機で国民を保護する責任は第一に国家にある、しかし国家がそれを果たせない、果たす意志がない場合は、国際社会がその責任を負う、というものです。もちろん直ちに介入といっているわけではなく、予防、対応などいろんな手段をとるのですが、最終的には軍事介入もある、できれば安保理の承認のもとでやるのが望ましい、ということでした。

その後、二〇〇五年のアナンの事務総長報告『より大きな自由を求めて(In Larger Freedom)』にも、同じ年の六〇周年総会首脳会議成果文書にも入っていますから、保護する責任論は国際的に認められた概念になったということではないでしょうか。法的アプローチをとる人たちにとっては、「保護する責任」こそが人間の安全保障なのです。

――緒方さんは「人間の安全保障」と「保護する責任」の関係をどのようにお考えですか。

「保護する責任」について議論すること自体は意味があったと思うのです。特定の国だけが人間の安全に責任を担うのではなくて、国際社会という共同体すべてが責任を持っていることを気づかせてくれました。法的アプローチを批判するつもりはありません。ただ、難民や避難民の保護から人間の安全を考える私には、「保護する責任」は積極的介入論に見えるのです。いまの世界においてそれは無理だと思います。どこの場所にでもすぐに飛んでいくような義勇軍なんていないでしょう？　最終段階の軍事介入だけ取り上げるのは公平でないかもしれませんが、それを正面に打ち出した「保護する責任」は、義勇軍の存在を前提にした、やや空想的な議論ではないでしょうか。法的アプローチは、介入に対する関心が強すぎる気がします。軍事介入以外にやるべきこと、やれることはたくさんあるのに……。

人間の保護を現場で考えていると、そもそもこれが法の問題かどうかわからないのです。というのは、保護したくても法的には国境を越えていないから難民ではない、それでは国境の石を動かして保護対象にするのを正当化するというような話がしばしばありました。国際法で対応できない問題が出てきているのに、さらに法を理詰めに考えるということには、少しちぐはぐな感じがすることがありました。どう実行するか、国際社会にどう実行の意志を持たせるか、それを考えることの方がもっと重要だという気がしてならなかったのです。

――「保護する責任」が強調されると、人間の安全保障も結局は介入論であって、内政干渉の理屈なのではないかという疑念が出されますね。

両者は、区別した方がいいのです。確かに、人道支援でもなんとか効果的に対応したいという思いがありますから、難しい局面では武力が必要なときもあるのです。UNHCRの活動でどの国も介入してくれなかったために、状況が悪化したことはたくさんありましたから。ただ、国際社会が一致してもっと早く対応すれば、悪化を防ぐことになるというのは確かにそうですが、軍事介入を前面に掲げるというのはすこし違うのではないでしょうか。

UNHCRの経験からいえば、まず国際社会はそれを受け入れないでしょう。G77（七七カ国グループ）は「人間の安全保障」でさえ、援助に対する新たなコンディショナリティではないかと警戒していましたし、アジアの国の中には、人間の安全保障に人権は含まれないのでしょう、と念を押してくる国もありました。それに先ほど問題となったように、義勇軍への参加を好まないということも事実です。そのときに「保護する責任」という強い言葉を投げても、どうにかなるというものではありません。

人道危機の現場で軍事的な機能が必要だと思うことはありますが、人道組織は非政治性を維持しなければ活動できなくなります。人間の安全保障が武力介入を正当化し、人道活動の非政治的性格を失うことになれば、人道支援自体が危険にさらされます。区別した方がよいというのは、そういうことなのです。

実際、人間の安全保障が定着する中で区別は明確になってきました。二〇一〇年の人間の安全保障に関する事務総長報告では、保護する責任は「ジェノサイド」「民族浄化」「人道に対する罪」というような特定の深刻な人道危機への対処であって、人間の安全保障とは異なるとはっきり述べられています。人間の安全保障は、その国民の自発性に基づくもので、武力行使や強制ではなく、国際社会の役割も政府の行動を補完するものだ、と言っています。二〇一二年、二〇一四年の事務総長報告でも同様に繰り返されていますから、区別はいまや明確だと思います。

二〇〇六年に東京で「人間の安全保障」シンポジウムが開かれたのですが、そこで私の後任の難民高等弁務官アントニオ・グテーレス(António Guterres, 二〇一七年より国連事務総長)が、保護する責任は最終的には受け入れられないだろう、と述べていました。人間の安全保障というソフトなアプローチが、冷戦後の試行錯誤、紆余曲折した議論の中でわれわれが手にした唯一の成果ではなかったか、と。私もそう思います。われわれは交渉や妥協に基づく、もっと巧妙な解決やパートナーシップを導くいろいろなツールを探ってゆくしかないのです。

日本と「人間の安全保障」

――「人間の安全保障」について国際会議やアウトリーチがずいぶんされていますが、運営費などは日本政府が力を入れているのですか。

多くのプロジェクトは日本政府のお金で運営されました。国連の「人間の安全保障基金」も日本政府が九〇％以上出資していますが、政府がひとつの政策をここまで面倒を見てくれるというのは、珍しいのです。日本外交の柱にしようとしたからでしょう。「人間の安全保障」は、安全保障には絡みますが、軍事色は強くないですから、日本にとってやりやすいのです。

ただ、政府のトップは国際会議で人間の安全保障に力を入れていると強調しますし、政府文書にも枕言葉のようによく出てきますが、端的に言って具体的な活動では日本は一般的に受け身です。国内政治上の問題もあって難しいのかもしれませんが、「恐怖からの自由」「保護」のために積極的に貢献をしようという姿勢がないのが一因で、開発や予防に近寄っています。しかし、開発や予防でも多くの工夫の余地はありますし、新しい発想が求められている状況です。その辺がもうすこし充実してこないのが残念です。

――外務省の出している『外交青書』では、人間の安全保障の扱いは小さいですね。国際協力を扱う章にしか出てきません。

『外交青書』では国際協力の章に出されています。二〇〇三年でしたか、人間の安全保障論が「ＯＤＡ(政府開発援助)大綱」に入りました。開発分野ということです。その実施の多くは、現実には国際協力機構(ＪＩＣＡ)が担当するわけです。実は、私はその年にＪＩＣＡの理事長になりましたが、事業活動に「人間の安全保障」という視点を入れるようにしたつもりです。

いろいろな国際会議の場では、日本も人間の安全保障を論じるのですが、日本は「恐怖からの自由」に対応する態勢がないですから、重要な案件でも北欧やカナダのようになんでも安保理に持っていって、そこで実際に実行の体制をとられたら日本は必ずしも活動できないのではないでしょうか。いまのところ開発志向から出られないのです。

ＪＩＣＡの主要事業はやはり開発系のプロジェクトですが、人間の安全保障の視点を取り入れるということは、そこから「保護」の分野の活動に近づこうということです。外務省は比較的法的なものに頼る部分があり、変化に対応するのは決して上手ではないという印象がありますが、だんだんと順応してきたとは思います。

『防衛白書』には「人間の安全保障」が出てきます。防衛省は人間の安全保障について感度がよいと感じます。この間も防衛大学校に呼ばれて講演をしてきました。

――防衛関係者は、安全保障にもっとかかわりたいけれども、軍事となると日本はできなくなるので、人間の安全保障に絡めて、という気持ちなのではないでしょうか。

残念ながら、人々の安全が損なわれたときに、軍事力をもってやらないとどうにもできないときはあるのです。ボスニアにしても、ルワンダにしてもそうでした。ただ、軍事力が必要といっても戦争しに行くわけではないのです。国と国の戦争のために、人間の安全保障を持ち出す必要はありません。

ボスニア、コソヴォ紛争のときのＰＫＯの司令官だった英国出身のルパート・スミスは、その経験を踏まえて『軍事力の効用』という本を書いています。その本の中で、国と国の戦争のために軍事力を使う時代は終わった、人々を守るためにのみ使うのがこれからの軍事のあり方だと論じています。すこし極端かもしれませんが、言いたいことは、実際には現在の軍は、人間の保護のために使うには指揮・命令系統が支離滅裂だということなのでしょう。人間の保護のために軍も軍制改革をして態勢を整えていかなくてはいけないのです。人々を保護する必要があるときには、日本の自衛隊もそういう態勢を準備して責任を担ってほしいと私は思っています。

――「人間の安全保障」は世界に広がるコンセプトになりました。日本がここまで深くコミットしなければ、こんなに広がらなかったのではないでしょうか。

北欧の国でしたら、さほど目新しさはなかったでしょう。日本が対応しているということで、注目された面はあると思います。ただ、日本ももっとアピールしていけばよいのに、大きな会議のときには出席するけれど、いますこし一貫性がなかったのです。首相の演説ですこし触れることはあっても、現場の実行とつなげる政策がない。それに、お金は出そうとしていますが、円安で額面が下がっています。日本にもっと動いてほしいのです。

——緒方さんは「人間の安全保障」の実行のあり方に歯痒い思いをなさっているのですか。

これは政治ですから。すべて思い通りに行くというものではありません。期待は大きいのですけれど。

——UNHCRから「人間の安全保障」まで、緒方さんの考えはずっとつながっていることがわかります。緒方さんの基本的な考えは、法律や制度の縛りを超えて救える人がいるなら救う、苦しんでいる人を保護できるのならその現場にとどまる、ということだろうと思います。その根にあるのは何なのでしょうか。一般的に言えば、ヒューマニズムということになるのでしょうか。

そうですね……。既存の型にとらわれて、できる／できないを言うのではなくて、まずは実態を見て、できる／できないを考えるということが大事です。型にとらわれて、やっては駄目だと言われることがあまりにもたくさんあるのです。私はその状況には失望しています。UNHCRでも、JICAでも、まずは実態を知ることが重要です。それに合わせて必要なことを考える。制度や法よりも前に、まずは人間を大事にしないといけない。耐えられない状況に人間を放置しておくということに、どうして耐えられるのでしょうか。そうした感覚をヒューマニズムと呼ぶならそれはそれで一向に構いません。でも、そんな大それたものではない、人間としての普通の感覚なのではないでしょうか。

私は人間がひどい目に遭っているのをずいぶん見てきました。私が子どもの頃に経験した戦争もそうです。日本国内で空襲の被害をこの目で見ましたから。国連難民高等弁務官として目にした状況も本当に凄惨なものがありました。見てしまったからには、何かをしないとならないでしょう？　したくなるでしょう？　理屈ではないのです。自分に何ができるのか。できることに限りはあるけれど、できることから始めよう。そう思ってずっと対応を試みてきました。

9・11からアフガニスタン復興へ

――人間の安全保障委員会の仕事をされているときですが、二〇〇一年九月に同時多発テロ事件、「9・11」が起こりました。ニューヨークで事件を目撃されたそうですね。国連難民高等弁務官が終わって何をしようか考えていたのですが、いろいろなところからお話をいただきました。日本からは講演をしてくれという招待がたくさん来ていましたし、ヨーロッパの国々からは勲章を授与してくれるという話がありました。アメリカからもいくつかの大学から来ないかという話をいただいていました。一〇年も家を空けていましたから、日本に帰りたいという気持ちもあったのですけれども、いろいろ比べているうちに、やはりアメリカがいいと思ったのです。

そこでアメリカのどこへ行くかというときに選んだのが、フォード財団でした。フォード財団は、UNHCRの文書を保存するアーカイブを作る際にずいぶん支援してくれました。もしもゆっくりと何かを書いてまとめたいという気持ちがあるならば、いつでもいらっしゃいと財団に言われていましたので、その話を受けることにしたのです。ニューヨークの四三番街にある財団にオフィスを用意し、研究助手も一人付けてくれました。有難いことに、経費をすべて出してくれたのです。

そこで何をするかは決めていました。UNHCRの一〇年間の体験をきっちりと振り返って総括しておくことです。私も研究者ですから、単なる主観的な回想録にはせずに、なるべく客観的に当時の状況を分析して書き残しておきたいと考えていました。そこで、さまざまな文書を読み返したり、聞き取りにも出かけたりしました。そうやって二〇〇一年五月から二年ほどを勉強に費やしました。英語でまとめた原稿は、W・W・ノートン社から *The Turbulent Decade: Confronting the Refugee Crises of the 1990s* というタイトルで二〇〇五年に刊行しました(邦訳『紛争と難民――緒方貞子の回想』)。

二〇〇一年九月一一日の朝も、借りていた自分の部屋で新聞を読むなどして過ごしていたのですが、なんの気なしに外を見たら、世界貿易センタービルから煙が出ているのです。しばらくしたら、もうひとつのビルからも炎が出ていまして、何が起きたのだろうとテレビをつけました。そのうち物凄い勢いでダーッと崩れました。しばらく呆然としたのを覚えています。

そのうちアメリカは悲しみの感情以上に、報復の感情に飲まれてしまったようでした。アメリカ全体がアフガニスタン空爆に前のめりになっていったのです。「戦争」という言葉も溢れていました。怒りで冷静な判断ができなくなっていたのかもしれません。あんなアメリカを見たことはなかったと感じました。

UNHCR時代にアフガニスタンには何度か行ったことがありましたが、長年の内戦のせいで、すでに爆撃を受けたかのような廃墟ばかりの国なのです。いくらテロの首謀者のオサマ・ビン・ラディンがいるからといって、そんなところに当てもなく爆撃をして、どんな効果があるのか、住民たちに被害が及ぶだけではないか、そんな心配をしていました。爆撃でテロリストに対抗することには無理があります。

――緒方さんが難民高等弁務官だった時代、アフガニスタン難民への支援活動はどのような状況だったのですか。

いまでもよく覚えていますが、私が高等弁務官になったときに、世界で一番多かったのがアフガニスタン難民で、六〇〇万人以上もいました。その難民たちは、一九七九年のソ連のアフガニスタン侵攻とその後の内戦を逃れてパキスタンとイランに向かった人たちです。内戦が一〇年も続いて、八九年二月からソ連が引き揚げはじめ、ようやく難民を帰す取り組みが始まったのです。しかし、九四年頃から今度はタリバンが出てくる。アフガニスタンをイスラム国家にしようとする過激な原理主義集団です。パシュトゥン人を中心とするこのタリバン勢力と、タジク人やウズベク人などの北部同盟との間で紛争が続くのですが、次第にタリバンの力が増していき、九六年九月には首都カブールがタリバンの手に落ちます。この過程で新しい難民が大量に生まれましたし、干ばつも繰り返し襲ったのです。

この状況に対して、アフガン難民を支援してくれる国は減っていきまして、私たちも資金的に本当に苦労しました。冷戦期であれば、戦略的にも重要なところでしたから、コミットする国はたくさんありましたが、九〇年代を通じて世界からほとんど見捨てられたようなものでした。

――高等弁務官の任期が間もなく終わるという二〇〇〇年九月にアフガニスタンに行かれていますね。

なんとか世界の目をこの地に向けなくてはならないという思いからでした。タリバンが政権をとってからアフガニスタンに行ったのは、国連高官では私が最初だったと思います。こちらがタリバン政権を受け入れているという姿勢を示さないようにするために、カブールは訪問せずに、イランに近いヘラートに行ったのです。ずらっと並んだタリバン兵に出迎えられまして、知事に会いました。何時間か知事と交渉をしましたが、プラグマティストという印象を持ちました。私は、難民たちが故郷に帰りたがっているから、内戦を速やかに終わらせてほしいと伝え、それから女性の地位や女子教育の問題について懸念を表明しました。タリバンは女性の就労を禁じ、女子校を廃止し、身体をすべて覆い隠すような厳格な服装規制を布《し》いていたことが、女性に対する人権抑圧だとして国際的に問題となっていましたし、それについては私も強い関心がありました。それに対して、知事は女子教育の対策をすでにとっていると反論するのです。それが本当かどうか確認したいので、視察させてほしいと言いましたら、看護学校と、寺子屋のようなところで女性が子どもたちに読み書きを教えている場所を見学させてくれました。看護学校の女子学生たちは、口々に医者になりたいという夢を語ってくれました。

　メディアを連れて行きましたが、私の訪問が国際社会からの反応を引き出すことにはならず、残念な思いをしました。ただ、タリバンとはいえ、原理主義的な強硬派ばかりではないという印象を得られたことは大きな収穫でした。やはりそうした穏健派を重視して交渉を積み重ねないと、国内の政治的な安定は得られないと思いました。その後、国連とタリバンの交渉が開始されますが、私の訪問がそのきっかけになったのではないでしょうか。いずれにしても、アフガニスタンについては大きな進展がないまま、難民高等弁務官としての私の任期は切れたのです。

――その翌年に9・11が起き、一〇月七日からアメリカによるアフガン空爆が始まります。テロ事件の首謀者のビン・ラディンを匿《かくま》っているとしてタリバン政権を倒そうとしたのですが、早くも一一月にはカブールが陥落しました。

9・11で、ようやく国際社会がアフガニスタンに目を向けるようになったのです。この機会を逃してはならないと思いました。国連も動き出しました。旧知のラクダール・ブラヒミがアフガニスタン担当の国連事務総長特別代表となり、アフガニスタンの各派と交渉して、一一月二七日にボンで和平会議が開かれました。そこで、北部同盟主導の新政権の骨格が作られ、ハミド・カルザイ(Hāmid Karzai)が暫定行政機構の議長になりました。

こうした政治プロセスと前後して、一一月初め、小泉純一郎総理から、日本もアフガニスタン復興を支援したいので手伝ってほしいと言われました。小泉さんは周りにたくさんの人を引き連れるタイプの人ではなくて、一人で立ち回る方でしたが、そのときも確か一対一で私に話をされました。それがたいへん印象的でした。その話を受けて、私はアフガニスタン支援総理特別代表になり、アフガニスタン復興支援国際会議の共同議長を務めることになったのです。

――アフガニスタンでは、軍事行動と連動して政治プロセスと復興プロセスが同時に進んでいったように感じます。国連のかかわり方も他の地域とは違いました。

カンボジアやコソヴォ、東ティモールなどの場合とは違って、国連が行政を担うことはありませんでした。暫定行政機構がすぐに作られ、ブラヒミの国連アフガニスタン支援ミッション(UNAMA)が補佐にあたるという位置づけでした。そして、国際治安支援部隊(ISAF)がカブールに限定して治安を担ったのです。いくつかの国は特定分野を担当しました。アメリカとフランスは国軍の訓練、ドイツは警察の訓練、イタリアは司法改革、イギリスは麻薬対策、日本は兵士の武装解除・動員解除・社会再統合(社会復帰支援)、いわゆるDDR(Disarmament, Demobilization and Reintegration)という具合にです。

――東京会議が二〇〇二年一月二一日に開かれました。六一の参加国、二一の国際機関、五年間で四五億ドル以上の拠出支援表明がありました。どういう経緯だったのですか。

日本の外務省が世界中を飛び回って、お膳立てをしたのです。日本は以前からずっとアフガニスタンにかかわっていたということもありますが、アメリカが「対テロ戦争」を展開する中で、日本は軍事行動には協力できないが、その後の復興を担うという姿勢を示すという意図もあったと思います。

まず二〇〇一年一一月二〇日に、ワシントンで高級事務レベル会合がありまして、私も参加しました。パウエル国務長官、オニール(Paul Henry O'Neill)財務長官なども出席していました。そこで私は二つのことを言いました。ひとつは、難民と国内避難民に対する人道救援活動を迅速かつ大規模に行うこと。もうひとつは、人道救援から復興への移行を進める際にアフガニスタンの社会統合とコミュニティの再建こそが重要であるということです。

年明け早々に、アフガニスタン、イラン、パキスタンに行きました。カルザイ議長や大臣たちと会談し、国家統治のレベルから社会のレベルまで課題が山積みであることを確認したのです。すでに難民や国内避難民たちの帰還が始まっていることを実際に見ることができました。ちょうど避難民家族が、逃げていた場所から自分たちの家に戻るところで、「自分たちは家を建て直して、種を蒔き、家畜を飼う」という話を聞くことができました。一年ぶりにヘラートにも行き、開校したばかりの女子中学校も見学しました。これからようやく待ち望んでいた復興が動き出そうとしていることが感じられまして、なんとしてもそれがうまくいくように助けないとならないと思いました。

日本に戻りまして、一月二一日と二二日に東京会議が開かれました。そこにカルザイが率いるアフガンの暫定政権を招待して、復興に何が必要かを表明してもらい、各国、各国際機関がそれに応じるという形の準備にあたりました。参加国も多く、大きな額が集まりました。

――東京会議でも緒方さんは、「人道支援から復旧、復興へと継ぎ目ない移行が行われるべきである」と発言されています。

アフガニスタンに限らず、紛争地ではどこでもそうあるべきなのです。難民や国内避難民を無事に帰還させて、それで終わりなのではなく、元の共同体に再定住できるようなさまざまな支援をすることが、本当の問題解決につながるわけですから。

アフガニスタン復興支援国際会議でスピーチをする．隣は左から小泉純一郎首相，アフガン暫定政権のカルザイ議長，パウエル米国務長官(2002年1月，朝日新聞社)．

アフガニスタンでは、タリバン政権崩壊後、UNHCRや赤十字、ユニセフ、WFP、それにかなりの数のNGOが入り、人道支援活動が進められていました。しかし、難民や国内避難民の帰還は予想をはるかに上回る規模で、対応は大変でした。それに、国内の治安維持の問題をずっと引きずっていました。タリバンの残党もいましたし、軍閥も力を蓄えていましたから。こうした問題に取り組みつつも、いかにしてアフガニスタンに安定的な社会を作っていくかということも考えないとならなかったのです。そのためには迅速かつ長期にわたる復興支援が必要でした。アフガンを訪問した際に、アブドゥッラー(Abdullah Abdullah)外相が「難民帰還問題は復興問題である」と私に語ったのですが、東京会議でもその言葉を紹介しながら、帰還した人々に住宅と仕事を与え、村に学校や病院を建設し、水を確保する必要性を訴えました。

――「人間の安全保障」は、ギャップ問題に取り組むことが重要な柱でしたが、アフガンがまさにその実践の場となったのですね。いわゆる「緒方イニシアティブ」の中身を見ますと、そういう印象をさらに強く受けます。

そのとおりです。二〇〇二年六月に緊急ロヤ・ジルガというアフガニスタンの伝統的な国民大会議が開かれて、カルザイが大統領になりました。私もオブザーバーとして出席したのですが、そのときに日本政府が発表した大規模援助計画が、「緒方イニシアティブ」と呼ばれるプランです。要するに、重点地域を設定して、人道から復興までの継ぎ目のない総合的な開発支援を行うプログラムです。この目標達成のために、国連アフガニスタン支援ミッションを調整機関として、日本政府が主体的に関与しつつ国際援助機関の活動を推進していくことが目指されました。緒方イニシアティブは約三年間実施されました(二〇〇二年八月~二〇〇五年四月)。日本政府はこのプロジェクトに総額九八四九万ドル(約一二〇億円)を負担しましたが、それらはすべてUNHCR、ユニセフ、

ＷＦＰ、ＵＮＨＡＢＩＴＡＴ（国連人間居住計画）、ＵＮＤＰ、ＩＣＲＣ、ＵＮＭＡＳ（国連地雷対策サービス部）などの国際機関に拠出されたのです。

実はプロジェクトには前例があります。日本政府はアフガニスタンで一九九八〜二〇〇一年の間、重点地域を定めて難民の帰還と再定住をはかる「アズラ計画」というものを二次にわたって実施しまして、総額五六一万ドル（約七億円）を拠出したのです。アズラ計画は難民の自発的帰還などで大きな成果を上げたのですが、このアズラ計画に比べても緒方イニシアティブは資金面で、それから援助スキームの面でも、はるかに大きなものでした。

「緒方イニシアティブ」はカンダハールとマザリシャリフ、それからジャララバードの三つを対象に活動することになりました。難民の帰還に焦点をあてて、住宅や水、教育、保健医療といった分野に重点を置くこと、それから、帰還した人たちが定着できるように、世帯の経済力を高める取り組みをすることなどです。ＪＩＣＡも、「緒方イニシアティブ」と連携して、カブールだけでなく、カンダハールとマザリシャリフにかなり早い時期から連絡所を設けまして、人道支援から復興・開発支援へのシームレスな支援に大きな役割を果たしました。

全体の援助調整は国連アフガニスタン支援ミッションが統括し、アフガニスタン側との調整にもあたりましたが、実際の援助調整は、ＵＮＨＣＲ、ユニセフ、ＷＦＰが中心となって行われました。また、カブールの日本大使館で定期的に協議が開催され、各援助機関の活動状況を確認したり情報交換したりして、より効果的な支援を目指しました。

緒方イニシアティブは、人道救援から復旧・復興に至る継ぎ目のない支援の実現という点では、かなりの成果があったと言えます。その反面、参加した国際援助機関相互の緊密な連携がどれだけ実現したかというと、いまだ道遠しの感がありました。国連機関はどこも独立意識が高く、競争意識も強いのです。実は、緒方イニシアティブを提唱した背景には、縦割り意識が強くて連携がうまくできない国連機関を大きな枠組みで結びつけ、シームレスな支援をより効果的に実現するという問題意識があったのですが、功を奏したとまでは言えないかもしれません。援助機関の緊密な連携をいかに作っていくのかは、大きな課題なのです。

——アフガニスタンはいままた不安定になっていますね。

本当に難しい地域ですが、国際社会が長期にわたってコミットしていく以外にないと思います。

第9章　日本の開発援助を主導して

感性をみずみずしく保っていなくてはなりません。そのためには
ふだんから多様な見方、考え方に触れて動くことが何よりも大切
だと思います。多様性こそが組織を活動的にするのです。

ＪＩＣＡ理事長就任のきっかけ

──二〇〇三年一〇月から八年半、ＪＩＣＡ（独立行政法人国際協力機構）の理事長を務められたわけですが、どういう経緯で就任されたのですか。

前にお話ししましたように、国連難民高等弁務官の任務が終わった翌年の二〇〇一年から、ニューヨークのフォード財団に籍を置き、ＵＮＨＣＲ時代の一〇年間を振り返る作業をしながら、人間の安全保障委員会の仕事や、日本政府のアフガニスタン復興支援の手助けをしていました。その期間中、確か二〇〇三年三月だったと思いますが、ＪＩＣＡの労働組合の代表から突然面談の申し入れがありました。何だろうと思いまして、フォード財団の応接間で会いました。私にＪＩＣＡの理事長になってほしいということでした。

──組織のトップを迎えるときに、労働組合から話があるというのはどういうことですか。

私も驚きました。ずいぶん不思議な話だと感じました。一種の革命を試みているのかとも思いました。その代表が言うには、ＪＩＣＡが二〇〇三年一〇月に特殊法人から独立行政法人に移行するにあたり、新組織の初代理事長は誰になってほしいかというアンケートを組合内で実施したところ、私の名前が圧倒的だったそうです。これまでのような開発援助のやり方ではなく、もっと時代に即して大きな視野で自分たちの仕事を主導してくれる人物として、私の名前に票が集まったようです。ＪＩＣＡの内部で、変化しなければならないという考えが広がっていたのでしょう。

その申し入れに対し、私は人気投票だけでは仕事はできませんから、私に何をしてほしいのか、出直してもう一度きっちりと説明をしてほしいと言いました。当時、一般的に開発援助については、人道支援に比べると動きが遅く、人道支援との連携がうまくできていないという問題意識が強くありましたが、自分がかかわることになると思ったことはありませんでした。また、ＪＩＣＡについては、青年海外協力隊については見聞きしていましたが、どのような組織で、具体的にどんな事業をしているのか、知識がありませんでした。

それから一〇日ほどしまして、また労働組合の人が来られました。今度はたくさんの資料と職員の手紙を携え、いろいろ説明されたのです。熱意のあることは十分伝わり関心は持ちましたが、やはり組合ではなく、組織として申し入れてくれないと考えることはできませんと、お返事をしました。

――その後、正式に就任要請が来たのですね。

そうです。その後労働組合からの要請がどう作用したのかわかりませんが、二〇〇三年の夏休み、日本に帰って軽井沢におりましたときに、川口順子《よりこ》外務大臣から理事長就任の依頼がありました。JICA理事長は、外務大臣が任命するという政治プロセスがありますが、小泉首相の耳にもJICA理事長候補として私の名前が届いていたようでした。川口大臣から話があったあと、外務省関係者をはじめ、親しい何人かに相談したり、JICAの組織や事業についてさらに説明を受けました。

実は私は以前に外務大臣になってほしいという話を二度お断りしていたのです。一度は小渕恵三総理からです。そのときはまだ国連難民高等弁務官の任期がありましたので、辞退しました。もう一度は小泉純一郎総理のときでした。福田康夫官房長官から話があったのですが、そのときもかなり迷いましたけれども、家族の事情などもありまして、お断りしたのです。そういうこともあり、今度は日本の外交のために何かお手伝いしなければならないという気持ちになっていたのかもしれません。また、日本で「人間の安全保障」の実践を行うことができるとも考え、引き受けることにしました。

現場主義から始めた改革

――緒方さんはUNHCRで人道支援の仕事をされてきたわけですが、それに対して、JICAは開発援助機関です。仕事の性格が違ったのではないでしょうか。

それはまったくと言っていいほど、違いました。人道機関は高度に政治的（ハイリー・ポリティカル）でして、あくまでも現場中心。つねに困難な政治的判断が求められます。危ない場所に直接乗り込んでいって、泥まみれになって生死の境にいる人々をなんとかして救い出すという仕事でした。一方、開発援助は、政治とはまったく無縁とは言えませんが、それほど緊急の政治的判断が必要になるわけではありません。「非常時」と「平時」の違いと言ってもいいでしょう。スピード感覚がまるで違うのです。少なくとも人の生死にすぐつながるような、前線でたたかう仕事ではありませんから、心の持ちようはずいぶんと違いました。

――理事長になられて半年後の二〇〇四年三月に、JICA改革の三つの柱を掲げられました。「現場主義」「人間の安全保障」「効果・効率性と迅速化」です。なかでも「現場主義」を強調されたそうですが、どのような意図があったのですか。

「国際」を掲げる組織で、しかも人間の安全保障にも乗り出すのであれば、当然、現場がどうなっているかを把握して、そこの需要に速やかに対応できるようでなくてはなりません。理事長に着任して驚いたことのひとつは、職員の七割が本部で働き、在外は三割のみであったことでした。本部で何をしているかと言えば、要するに、ペーパーワークなのです。それも大事な仕事ですが、現場に行っている人の割合があまりに少ない。まずは、その点をなんとかしなければならないと思いました。

ＪＩＣＡは現地の人たちと一緒に何が必要かを見定めて、じっくりと対応を作り上げていくのが仕事です。そのためには、とにかく現場に踏み込まないと、人々の真のニーズは見えてきません。東京から必要なものが何であるかを決めてしまうと、それが現場では必要なかったということになりかねません。本部から既製品を持ち込むのではなくて、在外が現場の需要とコンテキストをとらえて、本部に提案する。これが不可欠だと思いました。

そこで本部から在外に人員を移すとともに、責任と権限も移譲して在外の機能を強化することを試みたのです。在外職員は就任三年でおよそ二割増やし、私の理事長退任の時点で就任当初の一・五倍にまで増えました。また、新卒職員を一年目で外に出すようにしました。なるべく早く現場経験をさせて、東京で書類書きを覚える前に、現地の人たちや日本から行っている専門家やボランティアと一緒に仕事をする機会を持つようにしたわけです。

それから、在外事務所長から直接私に、現地の政治経済情勢や社会の状況や事業の課題について定期報告をあげるようにしました。これはＵＮＨＣＲのときの経験から考えたことです。本部も迅速に対応できるようにしないと、現場も動くことができません。

――そうした緒方さんの考えは、ＪＩＣＡの職員たちにすぐに伝わりましたか。

ＪＩＣＡの中でも現場に出て意味のある仕事をしたいという声が強かったようです。

こういう改革を「待っていました」と感じた人が多かったように思います。もちろん大きな改革を進めていくとなると、人事上も予算管理上も困難が伴いますから、なるだけ多くの職員の意見を聞くように心がけました。ＪＩＣＡ理事長としてかなり頻繁に海外出張にも出かけましたが、できるかぎり在外の所員と意見交換の場を設けるようにしました。現場はやることが増えて忙しくなったようですが、非常に士気が高まっていると感じました。

「人間の安全保障」と開発援助

――緒方さんが着任された頃は、日本政府が「人間の安全保障」を外交の柱に掲げて、平和構築にも力を注ごうとしていた時期でした。着任直前の二〇〇三年八月に新しいＯＤＡ大綱が出されていますが、そこでは、五つの基本方針のひとつに「人間の安全保障の視点」が組み込まれ、四つの重点課題のひとつには「平和の構築」が入りました。

日本は軍事行動はとりませんから、人的な貢献をするとなると、まずは開発の分野で、ということになるわけです。ただ、一九九〇年代以降、世界各地で地域紛争や内戦が頻発し、人間に対する直接的な脅威に対処することが国際社会から求められるようになってくると、日本政府も従来の開発援助の領域にとどまらない役割を果たしていかなければばならないと考えるようになりました。日本の援助方針に「人間の安全保障」や「平和構築」を入れるようになったのもそのためでした。そこには、国際社会の変化を受けて生じた政治の意思があったと思います。

――ＵＮＨＣＲとＪＩＣＡの仕事を連続的に考えていたのでしょうか。つまり、緊急の人道支援と、中長期的な開発援助とを、連続的に役割分担をしていくという認識はあったのですか。

両者の間の、いわば「ギャップ問題」に対応しなければならないという意識は確かにありました。緊急人道支援によって人々の安全が確保されたとしても、その土地で生きていくためには生活基盤を再建していかなければならない。ＵＮＨＣＲも難民が帰還した後の復興支援や和解プロジェクトなどに取り組むようになりましたが、どこかで開発機関に委ねる必要がある。その部分をＪＩＣＡも担うべきだと考えました。

もちろん紛争のただ中にＪＩＣＡが入ることはさすがにできませんが、紛争直後、復興の早い段階から、迅速に事業に着手できるようにして、人道支援から開発援助へスムースに移行できるようにする。これは、ＪＩＣＡにとっては、平和構築や復興支援という課題に対応する、つまり「欠乏からの自由」だけでなく、「恐怖からの自由」も視野に入れた包括的なオペレーションを進めていくということになるのです。まさにそれが人間の安全保障の取り組みでした。

――JICAの開発援助を、人間の安全保障につなげるということですね。緒方さんが打ち出したJICA改革の二つ目の柱も、人間の安全保障でした。

JICAの事業を何のために、誰のために行うのかを考え直したときに、当然、援助の対象の中心に「人々」を据えるという発想になると思うのです。社会的に弱い立場にある人々、生命や生活、尊厳が脅かされている人々に、援助が確実に届くようにする。そして、援助を通じて人々が自分たちの力で生きられる基盤を作っていく。そのために、人々のエンパワーメント(能力強化)を重視するのです。

JICAはこれまでも水、医療、教育、技術支援というように、個々のプロジェクトはたくさんやってきているわけですが、それぞれに連関性を持たせて包括的にその地域に対応するようにしたのです。とはいっても、いきなりすべての分野の支援をスタートさせることはできませんから、その土地に合った特定の分野の支援から始めて――それをエントリー・ポイントと呼びますが――、そこから徐々に関連する分野へと広げて、地域全体を対象にしていくというアプローチをとる。そのことで、地域全体の開発を進めて、人々の暮らしを向上させていくというのがねらいです。

どこの地域でも、個人がそのまま社会や国家を作っているのではなく、地域のコミュニティがあってそこに個人が存在しています。個人の状況を良くするためには、コミュニティの状況を良くしなくてはならないのです。ですから、人間の安全保障は、コミュニティを強化するという発想でもあるのです。バルカンにしても旧ソ連にしてもアフリカにしても、冷戦後に人道的な問題が起きたところは、どこもコミュニティが崩壊したり、まるごと追い出されたりという形が生じていました。

――人間の安全保障というと、一人ひとりの人間を守って助けるという印象があるのですが、そうではなくて、コミュニティという集団を対象にするということなのですね。

そうです。よほどの先進国でなければ、どこにも属さない完全な個人によって成立している社会などはないのです。個人が属する集団――部族や民族や宗教や同業者集団などがあって、それが国を成り立たせている。集団を守らないと、問題は解決しません。巨大な近代都市であれば、まったくの個人の集合体と言えるものがあるかもしれませんが、それはあくまでも例外で、世界の普遍的なあり方ではありません。日本でもそうです。東京はともかく、地方に行けば多くの集団によって社会が成り立っているでしょう？　そのあたりがわかりにくいのかもしれませんが、人間の安全保障は、コミュニティ・ベースの発想なのです。近代国家はコミュニティをはずして、一人ひとりの市民によって成り立っているというフィクションがあるわけですが、実態は違います。近代国家にあっても、さまざまな集団が共存しているのです。それは現場に出ればすぐにわかることです。

――人間の安全保障の考えを、JICAの中にどのように浸透させていったのですか。

JICA 理事長としてシリアのアレッポにあるパレスチナ難民キャンプの学校を訪問(2008 年 3 月，JICA)．

着任当初は、人間の安全保障について職員の間でもほとんど理解がない状況でした。誤解もいろいろありました。事業に埋め込んでいって、全組織的な方針にするためにも、人間の安全保障に関するレクチャーを実施したり、勉強会やワークショップを重ねたりしました。ＪＩＣＡの何人かが中心になって「人間の安全保障グループ」が作られて、「人間の安全保障の七つの視点」というスキームも考え出されました。私は抽象的な議論だけを本部で繰り返すのは意味がないと思い、現場での実践を通して実現していくことを強調したこともありました。

人間の安全保障は、政策志向の概念なのです。現場のニーズへの対応を政策化していくことに役立つ考え方で、事業の実施に方向性を与える実践的なものなのです。いまでは、この概念が果たす重要な役割が理解してもらえるようになったと思っています。

――紛争直後の現場で「平和構築」につながる活動もするとなると、職員の安全をどう確保するかという課題が出てくるのではないでしょうか。

平和構築の支援をするとすれば、現地が安定してから入るのではなく、平和になる前から入る必要がどうしてもあるのです。ＪＩＣＡでは私が理事長になるすこし前から、海外渡航についての安全管理基準を見直して、外務省が出す「渡航延期勧告」の国・地域であっても、必要な安全対策措置を講じることができれば業務渡航ができるように変更されていました。また情報収集の態勢を強化することなども進めていました。しかし、ＵＮＨＣＲの仕事をしていた私からすれば、平和構築支援を進める体制が十分備わっているようには感じられませんでした。

そこでまず、安全管理情報を幅広く集め、分析し、それを共有することをより徹底するよう求めました。これまで培ってきたネットワークから、私に寄せられる情報もありましたので、そうしたものは安全管理担当のセクションに伝えるようにしました。二〇〇三年八月にイラクで国連事務所がテロで破壊され、私も良く知っているセルジオ・デ・メロ(Sérgio de Mello)国連事務総長イラク特別代表が亡くなるという事件が起きましたが、それについての調査報告書が出されたときは、これを安全管理課長に渡して、よく研究するように指示しました。通常、国連の職員は危険な地域に家族を同伴することが禁止されているのですが、そうした制度もＪＩＣＡにはありませんでしたので、導入することにしました。とにかく国際標準を導入する制度改革をしたのです。

危険度の高い地域に派遣される場合、その職員は安全に業務を行うことができるような対応能力をそなえておく必要があります。そこで、ＵＮＨＣＲが作ったアジア・太平洋地域国際人道支援センターに職員を派遣して、危機管理の研修を受けるようにしました。そこではかなり実践的な研修をしていまして、フィールド演習も行なっていました。実際に非常に役立ったと聞いています。

十二分に準備をし、情報を集めるなどしていたとしても、現地で犠牲が出る可能性を完全に消すことはできません。だからこそ組織のトップの責任はたいへん重いし、安全管理の状況はつねに気にかけるのです。

アフガニスタンとミンダナオ

――ある地域でどんな支援をするかは、どのように決まるのですか。

ＪＩＣＡはもともとプロジェクト志向で物事を考える組織です。ある地域で、特定のニーズがあるときに、何ができそうか、どのような分野の専門家を何人派遣するのか、どんな機材を出すのか、予算をどれぐらい割けるか、そういう組み合わせの中でプロジェクトを作っていきます。在外事務所には現地で何が必要かをあげてもらって、派遣可能な人、供与可能なモノを考えてきたのです。

けれども、そのようなプロジェクト志向の発想では、これからの開発援助はやっていけないのです。まずは支援しようとする国、地域、あるいはコミュニティを取り巻くさまざまなコンテキストを把握するようにしたわけです。そこのニーズを見極めたうえで、どのような協力が必要か検討するようにしました。支援の対象をいろいろな角度から分析し、JICAの行う援助が支援の対象にどのような意味で望ましい変化をもたらしうるのかをたえず考える。一つひとつのプロジェクトを考える際に、大きな発想をするように求めたのです。

――緒方理事長時代のJICAのプロジェクトで、「人間の安全保障」や「平和構築」の点から注目したものとして、アフガニスタンとミンダナオのケースがあります。アフガニスタンについては前にもお聞きしましたが(第8章)、復興支援国際会議の共同議長まで務めた緒方さんが理事長になったわけですから、JICAとしてもアフガニスタンの取り組みが加速されたのでしょうね。

私が理事長になる前の二〇〇二年から、道路建設や学校建設などの緊急復興支援をすでに始めていました。ボン合意がなされた直後から、年間二〇億円規模の技術協力事業が実施されていたのです。私が理事長になってからは、「緒方イニシアティブ」と呼ばれている地域総合開発支援計画を基本的な枠組みとするようになりました。その下で、カンダハールやバーミヤン、マザリシャリフなどを優先地域と定め、人道救援から復興まで、その地域全体の支援を進めていく大きなプロジェクトを進めました。その後、首都のカブールの人口が急に膨れ上がり、道路や電気や下水道といったインフラ整備が追いつかないという問題が出てきました。都市としての機能が維持できなくなっていましたから、カブール首都圏の開発マスタープランの作成に着手しました。それからNGOとも連携しながら、各地で農業・農村開発を最重点分野として支援してきました。二〇〇九年には、日本政府が五年間で五〇億ドルの支援をすると発表しましたので、事業規模はさらに大きくなりました。

それから、アフガニスタンに関しては、本部の組織編制替えを行いました。外務省もJICAも、南アジア担当部がパキスタンを管轄し、中東担当部がアフガニスタンを見ていたのですが、多くの国では、アフガニスタンとパキスタンを「アフ・パック」と呼んで、同じ部署が責任をとるのが世界的な常識でした。両国は相互に深く影響し合っていますし、国境も曖昧な部分がありますから。そこで、南アジア課がアフガニスタンも見るように編制替えをして、人数も増やしました。思い切って、JICAは外務省とは違う地域割りにしました。

その後、アフガニスタンは、緊急復興段階から開発段階へと進み、JICAとしてもいろいろな事業を展開しました。ところが、タリバンが再び勢いを増し、国内は不安定になっていきました。一時は、治安が悪化し、国内で活動していたNGOも次々と避難しましたが、JICAは派遣していたおよそ六〇名による活動を継続しました。もちろん安全対策には十分配慮したうえでのことです。

振り返ってみても、アフガニスタンは本当に難しい国でした。国として初めからなければならないまとまりがなく、それが外からの支援で作れることなのか疑問に思いました。私も理事長時代に何度かアフガニスタンを訪問しましたが、インフラが整備され、学校教育も広がり、雇用も確保されている場所では、平和が定着していると感じました。そういう地域は広がってはいました。テロの温床の原因は、いろいろあるのですが、突き詰めると生活問題、貧困問題にたどりつくわけで、そのためにも時間はかかっても経済開発、社会開発を進めていく以外にないと思いました。

――次にフィリピンのミンダナオでのプロジェクトについてお聞きします。ミンダナオでは長らく紛争が続いていたわけですが、和平合意が成立する前に、JICAが「平和構築」活動を開始しました。これは珍しいケースだと思います。

ミンダナオでは、復興と開発の支援を進めることが、和平の進展にもつながるということを示せたと思っています。ミンダナオでは、イスラム系勢力の分離独立運動がありまして、長いこと政府軍との間で紛争が続いていました。九〇年代半ばに、モロ民族解放戦線とフィリピン政府の間で、紛争を終わらせる和平合意が成立したのですが、民族解放戦線から分派したモロ・イスラム解放戦線(ＭＩＬＦ)が武装闘争を続けまして、二〇〇〇年頃から紛争が激化していました。その後、アロヨ(Gloria Macapagal-Arroyo)大統領のとき、二〇〇三年でしたが、ようやくＭＩＬＦとも停戦にこぎつけたのです。マレーシアが主導して国際監視団(ＩＭＴ)が派遣されました。日本は国際監視団の社会経済開発の部門を担い、そこにＪＩＣＡが専門家を送り込むことになったのです。

二〇〇六年九月にフィリピンに行き、ミンダナオでＭＩＬＦのアル・ハジ・ムラド(Al Haj Murad)議長と会い、マニラではアロヨ大統領とも会談しました。両者に対し開発援助を通じて、和平の定着の手助けをしたいと伝えたのです。最終的な和平の締結に向けて政治的意思を持ってほしいとも訴えました。その後も日本政府は、草の根・人間の安全保障無償資金協力を集中的に実施する「Ｊ－ＢＩＲＤプロジェクト」を表明して、和平と復興・開発を促しました。住民が計画から参加する形で、道路や学校、保健所などのインフラ整備も進めました。コミュニティ開発を住民主導で行うのです。

しかし、情勢はなかなか好転しませんでした。二〇〇八年には戦闘行為も続き、安全が確保できないため、国際監視チームは撤退してしまいました。ＪＩＣＡでも、派遣していた専門家を引き揚げるべきだという意見も出されましたが、私は周りが引いてしまったときこそ前に出るべきだと強く主張したのです。職員の追加派遣までしました。ここで国際的な関与がなくなると、前の紛争状態に戻ってしまうと思いました。むろん安全には十分配慮し、現地での活動を継続させました。この方針は、ＪＩＣＡの中でも好意的に受け取られたように思います。

その後、二〇一一年八月に、アキノ(Benigno Aquino III)大統領とムラドＭＩＬＦ議長が初めて会談しました。成田で行われたこの非公式会談をきっかけに和平交渉が進展しました。二〇一二年一〇月、ミンダナオ和平の枠組み合意に至り、一三年三月には、ようやく包括和平合意が締結されました。一六年にはこの地に「バンサモロ自治政府」が創設されることになっています。

――アフガニスタンもミンダナオも、開発機関であるＪＩＣＡが、紛争による「恐怖からの自由」に取り組んだケースと考えられるのではないでしょうか。人道から復旧・復興に至る継ぎ目のない支援を追求したという意味で、ＪＩＣＡによる「人間の安全保障」の典型的な事例であると思います。

二〇〇〇年代からＪＩＣＡは紛争後の地域に力点を置いて活動しました。二〇一〇年には、アフガニスタン、パキスタン、スーダン、コンゴ民主共和国、パレスチナが活動地域の上位に入っています。そこで、平和構築、貧困対策、教育支援、女性の支援など、さまざまな事業を展開しながら、地域全体に平和と開発をもたらすよう努力を重ねました。無償資金協力の供与先に関しても、紛争直後の地域が多数含まれるようになりました。手探りではありましたが、人間の安全保障はＪＩＣＡの活動の方向性を定めていったと言えるでしょう。

アフリカの重点化

――二〇〇四年にＪＩＣＡにアフリカ部が作られます。アフリカ支援を強化されたわけですが、どういうお考えがあったのでしょうか。

アフリカにおけるオペレーションはずいぶん増加したのです。私が着任するまではアフリカ・中近東・欧州部のアフリカ課がアフリカを管轄していましたが、名称からしても、取ってつけられたような部署でした。課員も七、八人程度の小さな所帯だったのです。

すこしさかのぼって、全体的な話をしますと、冷戦終結後は世界的に見て、アフリカへの注目は下がってしまっていました。しかし、貧困問題ということからしても、紛争の数からしても、アフリカは援助の一番必要な地域であることは間違いありませんでした。それまでの日本はアジア重視で、アフリカの位置づけは高くなかったのですが、開発の視点からもアフリカにもっとフォーカスをあてるべきではないかという問題意識が強まっていったのです。

そのような流れから、日本が主導してアフリカ開発会議(TICAD)を開くようになりました。現在は日本政府、アフリカ連合、国連、世銀、国連開発計画(UNDP)が共催して開かれています。私が参加したのは第二回(一九九八年)からです。開発中心でしたが、次第に人間の安全保障の議論も取り入れられていきましたし、会議のねらいは有意義であったと思います。

その後、二〇〇一年には、森首相に随行してアフリカに行きました。その前の年に、外務省から意見を聞かれた際、首相はアフリカに行くべきだと返事をしたところ、私に付いていってほしいと言われたのでした。南アフリカ、ケニア、ナイジェリアの三カ国を首相と一緒に訪問しましたが、日本の首相がアフリカに行ったのはそのときが最初であったと聞いて、いかにアフリカは遠く、日本外交が近視眼的であったかと思い知らされました。

私も良く知っているケニアの難民キャンプを訪れましたが、森首相は、難民が裸足で歩きまわるのを印象深く感じられたようでした。難民の多くいる病院にも行きますと、元気な子どもたちが歌を歌ってくれたりしました。多方面を視察され、感銘を深められた森首相は、その後長くアフリカに力を入れられました。森首相のアフリカ訪問は、日本政府によるアフリカ政策の大きな発火点になりました。

――JICAの理事長になられて、アフリカ支援を強化したいというときに、JICA内部の反応はどうだったのですか。

あまりよくはわかりませんが、「なぜアジアを犠牲にしてアフリカなのか」という声もあったように聞いています。アジアを軽視する意図はありませんでしたが、おそらくは、「緒方＝人間の安全保障＝ヒューマニズム＝アフリカ」という図式で判断する人が、JICA内にも外にも少なくなかったように思います。そうした声は、あまり気にしませんでした。貧困削減という点からも、平和の定着という点からも、アフリカは最も援助を必要とする地域であることは明らかでしたから。

――それまでJICAにアフリカ支援のノウハウがそれほどあったとは思えませんが、どのようにされたのでしょうか。

まずは現地の拠点作り、それに援助規模の拡大です。現地に足場がないと何もできませんので、事務所を増やしました。予算はアフリカの地域別シェア倍増を目指しました。ODAが急激に減らされているときに、倍増というのはかなり大きなことだったと思います。それから、サハラ以南のアフリカを所管するアフリカ部を新設し、対アフリカ事業全体を管轄する部門を作ったのです。

アフリカはやはり他の地域とは異なるところで、UNHCRの時代にそのことは痛感していました。要するに、部族社会なのです。植民地から独立してヨーロッパ諸国が手を引いたときに残されたのは、前近代的な部族社会でした。そういうところに近代的な

スーダンのジュバにある職業訓練センターを訪問（2005 年 2 月，JICA）.

ガバナンスを作るのは非常に大変なことでした。それが失敗して紛争が拡大したわけです。

ガバナンスの再建も不可欠なのですが、遠回りのようでも、貧困を減らすことを課題としました。貧困削減はやはり経済成長なしには進みません。成長につながるようなアフリカの貧困対策をどう作ることができるかが焦点でした。ＪＩＣＡのプロジェクトは、教育、保健、農業・農村開発、水などですが、それをどう結び付けて経済成長につなげていけるかが問われていたのです。インフラ整備も重要です。国境を越えて人と物を輸送できるような広域道路網ができれば、貿易も活発になりますし、マーケットも拡大するでしょう。

――ＪＩＣＡはスーダン支援に力を入れてきたようです。

ＵＮＨＣＲの頃からスーダンは注視してきました。イスラム教系の北部のスーダン政府とキリスト教系の南部のスーダン人民解放運動との間で内戦が続き、一時は四〇〇万人もの国内避難民が発生しました。二〇〇五年一月にようやく内戦終結の包括的な和平合意が締結されましたが、ＪＩＣＡはその前から現地のニーズ調査を行なっていました。とりわけ南部スーダンのジュバに帰還民が多数入ることが予想されましたから、給水改善などの生活基盤の整備、それからジュバ河川港の整備の事業を進めたのです。白ナイルが流れているのですが、そこに水運の拠点ができることで、経済的な復興も支えることになるという判断でした。その後、二〇一一年に南スーダンは独立しました。いまは自衛隊の施設部隊がＰＫＯ事業のために入っています。

組織統合という難関

――二〇〇八年一〇月に、ＪＩＣＡとＪＢＩＣ(国際協力銀行)の海外協力部門との統合がなされました。いわゆるＪＪ統合です。これによって、円借款、無償資金協力、技術協力の三つをＪＩＣＡが一体的に運用するようになりましたが、どういう経緯があったのですか。

あれは降って湧いてきたと思われるような話から始まったのです。私が積極的に推し進めたわけではありません。もともとは小泉政権の進める「構造改革」の一環として、政府系金融機関の整理統合が課題となりまして、「海外経済協力に関する検討会」でODAのあり方について議論が進められたのです。私もヒアリングを受けました。私は、技術協力、無償資金協力、円借款の連携を強める方向で、ODAの改革を進める必要はあると考えましたから、もしもこの検討会がJBICの円借款業務をJICAに統合するという結論を出したときには、それを拒否する理由はないと考えていました。二〇〇六年五月に行政改革推進法が成立して、統合が最終的に決定されました。

JBICの篠沢恭助総裁は、たまたま私と同じ東京大学の岡義武教授門下だったこともあって、個人的に話しやすい関係にありました。真摯で建設的な対応をしてくださり、さまざまな点について丁寧に話し合うことができました。外務省所管と財務省所管の組織で、しかも独立行政法人と特殊法人との統合ですから、最初はずいぶん心配もしましたが、統合で新しい組織を作るという意識で進めること、あらゆる点でフェアに行うことを繰り返し強調しました。幸い、組織の間で争うことはありませんでした。お互いに急がずにじっくり話し合えたのは良かったと思います。

結果として、年間一兆円を超える事業を扱う組織になったわけですが、JICAにとっても日本にとっても良かったと思っています。

――統合はしないというシナリオはあったのでしょうか。

しないという選択に根拠はありませんでした。JICAのやるべきことを考えて、組織として維持していくときに、統合にメリットがあると判断しました。あくまでも途上国の発展と安定につながる開発援助にとって、どうすればよいかが重要なことで、統合問題をあまり組織論的に考えなかったのです。

――組織統合によって円借款が加わると、その社会を長期にわたって動かしていくようなプロジェクトが可能になりますね。

それはポジティブな面としてはあるのですが、正直なところ、そのプロセスにおいて、JICAが自立した格好で包括的なプロジェクトを長期的にマネージできるかどうかについて、必ずしも自信があったわけではありませんでした。しかし、円借款、無償資金協力、技術協力の三つをうまく組み合わせられることで、バラエティのあるメニューを組めるようになったのは確かです。人間の安全保障の観点からも、それは望ましい姿なのだと思います。そのようなオペレーションが増えています。パキスタンの「地域保健プログラム」などはその典型です。円借款でワクチン投与の全国キャンペーンをするための資金を供与し、無償資金協力で緊急対応向けのポリオ・ワクチンを調達し、技術協力で定期予防接種活動を担う人材育成をするといった具合に、三つのスキームを組み合わせれば一体的な展開ができるのです。

組織統合によって、JICAは世界銀行に次ぐレベルの事業規模を持つことになりました。新しいJICAのヴィジョンとして掲げたように、「すべての人々が恩恵を受けるダイナミックな開発の推進」を進めていくことで、人々の格差やひずみを小さくし、より多くの人々に開発の果実を共有してもらえるようにすること、それがＪＩＣＡの目指す考え方でした。私のＪＩＣＡ時代の最も大きな功績として残ったことは、大きな喜びです。

研究機能を強化する

――在任中にＪＩＣＡ研究所が作られました。これはどういう意図があったのですか。

以前から、国際協力総合研修所という機関が調査研究を実施していたのですが、国際協力事業の事例研究や、援助手法の分析・検討等、事業の質の向上という実務的なニーズに対応するためでした。しかし、それだけではこれからの開発援助には不十分で、効果的で戦略的な援助を行うためにも、研究所の強化が必要だと思いました。

それには、ＵＮＨＣＲでの経験が念頭にありました。前章でも触れましたが、「国内避難民」の問題では、ブルッキングス研究所を中心に研究が進められ、その成果をもとにして国内避難民への対応に関する政策が検討されていたのです。また、内戦を経験した民族間の和解の問題については、ハーヴァード大学のマーサ・ミノウ教授の研究を踏まえた取り組みを行いました。このような経験から、現場で直面している課題について調査研究を行い、その成果を政策化し、現場へフィードバックすることが求められているし、有効でもあるということを痛感していました。ＪＩＣＡでも国際協力に関して、政策志向の研究機能を強化したいと考えたのです。

幸い、ＪＩＣＡには場所も資料もあるわけですし、現場からの生の情報が豊富に活用できます。そうした使えるものを寝かせずに、もっとシステマティックに「研究分析―政策立案―実施」をしていけるような体制をＪＩＣＡの中に作るべきだと考えました。ただ、研究から出てきたもので実際に実施できるプロジェクトは限られるとは思いますが、少なくとも、実施に一貫性を持たせたり、より効果的なプロジェクトは何かと考える際に活用できるはずです。

――最終的にＪＩＣＡ研究所が組織統合と同じ二〇〇八年一〇月に作られるわけですが、どのようにしてそこに至ったのですか。

どんな研究所を立ち上げればよいのかについて、海外の研究者から意見やアドバイスをもらいたいと思いまして、私から直接連絡をしたり、ダボス会議で意見交換をしたりしました。サキコ・フクダ・パー(Sakiko Fukuda-Parr)、ロバート・ピチオット(Robert Picciotto)、ジョゼフ・スティグリッツ(Joseph E. Stiglitz)、サイモン・マクスウェル(Simon Maxwell)等、開発分野の第一線で活躍している有識者の方々です。フクダ・パー教授からは、「世界の開発分野の研究者が集まる場で、日本のプレゼンスを感じたことはほとんどない。そういうクラブの一員となって、共同研究を進めることで、世界の援助潮流に影響を与えていくことが大事」と言われました。そうした話にも触発されて、海外の研究機関や研究者との共同プロジェクトを進めていく方針をたてました。イギリスの外務省のもとにある研究機関ウィルトンパークとの「アフリカにおける紛争予防と貧困削減」研究や、スティグリッツ教授がコロンビア大学で政策対話イニシアティヴの一環で始めたアフリカ・タスクフォースとの共同研究、イギリスの開発援助にかかわるシンクタンク（ＯＤＩ）への職員派遣などを行いました。

そうした国際共同研究と並行して、国内のさまざまな学者の方々とも相談を重ねて、計画を詰め、二〇〇八年一〇月にＪＩＣＡ研究所をスタートさせました。恒川恵市先生に所長を務めていただき、ワーキング・ペーパーや書籍も刊行するようになりました。現在では研究成果を発信し、国際援助の新しい形を模索する組織として始動しています。

これからのＪＩＣＡへ

――緒方さんは理事長として女性職員が働きやすい環境作りに力を注いだそうですね。就任して最初の在外事務所長会議に出たときに、全員真っ黒の背広姿の男性ばかりなので、たいへん驚きました。

ＪＩＣＡは男女雇用機会均等法ができる前から女性の職員の採用を始めており、採用に関しては他よりも進んでいたようですが、問題は、女性の昇進でした。優秀な女性でも結婚して子どもの養育と教育のため退職してしまうケースが多くありました。これは、人材の消失となります。組合からも出産後の職場復帰を支える制度の拡充について強い要求がありました。それに応えて、さまざまな制度改善に取り組んだ結果、出産を理由に退職するケースはほとんど皆無になり、管理職に登用される女性もずいぶん増えました。

悩ましい話だったのは、組織統合の際でした。ＪＩＣＡは女性を総合職として採用していたのに対して、ＪＢＩＣは、ほとんどの女性を一般職の枠で採用していましたから、これをどう一体化するかが問題となったのです。さまざまな意見がありましたが、女性のみを対象とする職制を設けるのは好ましくないと考え、総合職に一本化しました。幸い、ＪＢＩＣで一般職として採用された女性には、採用時に想定されていなかった海外での勤務も厭わず働く意欲のある人が多かったので、一本化が正解だったと考えています。

――緒方さんの世代では女性として社会的に活躍する人はまだまだ少なかったと思いますが、女性としてハンディキャップを感じたことはありましたか。

私の歩んできたプロセスを振り返ってみて、女性であることであからさまな差別をうけたということはほとんどありませんでした。それでも、女性が子どもを産み育てることは、確かにキャリアのうえでハンディキャップとなることはあります。私も、出産と育児のために、研究者としての本格的なスタートが男性と比べると遅かったと思いますし、就職が決まるのも遅れたのですから。

いまもダボス会議などで、女性の社会進出について順位づけをすると、日本はかなり下の方です。医者や弁護士などの専門職では女性も活躍していますが、企業ではまだ遅れていますから、これは日本社会の課題だと思います。

日本の女性は全般的に元気です。男性は元気がなく縮こまった人が多いと言われることもありますが、両者とも元気を出してほしいものです。でも、すべてのサラリーマンが毎日毎日同じ時間に家を出て、同じ人と会っていたのでは、元気も出ないかもしれません。多様な見方は多様な働き方、生き方と深く関係していると思います。

――理事長を八年半務められて、どんな感想を抱いておられますか。

ほとんど何も知らない状態で就任しましたし、それまでいた国際的な人道支援の組織との文化の違いには、最初は戸惑うことばかりでした。私の八年半の間、ＪＩＣＡは改革、改革の連続で、劇的に変化したと思います。私が変えたというのではなく、それだけ国際情勢も国内の状況も変わったということです。日本の財政状況が厳しくなったこともあり、職員も大変だったと思いますが、私も頑張ったつもりです。

職員は非常に前向きで、熱意のある人が多いと感じました。ＪＩＣＡは日本政府唯一の国際協力の機関ですから、今後とも世界情勢の大きな動きに関心を持って、やるべきことは何かということを自分たちで考えて、自分たちで活動してほしい。政府の指示を待って従うのではなく、活動的な組織でいてほしいと思います。そのためには、現場をよく見ること、そこで起きている変化を敏感に感じとって、政策化することです。感性をみずみずしく保っていなくてはなりません。そのためにはふだんから多様な見方、考え方に触れて動くことが何よりも大切だと思います。多様性こそが組織を活動的にするのです。活動力に富んだ組織として、ＪＩＣＡの今後の発展的貢献を期待し、支援を続けていきたいと思います。

終章　日本のこれからのために

できるだけ早くから多様性に対する感性を養うのが重要です。そのことが日本に活力を与え、閉塞感を打開することにつながるのです。そこにこそ、これからの日本の進むべき道はあると私は思っています。

中国とどう向き合うか

――緒方さんの眼から見て、いまの日本の対外関係が抱える最も重要な課題とは何でしょうか。

やはり中国だと思いますね。「中国とどう付き合うのか」。このことは、実は「日本が自分の国とどう向き合うか」ということと同じ問いではないかと思うのです。日本は近代以前から、中国と深い関係を持っていましたし、中国を通して世界を見てきました。中国の文明圏の中に日本もあったと言っていいのではないですか。また、日本の近代は、中国との関係ぬきには語ることができません。そして近代における過程は中国にとってはたいへんきびしい時代になったわけです。

つまり、日本の中に中国との深い交流の跡、中国からの大きな影響を見出すことができますし、中国のあり方や将来を考えることがそのまま日本を考えることにもつながるのです。そうした日中の政治、経済、文化にまでわたる重層的な関係は、アメリカと日本との関係以上のものとも言えます。その中国との関係が日本の対外関係において最も気になることのひとつです。

——緒方さんの人生においても中国は大きな存在ですね。

そうです。第1章でお話ししたように、外交官をしていた父について福州・広東・香港で子ども時代を過ごしました。祖父の芳澤謙吉も外交官として天津や北京で生活した経験がありましたし、曽祖父の犬養毅は孫文ら革命家と親交がありました。幼い頃からことあるごとに中国をめぐっては、いろいろな話を聞いて育ったように思います。そのせいか、中国は私にとってたいへん身近な存在でした。

ただ、中国では総領事館の中で暮らしていましたし、現地の日本人学校に通っていましたから、中国人に親しい友人はいませんでした。中国の人々と個人的に付き合うようになったのは、戦後にアメリカへ留学してからのことです。そこでは個人と個人との付き合いでしたが、やはりそういう付き合いの中でも日本の過去を意識せずにはいられませんでした。

博士論文では、日本の軍の過激な行動が当時の日本の政治権力構造を壟断《ろうだん》するというのか、力でねじ伏せて、中国への拡張政策と国際的孤立、そして全面戦争という歴史的潮流を生み出した、そのプロセスを分析しました。研究者としては、大学で「アヘン戦争から朝鮮戦争へ」と題して東アジアの国際関係史の講義を行いましたし、米中と日中の国交正常化のプロセスを比較する研究書をまとめたこともありました。中国との関係を考えることが学者生活の中でも大きな柱のひとつだったと思います。中国についての思索が途切れたことはありませんでした。

――戦後に中国に行かれたのは、いつでしたか。

一九八〇年代に入ってからです。日本国際交流センターの山本正さんに誘われたのです。NIRA（総合研究開発機構）が上海国際問題研究所と一緒に、いろいろなセミナーを行うようになりまして、私もそれにかかわりました。そのときに、多くの中国の研究者と交流しました。中国各地を訪れましたが、なかでも印象的だったのは、一九八六年に、安徽省にある馬鞍山市で研究会合を行なったときのことです。煙突が無数に立ち並んだ工業都市でしたが、そこに暮らす人々が夕方になると町を散歩し、盆栽や書道などの集会を楽しむ姿に、高い教養を感じました。日本文化がいかに多くを中国に負っているかを改めて感じました。

国連難民高等弁務官に就任してからも、中国とのかかわりはありました。当時、アジアでは、インドシナ三国からの三〇〇万人以上の難民の流出と帰還が最大の問題でした。中国は二六万人のベトナム難民を受け入れていましたので、私は一九九二年に、中国政府とUNHCRが協力して北海市に設立していた難民の受け入れ施設を訪れました。トンキン湾に面した街です。定住していた難民が、漁業などで生計を立てて自立していたのは、うれしいことでした。

――最近の中国の変化についてはどう見ていますか。

本当に変わりましたね。JICAの理事長に就任してからも、中国へは地方を含め、何度か訪問しています。私の世代が抱く中国の基本的なイメージというのは、貧しくて、封建的な農村の風景です。アメリカの小説家パール・バック(Pearl Buck)が『大地』で描いたような風景ですね。何度も訪問するにつれて、そのような風景はなくなったのだという実感を強めています。一九八〇年代に鄧小平の改革開放政策で、中国全体は驚くべき発展を遂げたのです。

中国にも日本にも忘れてほしくないのは、その中国の発展を、日本は円借款や無償資金協力や技術協力を通じてサポートしてきたということです。中国の改革開放を支援することが、中国の安定と繁栄に貢献するのはもちろんです。それだけではなく、少なくとも日本側には、中国、そして日中関係の安定がアジア地域全体ひいては世界全体にとっても有益であるという考えはあったのです。一九八九年の天安門事件で中国が国際的な非難を受けたときにも、日本は事件を遺憾としながらも、中国の孤立化を避けるように国際社会に呼びかけて、先進国の中で最初に援助を再開しました。中国に攻め入った過去があるからこそ、日本は中国を支援し続けたのです。表に出さないにしてもそういう考えはありました。

——中国が力を付けてくる中で、強引な面が目につくようになっています。

いまの中国は怖いとは思いません。どの国もそうですが、経済成長が進んで社会が豊かになると、その次に何を目標にするのか見えなくなるものです。歴史的には繰り返し見られることです。国を良くしていくモチベーション（動機）を方向性として維持するのが難しくなるのでしょう。そういう意味では、中国もいまひとつの岐路に立っているのかもしれません。そういうときに、これも歴史的によく見られたことですが、軍事的な緊張を作って、そのもとに国をまとめ上げるようなことだけは絶対にしないでほしい。かつて日本はそういう道を歩んで失敗しました。中国にもそのような気配がいろいろ見えないわけでもないだけに、慎重に発展を続けてほしいと思います。

——最近も中国には行かれていますね。

二〇〇九年一一月、ＪＩＣＡの事業を視察するために、中国東北部に行きました。「満州国」のあったところへ行くのは初めてでした。公共的な建築物、道路、いろんな施設など昔の痕跡が想像以上に残っていることに驚きました。南満州鉄道や学校などのインフラも、丁寧に使われているのです。関東軍司令部は中国共産党の建物になっていました。

満鉄が奉天（現在の瀋陽）に作ったヤマトホテルも名前を変えて使われていました。ホテルのロビーに著名な宿泊者の名前が彫られたプレートがありまして、それを見ていましたら、祖父の芳澤謙吉がありました。一九三二年に宿泊となっていました。当時、祖父は駐仏大使、国際連盟の政府代表をしていたのですが、国際連盟での厳しい討議を終えて、犬養毅からの外相就任要請を受け、シベリア鉄道を通って日本に帰ってきたのです。その途中に、宿泊したときのものです。私はしばらくその場に立ち尽くしてしまいました。祖父がこのホテルで何を思ったのか、脳裏に去来するものは何だったのか、考えずにはいられませんでした。

中国貴州省三都県にて総合貧困対策モデルプロジェクトを視察(2006年3月，JICA).

その後も何度か中国には行っていますが、直近では、二〇一四年九月に夏季ダボス会議に出席するために、二〇一四年九月に中国の天津に行きました。夏季ダボス会議は、世界経済フォーラムが二〇〇七年に設立して、毎年一回、天津と大連で交互に開催されています。世界から政治家や企業リーダー、オピニオン・リーダーが一〇〇〇人以上も集まります。二〇一四年には、「イノベーションによる価値の創造」について議論しました。冬のダボス会議ほどではないかもしれませんが、世界の動向をつかむよい機会でした。

中国へ行くたびに、国の発展ぶりには驚

きます。人々にも活気があります。

——領土問題や歴史問題をめぐって、日本と中国は緊張関係にありますが、どうしたらよいのでしょう。

いたずらに緊張を煽るようなことを、指導者がしてはならないのはもちろんです。ナショナリズムというのは、一度過激になると、手が付けられなくなるものです。火遊びは絶対にしてはなりません。これだけ情報が瞬時に伝わる時代になりますと、なおのこと危険です。一般民衆の間でナショナリズムが燃え盛ると、外交で処理するのが難しい時代になります。日本と中国は、いろいろ問題を抱えながらも、冷戦期ですら政府からすこし距離を置く形で「日中友好」を掲げて一緒にやってきた経験があることを、もういちどよく振り返ることです。

国と国との関係は、国家のレベルだけではないのです。地方自治体や企業、大学、NGO、学生や市民など、政府機関以外のさまざまなパートナーが交流していくことが大事です。実際、一九七〇年代の日中国交正常化に至る過程で、社会レベル、とりわけ経済レベルで人々がよく動きました。日本と中国をつなぐ社会・経済レベルの土台が、かつてはどっしりと存在していました。戦前からの積み重ねが厚かったし、戦後も政府間の関係とは別に日中関係を大事にする人たちがいたのです。現在もおられます。たとえ両国関係が一時的に危機的な状況に陥ることがあったとしても、深い信頼に裏打ちされた人間関係の層が厚く存在していれば、心配する必要はないと思います。日本は中国と一緒にやっていけるとはっきり言うほうがいいのです。いまの日本は中国に警戒心を持ちすぎなのではないかと思うときもあります。

私たちの生きている東アジア地域は、現在も国家の壁が高いことは確かです。朝鮮半島もそうです。しかし、国家と国家の関係が中心だったこれまでの国際関係のあり方は終わりつつあります。いまはコミュニケーションのグローバルな広がりによって、国家が個々に完結した主体として行動することは不可能となり、社会と社会の関係が大きくなりつつあります。社会と社会の直接的な関係が政府間の関係に影響を与えるのです。しかしグローバル化は社会のつながりや経済の発展を促す面がある一方で、さまざまな脅威を発生させています。

そうした世界の中で、何を原則としていくべきなのか。このインタビューでも強調してきましたが、私は一言で言えばそれを「人間の安全保障」だと考えているのです。「人間の安全保障」を実現するためには、責任ある政治を遂行する政府と、広く人々が参画する下からの国づくりの両方が必要です。これについて、中国も日本も、体制が違う、発展段階が違うといっても、同じ時代の国際社会に生きる一員としてさまざまな責務を果たさねばなりません。そのときに、両国が、何か共通の課題に取り組みながら、国際社会に関与(エンゲージ)していけばよいと思うのです。ＪＩＣＡをはじめ、現場のレベルではすでにこうした取り組みが始まっています。一緒に努力する機会を多くの場面で増やしていくこと、さらに政府が音頭をとって中国との共同プロジェクトを打ち出していくことも必要だと思います。いろいろ言い合うより「協働」の経験が大事なのです。

開かれた多様性に基づく社会へ

――いまの日本社会については、どのように見ていますか。

いろいろ問題がありすぎるようです。最近、日本から海外に旅立つ留学生が激減しているとよく聞くのですが、気になることのひとつです。どうしてなのでしょう？

私が上智大学で教えていた頃ですから、ずいぶん昔のことですが、隣の国で天安門事件が起きたとき、日本の学生たちは何の反応も示さなかった。これには本当にびっくりしました。同じ年頃の中国の若者は、体をはって政府批判をしているのです。上智大学でお掃除の女性が、「日本に戦争なんてできませんよ。いまの若者は軟弱で、戦う力なんてないですから」と言ったのを思い出します。天安門事件というのは一九八九年ですから、もう二五年も前のことですが、そのときよりもさらに、軟弱になってしまっているのでしょうか。

何も戦争に備えて力をつけよと言いたいのではありません。学生に限らず、日本社会全体が、亀が甲羅に引っ込むように、居心地のいい同質的な場に閉じこもっていたいと思っているように見受けられることもあります。杞憂でしょうか。甲羅から頭を出して広く外を見まわさなければ、自分の立ち位置も日本の方向も見えないのではありませんか。

――思い当たることもありますが、なぜ、日本はこうなってしまったのでしょう。

何が自分たちの本当の課題なのかを見極めることができていないからではないでしょうか。いまの日本人がすべきことは、自分たちの立っている位置を認識し、どこへ向かって進んでいくべきか、どのような社会の構築を目指すのかについて、はっきりしたヴィジョンを持つことだと思います。

戦後、日本は敗戦国としてアメリカの占領下に置かれ、西側の一員として冷戦構造に組み込まれました。そのため、自分たちの置かれた場所も、目指すべき方向性も決まっていたようなもので、とくに考える必要はなかった。目指した目標は、戦災からの復興であり、戦争体験に裏打ちされた平和であり、国民生活を豊かにする経済成長だったわけです。政治家も官僚も企業も一般国民も、その目標に向かってがむしゃらに進み、いつしか世界有数の「経済大国」といわれるまでになりました。もちろん国際環境も幸いしたのでしょうが、一定の成功を収めました。

私が思うのは、こうした戦後日本の成功体験は、日本社会全体にある種の惰性と思考停止とも言える状況をもたらしたということです。近年、日本経済が壁にぶつかり、グローバル化が急速に進むと、政治家も官僚も企業も、これに対応することができず、どう進んでいったらいいのか見出せなくなっているのではないですか。中国や韓国など、アジアの周辺諸国は急速に経済力をつけ、国際的な存在感を増してきています。そのこと自体は歓迎すべきですが、日本は、周辺諸国との相対的な経済関係の変化を正面から受け止めないまま、高度成長期以来の惰性に身を任せて政治力や経済力の衰退とともに、自信も喪失してしまったかのように見えるのです。

グローバル化というのはジワジワ進行するので、意識しにくいのですが、環境のように地球全体が抱える問題は深刻化するし、国内の人々の働き方も激変しました。途上国の内戦に伴う難民や避難民の問題は、人間の倫理観や国家の道義性まで問う状況を生みだします。堅い国家の枠にしがみ付くようなやり方ではうまく対応できなくなっているのです。

そういう中で東日本大震災が起きました。「3・11」は、文字どおり、日本のすべてを揺さぶりました。想像を超える規模の巨大地震と原発事故が起きて、それに対応する政治力や組織力、技術力を日本が十分に備えていないことを世界に曝け出すことになったのではないでしょうか。

——では、日本はどうしたらよいのでしょう。

このままでは、日本は国際社会の中でいまの位置に留まることすらできないと思います。日本はまず足元を固めることから始めなくてはなりません。そのために何が必要かといえば、それは多様性、英語で言えばダイバーシティ(diversity)だと思うのです。逆説的に聞こえるかもしれませんが、世界は多様性に基づく場所だということを心底から受けとめ、自らも多様性を備えた社会に成長していくことだと思います。私は、日本がもっと多様性に富んだ社会になってほしいのです。創造性とか社会革新の力はいずれも多様性の中からしか生まれようがないのですから。

日本は、世界というところが多様な文化や価値観、社会から成り立っていることを、頭ではわかっていたかもしれませんが、経験的には十分に認識していなかったのではないかと思うのです。自分たちとは異なる存在への好奇心ですとか、尊敬・畏敬の念を十分備えているとは言えないのではないでしょうか。ほかの国や人々との違いを尊重して、そこから学ぶ機会を自ら閉ざしてきたのではないかとさえ思うのです。

日本社会が自信を取り戻して、再び前進するためには、世界の多様な文化や価値観、政治や社会に目を開いて、そこから何かを学びとること、それとともに、国内でも多様性を涵養《かんよう》していくことが不可欠です。異なるものを認め、そこで対話を開くというのは、頭で理解するほど容易ではありません。現実にはそのプロセスは苦痛も多いでしょう。

北京にて(2006年3月，JICA)．

努力がいるのです。異質な他者を認め敬うなどということは、自然には起こりません。ですからできるだけ早くから多様性に対する感性を養うのが重要です。そのことが日本に活力を与え、閉塞感を打開することにつながるのです。そこにこそ、これからの日本の進むべき道はあると私は思っています。

——なるほど。世界の多様性と向き合って、自らも多様性に基づく社会を築いていくためには、何が必要なのでしょう。

最も大事なのが教育です。日本の教育の最大の問題は、やはり画一的であることだと思います。子どもたちは同じ教科書で、一斉に同じことを学ばされています。異なる意見をぶつけ合って、自分の意見を鍛え上げる、そして学び合う。日本の教育は大学を含めて、いまだにそうした訓練の場にはなりきっていないのではないでしょうか。

世界の中で生きていく力を身につけるための、多様性をはぐくむ教育を積み重ねていくべきです。語学力はもちろん大事ですが、語学はあくまでツールであって、目的ではないのです。「英語力＝グローバル人材」だと思ったら間違いです。そもそも、グローバル人材という言葉が氾濫している昨今の風潮自体がおかしいのです。より広がりのある視野を持とうとする好奇心、異なる存在を受容する寛容、対話を重ね自らを省みる柔軟性、氾濫する情報をより分ける判断力、そうした力の総体こそが求められているのです。これからの日本に本当に必要な力はそうしたものです。

日本のみが孤立して暮らしていけることはありえません。国を開き、多様性をそなえ、高い能力を持って外との関係を築くこと、そして国際的な責務を果たすこと。これなくして、日本に明るい展望は望めません。そうした方針を積極的に打ち出し、果敢に行動すべきです。このまま孤島に閉じこもる道などありえないのです。

主な著作

単著

Defiance in Manchuria: The Making of Japanese Foreign Policy, 1931-1932, University of California Press, 1964.

『満州事変と政策の形成過程』原書房、一九六六年(のち『満州事変——政策の形成過程』岩波書店〈岩波現代文庫〉、二〇一一年)

『国連からの視点——「国際社会と日本」を考える』朝日イブニングニュース社、一九八〇年

『日本における国際組織研究』総合研究開発機構、一九八二年

Normalization with China: A Comparative Study of U. S. and Japanese Processes, Institute of East Asian Studies, University of California, Berkeley, 1988.

『戦後日中・米中関係』添谷芳秀訳、東京大学出版会、一九九二年

『難民つくらぬ世界へ』岩波書店(岩波ブックレット)、一九九六年

『私の仕事——国連難民高等弁務官の一〇年と平和の構築』草思社、二〇〇二年(のち朝日文庫、二〇一七年)

The Turbulent Decade: Confronting the Refugee Crises of the 1990s, W. W. Norton, 2005.

『紛争と難民——緒方貞子の回想』集英社、二〇〇六年

『共に生きるということ　be humane』PHP研究所、二〇一三年
『満洲事変――政策的形成過程』李廷江監訳、社会科学文献出版社、二〇一五年(中国語訳)

主な論文

「米国における中国政策の変遷」『国際問題』七五号、一九六六年六月
「外交と世論――連盟脱退をめぐる一考察」『国際政治』四一号、一九七〇年
「国際主義団体の役割」細谷千博他編『日米関係史――開戦に至る一〇年(一九三一―一九四一年)』第三巻、東京大学出版会、一九七一年
「人権の国際的擁護と国家的諸制約」『国際政治』四六号、一九七二年
「日本の防衛を考える」『月刊自由民主』二三三号、一九七五年六月
「日本の対外政策決定過程と財界――資本自由化・日中国交正常化過程を中心に」細谷千博・綿貫譲治編『対外政策決定過程の日米比較』東京大学出版会、一九七七年
「対中国交正常化過程の日米比較」『国際問題』二五四号、一九八一年五月
「国際組織研究と国際体制論――国際組織と体制変化」『国際政治』七六号、一九八四年
「国際政治と国連の人権擁護活動」『国際問題』三〇二号、一九八五年五月
「国際政治と人間の保護」『ソフィア』三六巻四号(一四四号)、一九八七年
「貿易摩擦――そのアメリカ的文脈」『中央公論』一〇二巻一〇号、一九八七年八月
「国連を蘇生させたゴルバチョフ」『中央公論』一〇四巻二号、一九八九年二月
「人道分野における国連活動」『国際問題』四二八号、一九九五年一一月

「国連の役割」緒方貞子・半澤朝彦編著『グローバル・ガヴァナンスの歴史的変容——国連と国際政治史』ミネルヴァ書房、二〇〇七年

「グローバリゼーションの時代における人間の安全保障」『世界と議会』五一〇号、二〇〇七年二月

「人びとを取り巻く脅威と人間の安全保障の発展」『国際問題』六〇三号、二〇一一年七月

＊国連難民高等弁務官時代に書かれた小論は、『私の仕事——国連難民高等弁務官の一〇年と平和の構築』に収載されている。右のリストからは省いた。

＊インタビューの準備や記録の整理、事実確認にあたり、右の著作のほか、多くの小論、インタビュー記事、対談・座談会・シンポジウムの記録、さらに、東野真『緒方貞子—難民支援の現場から』(集英社新書、二〇〇三年)、永峰好美「時代の証言者　緒方貞子」(『読売新聞』二〇〇五年三月二日〜三一日連載)、小山靖史『緒方貞子　戦争が終わらないこの世界で』(NHK出版、二〇一四年)等を参照したことを付記する。(編者)

編者あとがき(単行本版)

本書は緒方貞子氏への聞き取りを基にした回顧録である。聞き取りは二〇一三年七月二五日から翌年三月七日にかけて各回約二時間、計一三回実施した。場所は千代田区二番町の国際協力機構(JICA)本部と新宿区市谷本村町のJICA研究所である。

インタビューは事前に提出した質問書に沿ってスタートするのを常としたが、予定外のテーマに移ることも珍しくなかった。また話題が世界情勢、日中関係、日本社会や大学教育の現状などに及んだ際には、「ところでお二人のお考えは?」と問い返され、ミニ討論会の様相を呈したこともあった。いずれも即答できない難しい問題提起であった。緒方氏の時代への鋭い感性と飽くなき知的好奇心のなせる業であったろう。当方にとって貴重な学びの場であったことは言うまでもない。

聞き取りは一回二時間の予定でスタートしたが、しばしば定刻をオーバーした。だが緒方氏は疲れた様子などおくびにも出さず、常に居住まいを正して誠実かつ真剣に対応してくださった。回を重ねるにつれて奥行きを増す回顧録プロジェクトへの期待がそうさせたのであろう。最終回を締めくくる際に、「これで予定の聞き取りは無事終了しました。ありがとうございました」と申し上げた。すると、「これでおしまいですか？」と、ちょっと残念そうな表情をされたのを、きのうのことのように思い出す。

国連難民高等弁務官として一〇年間、人道支援の陣頭指揮を執った緒方氏。「人間の安全保障」の概念の発展と実践に精魂を込めた緒方氏。緒方氏を駆り立てたものとは？ 行動規範とは？ 官僚主義、形式主義を嫌い、現場主義をつらぬいた生き方の基層に何があるのか。聞き取りの過程で、二人で何度も話しあうことになった。

インタビューから幾つか印象的な言葉を再録する。一つは、難民高等弁務官就任直後、難民条約が直接の対象としていない国内避難民の救済を決断した局面である。

難民保護という基本原則を守りつつも、従来の行動規範を超えた選択をせざるを得なかったということです。人の生命を守ることが一番大事なことで、そのことに従来の仕組みやルールがそぐわないのならルールや仕組みを変えればよい。それが私の発想でした。……「人の命を助けること」、これに尽きます。生きていさえすれば、彼らには次のチャンスが生まれるのですから。(二三二頁)

つぎは、「緒方さんの根にあるのはヒューマニズムということになるのでしょうか」と尋ねた際の返答である。

耐えられない状況に人間を放置しておくということに、どうして耐えられるのでしょうか。そうした感覚をヒューマニズムと呼ぶならそれはそれで一向に構いません。でも、そんな大それたものではない、人間としての普通の感覚なのではないでしょうか。私は人間がひどい目に遭っているのをずいぶん見てきました。私が子どもの頃に経験した戦争もそうです。日本国内で空襲の被害をこの目で見ましたから。国連難民高等弁務官として目にした状況も本当に凄惨なものがありました。見てしまったからには、何かをしないとならないでしょう？　したくなるでしょう？　理屈ではないのです。自分に何ができるのか。できることに限りはあるけれど、できることから始めよう。そう思ってずっと対応を試みてきました。（二七一頁）

これらを読むと緒方氏は人道主義一本やりの人のように思える。しかしそうではない。柔軟だが透徹したリアリストでもある。いつも政治の底の方にうごめく自己中心主義、力関係、惰性、打算を見据えておられるようであった。人道主義と政治的リアリズムが共存あるいは融合するところに緒方氏の真骨頂がある。聞き取りを進めるにつれてその思いは強まった。

難民は種々の紛争から生まれますが、それを加速させるのは政治の貧困です。しかし同時に、難民問題を本当の意味で解決するのも政治にしかできないことなのです。人道支援は、政治が解決を求めて動いてくれないと機能しません。……人道活動家の中には、政治の世界、軍の世界とはかかわるべきではないと考える人もいます。それで難民問題が解決するならベストかもしれませんが、現実はどうですか。真の問題解決には「政治の強い意思」がどうしても必要なのです。（二三二～二三三頁）

国連の人道機関の人間が安保理に行くことはそれまで一度もありませんでした。人道機関には「中立と公平の基本原則」というのが根幹にあって、安保理のような政治的なところからは距離を置くべきだと考えられていたわけです。しかし、人道支援は紛争解決へのプロセスなしには続けられないというのが、経験から引き出した私の考えでした。政治的・軍事的なコミットメントが欠かせないと思いました。（二六四頁）

人の一生の深奥は他人が窺い知ることなどできない。当の本人も、うまく説明できないのではないか。過去でもない、先でもない、今を生きる。今このときを全力投球で生きることが緒方氏の緒方氏たる所以であり、生きる証しなのではないか。回顧録の原稿を読み進めるにつれ、改めてそんな思いが募る。

緒方氏の閲歴は、これが一人の人のものかと思えるほどに膨大で、かつ驚くほど多方面にわたっている。だから人によって共感を覚える章、出来事、エピソードは違うだろう。自然なことである。ただその総体が、一つの生き方の形としてここにある。人の生き方にはそれぞれの物語がある。おそらく緒方貞子氏の物語が本書で完結するわけではない。聞き取りをしたわれわれには、新たな章を待ち望む気持ちが強い。

岩波書店の小田野耕明氏の尽力は特筆に値する。延べ三〇時間にも及んだ膨大な聞き取りの記録を整序し、本書を見事に仕上げてくださった。JICAの上町透氏からは貴重なアドバイスをいただいた。梅原由佳里氏にはスケジュール調整などで大変お世話になった。衷心より謝意を表し筆を擱く。

二〇一五年七月

野林　健
納家政嗣

編者あとがき（岩波現代文庫版）

本書は、二〇一五年九月に岩波書店より刊行された『聞き書 緒方貞子回顧録』を文庫版に改めたものである。文庫化するにあたっては、刊行後に気づいた事実関係の誤まりや曖昧な表現などに、最低限の補正を行った。もちろん、緒方さんが語った内容は原型のままである。

緒方貞子さんは、二〇一九年一〇月二二日に逝去された。九二歳であった。訃報を機に本書を手に取る方が増えたようで、日をおかず品切れになった。単行本の増刷も考えたが、岩波現代文庫に加えることにした。

我々が最も大事にしたのは、本書の「緒方メッセージ」を若い人たちに届けたいということであった。それには廉価で、若い人たちも入手しやすい文庫化が最適と思われた。緒方さんはいつも若い人たちの可能性を大切にしていた。外に目を向けなさい、同質的な社会に安住して内向きになってはいけない、と晩年に至るまで若い人たちの背中をおし続けた。文庫化にご遺族の同意が得られ、聞き取りを行った我々もこれが緒方さんの意志に沿うことを確信し、大変うれしく思っている。

単行本版はすでに七刷を重ねている。この種の本としてはよく読まれたといえるだろう。十数本の書評が新聞、雑誌、学会誌に掲載された。以下は新聞の書評欄を飾ったタイトルの幾つかである。いずれも回顧録の特徴をうまく捉えている。《「人道」と「現実」タフに融合」》(朝日新聞、評者・吉岡桂子氏)、《みなぎるリアリズム》(共同通信配信、評者・会田弘継氏)、《個性と顔がある国際人》(読売新聞、評者・村田晃嗣氏)、《研究と実務の有機的な結びつき》(日本経済新聞、評者・中西寛氏)。このように緒方回顧録は大きな関心を集めたが、時には、この本はなかなか歯ごたえがあったという声も聞こえてきた。テーマが難民問題にとどまらず、日本外交史から開発援助、「人間の安全保障」概念まで多岐にわたることが要因のひとつであろう。

実を言えば、聞き取りを担当した我々にとっても、当時、緒方さんは決して分かり易い方ではなかった。聞き取りを行うなかで「どうしてだろう」と思いながら十分詰め切れなかった点もある。どうしてこれほど多くの仕事ができたのか、しかもそれぞれについてなぜ大きな成果を上げられたのか、その能力はどのように磨かれたのか、世界を駆けめぐって人道支援を続けた原動力、理念は何だったのか。今回、文庫化するにあたり全編を読み返してみて、そうした「なぜ」「どうして」という、半ば感嘆にも似た我々の疑問に対して緒方さんが簡潔明瞭な言葉で答えておられたことに、今さらながら深く印象づけられた。

今回の文庫化にあたり、幸いにも中満泉さん(国連事務次長・軍縮担当上級代表)から実に読み応えのある「解説」をいただくことができた。中満さんはUNHCR時代の緒方さんの下で仕事をした経験とその後も続く親密な交流に基づき、実に生き生きと緒方さんの仕事ぶり、考え方、人柄を描いている。そこには緒方さんを理解するヒントが詰まっている。読者諸氏には、この解説を手がかりに緒方貞子さんとその時代についての理解を深めていただくことを期待している。

緒方さんの人物像や業績については今後長く、様々な形で議論が続くであろう。緒方さんが指揮したUNHCRの数多くの支援活動については、一次資料に基づく実証研究がすでに始まっている。また彼女に関わる資料収集事業が計画されていると仄聞する。それぞれの立場からの回想、分析・解釈、業績評価が蓄積されていくなかで、この傑出した指導者とそれを生み出した時代の関係、緒方さんの国際政治観、「人間の安全保障」に込めた哲学、他に例を見ない卓越したリーダーシップなどが一層明らかになるであろう。流布しているが、やや一面的な「理想主義的な人道支援家」というイメージが是正され、等身大の緒方貞子像が浮かび上がることを期待している。

緒方さんは人道支援のあるべき姿を世界に訴え続けた信念の人、行動の人であった。同時に、この国の形、あるべき姿を我々に問い続けた憂国の士でもあった。この回顧録には緒方さんの思いが凝縮されている。長く読み継がれることを願っている。

岩波書店の小田野耕明さんには単行本版と同様、大変お世話になった。御礼申し上げる。

二〇二〇年一月

野林　健
納家政嗣

解説　緒方貞子さんの真骨頂

中満　泉

緒方貞子さんと最後に二人でお会いして食事をしながらゆっくりお話ししたのは、二〇一六年一二月末のことだった。すでにＪＩＣＡの理事長はお辞めになっていたものの、ＪＩＣＡ研究所にオフィスを持っており、そこにお弁当を取ってくださって、三時間近くそれこそ色々なことを話した。私はまだ危機対応局事務次長補として国連開発計画(ＵＮＤＰ)に勤務していた頃で、出張ではなく帰国休暇中のことだったので、他に予定もなく時間を気にせず長時間の会話を楽しむことができた。一九九一年三月にトルコ・イラク国境地帯で初めてお会いしてから師と仰いだ緒方さんは、私が辞する時にエレベーターまで見送ってくださり、「ぜひもう一度ニューヨークにいらしてください」と言う私に、「あなたに言われたら、なんだか行きたくなっちゃうわね」とおっしゃったことを昨日のように思い出す。

今思えば不思議だが、緒方さんと私が共通の体験をしたＵＮＨＣＲ時代の思い出話はその時はほとんどしなかった。緒方さんはむしろ満州事変研究のことや中国との付き合い方、学者として考えること、世界情勢が大きく変わる歴史の転換期のこと、日本の状況や行く末、そしてグテーレス事務総長がまもなく就任する国連のあり方などを好んで話した。そして、オフィスのテーブルや窓際の棚にテーマ別に山積みされた資料を整理している、と説明してくださり、「常に長い歴史の流れを意識して仕事をしなくてはいけない。その時は単なる出来事だと思うかもしれないけれど、後世の誰かが資料を研究して記録するかもしれない。だからできるだけ整理しようと思うのよ」と繰り返し言われた。緒方さんとの会話ではいつもハッとさせられ心に残る言葉があったのだが、この時の会話で私は自らの無精を恥じ、その後はせめて毎日の活動や会合のテーマぐらいはパソコンのカレンダーに記録するようになった。

人道主義者とリアリスト、実務家と学者

緒方さんは、表面的には相反するものを自然と内在させ融合させた人であった。本書の編者があとがき(単行本版)で言うように、ここに緒方さんの真骨頂がある。本書はこれを至る所で明らかにしている。

彼女は「人の命を助けること」を第一に掲げる人道主義者であった。「生きていさえすれば、彼らには次のチャンスが生まれるのですから」(二三二頁)という言葉は、私も緒方さんから幾度となく聞いた言葉である。そして本書で語っている、自らの幼少時に目

撃した戦争の被害者の悲惨さや、国連難民高等弁務官として目にした凄惨な状況に、なぜ人間を放置しておくことに耐えられるのか、という怒りにも似た感情を感じる。おそらくこれが彼女を一〇年間の難民高等弁務官として激務に駆り立てたものの一つだろう。

しかし、彼女の人道主義とはセンチメンタルな理想主義ではない。緒方さんは同時に、徹底してリアリストでもあった。人道支援は中立原則を守って行うことは必要だが、それは「紛争解決へのプロセスなしには続けられない」として、「政治的・軍事的なコミットメントが欠かせない」とする(一六四頁)。だからこそ、人道機関の長として初めて安全保障理事会の会合でブリーフィング(報告)を行うようにもなった。人道主義の本質的なところには頑固でありながら、その実現のため必要とあれば、斬新でフレキシブルな手法をとる。就任直後のクルド難民危機で多国籍軍と協力したり、サラエヴォ空輸作戦を実施したり、ザイール保安隊まで作って難民キャンプの治安確保を試みる。駆け出しのUNHCR職員であった私は、クルドやボスニアの現場でこれらに深く関われた幸運な一人だ。これらの経験が、その後の私の国連での仕事の基礎を作ったからである。

実務家としては徹底した現場主義者だった緒方さんは、本書に詳しいように、同時に常に学者でもあった。実務と研究を分けて考える人が多いが、それはナンセンスであり、政策には実務も研究も必要だ、という彼女の立場はUNHCR時代も常に明確だった。若い職員にはともかく現場を経験せよ、とハッパをかける。しかし同時に、UNHCR

で実務を離れて研究に専念できるサバティカルの制度を作ったのも彼女であった。JICAでも「東京で書類書きを覚える前に」現地で仕事をする機会を持つように、新卒職員を一年目で在外に出す改革をする一方で(二八八頁)、「研究分析―政策立案―実施」という体制を作るためにJICA研究所を立ち上げてもいる(三〇九頁)。私が一橋大学で教鞭を取ることになった二〇〇五年に緒方さんがくださったアドバイスは、「学生たちには理論もしっかり学ぶように言って欲しい。理論は複雑な事象を分析するツール。現場の状況に対応するだけでは、その場限りの慈善事業。本当の問題解決には繋げられないから。実務家教員として、理論を学ぶ意欲も持てるような、刺激になるような授業をして」というものであった。

そして、実務と研究の両方が重要というのは、彼女自身のUNHCRでの経験にも基づいている。政策決定過程論の思考方法を使って、「誰がどれぐらいの力を持っていて、何を主張しているのか、どのような力学が働いているのか。それらを見極めて初めて、人や組織にうまく働きかけることができるのです」(九二頁)。そして、交渉の場という国連の顔と、現場で事業をする国連という顔の「両方に食い込めて初めて国連のプロとなるのだと思います。どちらかだけではダメなのです」(一二三頁)と断ずる。軍縮問題という、安全保障に直結して各国の立場が分断される分野を担当している今、私はこれらの言葉がいかに真実であるかを毎日痛感している。

国際主義者と愛国者

彼女は徹底した国際主義者でありながら、日本の戦前の外交政策を深く研究し理解し、そして晩年は特に日本にはっきりと苦言を呈することも多かった、真の愛国者であったと思う。近年のメディアのインタビューでも、日本の難民政策について、自分が高等弁務官であった時からほとんど進歩していないとしばしば嘆いてもいた。彼女にとって日本とは「世界と日本」ではなく、常に「世界の中の日本」であった。緒方さんの著書『私の仕事』に収められている「世界に出ていく若者へ」(一九九七年)の中に次のような言葉がある。「国内用と国外用の二種類の制度を作り、ことさらに『国際貢献』という発想をするのも、日本人が『内』と『外』は違うと思い込んでいるからでしょう」。

世界の中での日本の立ち位置についての彼女の思いについて、本書の特に第四章までの戦前の日本外交の研究の部分を興味深く読んだ。私には特に以下の言葉が心に響く。「ナショナリストの発言の方が威勢がいいし、人間の感情に強く訴えかける。それに行動が伴うことも多かった。どの時代でも、威勢のいいことを言う人はいるものです。でも威勢がよすぎるのは危険な兆候です。いまの日本の政治家の中にもそういう傾向は見て取れるのではないですか。私にはそう思われます」(七三頁)。「私はいまの日本には〔活発な国際主義団体が〕ほとんどゼロだと思いますよ、残念なことです。国際主義団体の力がこれほど弱いと、何か起きたときに非常にまずい事態になると思いますね。……歴史の教訓を肝に銘じなければならないといまも思うのです」(七五頁)。そして、今日の日本について、「戦略的思考なんて考えたこともない、内向きの人ばかりになってしまったのではないですか。安定を壊さないように、なるべく現状維持に努める政治家か、そうでなければ、先のことをまったく考えずに発言して、安定を壊してしまう政治家がいるだけです。……世界全体の変動をつかまえて状況を動かしていくような人は、日本のどこにいるのでしょうか」(八八頁)と厳しく問いかけた。配偶者も外国人で、海外にベースを置き日本に利害関係がない私のような人間こそ、「日本について発言していくことは責任だと思って欲しい」と彼女に言われたことを思い出す。

世界はいつの時代もさまざまな利益が錯綜する複雑なところであり、特に国際政治はしばしばそれらがぶつかり合う厳しいものである。原理原則を主張するだけの行動は、成果を生まないことが多いのだ。その中にあって、長いものに巻かれず、間違った動きに流されず、このように一見相反するものを融合して昇華させるには、複雑さを理解する能力と、自分の納得できる方向性を決められるしっかりした中核、軸のようなものが必要だといつも思っている。この軸を私は個人的に「モラルコンパス」と呼んでいる。これを、緒方さんは戦前・戦中の難しい時代に外交の一翼を担う家族に囲まれ、「軍部は酷い」と聞きながら育つという当時では特別な環境の中に身を置き、戦争のもたらす悲惨さを目の当たりにし、戦後の米国留学と自らの研究生活で経験と思索を重ねて研ぎ澄ましていったのではないか。そして、「人の生命を守ることが一番大事なことで、そのことに従来の仕組みやルールがそぐわないのならルールや仕組みを変えればよい」（二三二頁）とまで言い切ることができるモラルコンパスを持つようになったのだと思う。

人間的魅力とエネルギー

「人間緒方貞子」は実にチャーミングな人であった。私がＵＮＨＣＲに入ったのは、緒方さんの二代前の高等弁務官がスキャンダルで辞職せねばならなくなった直前であった。私は緒方さんの直属の補佐官であったことはなく、そばにいたわけではないが、さまざまな問題を抱えて組織も混乱しがちで士気も低かった当時のＵＮＨＣＲの組織全体が緒方さんに魅了され、瞬く間に結束していくのを現場にいても感じることができた。

緒方さんは、周りに徹底的に質問した。「私は官僚じゃないから、これまでのやり方がどうかは気にしない。これが一番いいやり方なのかどうか、説得してほしい」と議論をする環境を好んだ。各国の政府高官に厳しい意見をする時にも、「私は逆のことを思っていたのですが、どうでしょうか？」と、質問の形で言うべきことを伝える術を身につけていた。緒方さん自身も、本書でＵＮＨＣＲの仲間であるスタッフと一緒に仕事をするのがいかに楽しかったかを述べているし、私とのたくさんの会話の中でも、ＵＮＨ

ＣＲ時代のことを話す時はいつも顔を輝かせて楽しそうに思い出話に花を咲かせた。

私はこれまで国際社会で幾人ものリーダーと呼ばれる人を身近に観察する機会があったが、緒方さんのように多くの人に好かれた人は少ない。ギラギラとした野心の塊であったり、心のどこかに劣等感を持ったりするリーダーは、実力が認められて一目置かれることはあるが、好かれることはない。その点、緒方さんのように名門出身でもあり学歴や経歴も申し分なく、自ら手を挙げてではなく、周りに望まれてそのポジションに就いたという、言ってみれば恵まれた背景も、彼女がいつもチャーミングでいられた理由の一つなのかもしれない。

緒方さんはエネルギーの塊のような人であった。一週間もの過酷な現場視察をこなして夜行便でジュネーヴに戻り、すぐに着替えてテニスコートに立つこともあった。知的好奇心も絶えることがなかった。日々の激務をこなしながら、夜は評判の国際関係などの新刊を読む。特に面白いと思った本があると、著者に会いにまで行く。彼女はまた、健啖家であった。私がＰＫＯ局にいた頃はまだＪＩＣＡの理事長をされていたが、出張などで帰国のたびに挨拶に伺うと、昼食や夕食に連れて行ってくださった。フルコースを平らげながら、国連の内部事情やその時々に私が担当していた国々の状況を聞いてくる。アフガニスタンを訪問して当時のカルザイ大統領にお会いした時、「貴女は緒方さんの娘さんですか？　緒方さんほど親身にアフガニスタンを支援してくれた人はいません。お元気でしょうか」と言われたことを伝えた時、普段それほど感情をはっきり表すわけでもなかった彼女は、「その言葉は本当にうれしい」と満面の笑みを浮かべた。

一瞬も無駄にすることなく、いつも全力投球だった緒方さんのエネルギーの源と心の拠り所は、どこにあったのだろうか。月並みな言い方だが、私はやはりご家族、特にご主人の四十郎さんの存在が大きかったのではないかと思っている。私が四十郎さんを存じあげたのは、東京に住んでいた二〇〇四年から二〇〇八年までの間だけだが、お会いするたびにご夫妻の間の強いパートナーシップを感じた。四十郎さんは「行く先々で緒方貞子の夫の四十郎です、と自己紹介するんだよ」と言われるほど、緒方さんを誇りに思っておられた。緒方さんも、本書にもあるように四十郎さんのサポートがなければ色々な仕事はできなかった、といつもおっしゃっていたし、四十郎さんがアメリカで心臓の手術を受けた時には躊躇なく長い休暇を取って付き添った。

二〇〇七年にご主人の四十郎さんと合同の八〇歳の誕生レセプションを帝国ホテルで開かれた時には、海外からも緒方さんと親しかったUNHCRの元職員が幾人も駆けつけた。私は受付手伝いを頼まれたのだが、黒地に蘭の訪問着で参上した私を一目見て、「あら、お転婆の泉さんが着物を着るとおしとやかに見えるわね。馬子にも衣装！」。私は「そういう緒方先生も、文化勲章受章の際の和服姿は素敵で、防弾チョッキから見事に化けておられました」と切り返し、四十郎さんが「確かにあなたは大化けしてたね」

とおっしゃって、皆で大笑いをしたものだ。

時代の要請に応えて

組織人としての緒方さんのリーダーシップには、特筆するべきことが三つあった。まず、常に難民や紛争の犠牲者といった最も弱い立場にいる人たちに寄り添い、自らの利益でなく彼らの利益を考えるのを第一としたこと。彼女のＵＮＨＣＲ退任の際のスピーチの最も重要なメッセージは、「難民の尊厳を守れ」であった。第二に、状況に合わせて、ミッションのために必要なら、前例のない難しい決断を下す類い稀な勇気を持っていたこと。そして第三に、現場や末端の担当官の裁量をできるだけ大きくして、あらゆる部署でモチベーションと自ら責任を持って仕事をする姿勢を作り出し、組織を活性化したことである。

組織運営という枠を超えて、長期的に評価されるべき緒方さんの最も大きな業績はやはり「人間の安全保障」の概念化であったと思う。私は学者ではないから、これが研究に使える概念かどうかはよくわからない。そういった学術議論に参加したこともない。しかし、国際関係の実務の現場では「人間の安全保障」という言葉が使われていなくても、安全保障の定義が国家の領土保全から市民の包括的な安全を含むものに拡大しつつあるのは、まぎれもない事実である。人道問題や人権問題を担当する部局の事務次長が安全保障理事会でブリーフィングするのは、現在ではごく当たり前のことになった。

本書で緒方さんが幾度か触れている人道支援と開発支援の間のギャップ問題に関しては、現在は「時間軸」の問題から、それぞれの支援アプローチそのものの見直しにまで議論が進んでいる。これは私がUNDPで勤務した二年ほどの間に最も時間を費やして取り組んだ課題の一つでもあった。開発支援組織の初動を早くしなければいけないのも当然だが、外からの人道支援は現地コミュニティの持つ自助能力の崩壊を引き起こしかねないことも事実だ。これまでの人道支援のアプローチも見直して、なるべく現地社会の強靭性(リジリエンス)を維持しそれを支援していく取り組みも始まっている。いずれにせよ、ここに至る政策議論を最初に始めたのが緒方さんであった。私は、「人間の安全保障」の概念を現実に国際協力の政策枠組みとして主流化する、真剣で包括的な外交努力と投資、そして知的リーダーシップが日本政府に続かなかったことを残念に思う。

「私は時代の要請に応えただけ。大きな時代の転換期の中で仕事ができたのは本当に幸運だった」との言葉を、私は幾度となく緒方さんから聞いた。本書でも同じことを述べている。緒方さんは、冷戦後の世界秩序が大きく変化する中で紛争の性格そのものが様変わりした時代に、国連の対応のあり方を形作った人である。国家間の紛争では市民は「巻き添え」にされたのが、ポスト冷戦期の民族や宗教などのアイデンティティに基づく国内紛争では、「標的」そのものになった。だからこそ、人間を中心に据えた安全保障の概念が必要になったのである。

この文章を書いている今日、世界は再び大きな転換期にある。ポスト冷戦期は終わりを告げ、国際関係は複雑さを増している。大国や周辺国が深く介入する国内紛争は激しさを増し、解決がさらに困難になった。世界が多極化する中で、冷戦期よりも複雑で危険な大国間の緊張関係が戻ってきた。「第四次産業革命」とも呼ばれるすさまじい科学技術の進展の一方で、格差と不平等が広がり、グローバリゼーションに取り残されたと感じる市民たちが多くの国々でデモを繰り返している。多くの国がマルチ主義や国際協力から背を向け、内向きの一国主義やゼノフォービア（外国人嫌悪）が勢力を増しているかに見える。

二〇一六年の緒方さんとの長い会話の最後に、私はまもなく就任するグテーレス事務総長の国連改革の方向性などをお話しした。彼女の反応は鋭かった。

「今の国際関係の中でのアーキテクチャ論が出始めていますからね。これだけ世界の構造が根本的に変化しつつある中、小手先だけの改革では無理だと思いますよ。しっかり考えてもらわないと」。

世界はどこに向かうのか。そして世界の中の日本は。今の時代の要請に、緒方貞子ならどう応えるのだろうか。

（なかみつ・いずみ　国際連合事務次長・軍縮担当上級代表）

本書は二〇一五年九月、岩波書店より刊行された。

緒方貞子（おがた　さだこ）

1927年9月16日，東京生まれ．聖心女子大学卒．カリフォルニア大学バークレー校で政治学博士．外交史・国際政治学．74年に国際基督教大学准教授，80年に上智大学教授．76年に国連公使となり，78年に特命全権公使，ユニセフ執行理事会議長，国連人権委員会日本政府代表などを務める．91年より2000年まで第8代国連難民高等弁務官として難民支援を指揮．01年より「人間の安全保障委員会」共同議長，アフガニスタン支援総理特別代表などを歴任．03年より12年まで独立行政法人国際協力機構(JICA)理事長．2019年10月22日，逝去．著書に『満州事変――政策の形成過程』(岩波現代文庫)，『戦後日中・米中関係』(東京大学出版会)，『紛争と難民――緒方貞子の回想』(集英社)他．

聞き書 緒方貞子回顧録

2020年3月13日 第1刷発行
2024年6月5日 第9刷発行

編 者 野林《のばやし》 健《たけし》 納家《なや》政嗣《まさつぐ》

発行者 坂本政謙

発行所 株式会社 岩波書店
〒101-8002 東京都千代田区一ツ橋2-5-5

案内 03-5210-4000 営業部 03-5210-4111
https://www.iwanami.co.jp/

印刷・精興社 製本・中永製本

ISBN 978-4-00-603319-4 Printed in Japan

岩波現代文庫創刊二〇年に際して

二一世紀が始まってからすでに二〇年が経とうとしています。この間のグローバル化の急激な進行は世界のあり方を大きく変えました。世界規模で経済や情報の結びつきが強まるとともに、国境を越えた人の移動は日常の光景となり、今やどこに住んでいても、私たちの暮らしは世界中の様々な出来事と無関係ではいられません。しかし、グローバル化の中で否応なくもたらされる「他者」との出会いや交流は、新たな文化や価値観だけではなく、摩擦や衝突、そしてしばしば憎悪までをも生み出しています。グローバル化にともなう副作用は、その恩恵を遥かにこえていると言わざるを得ません。

今私たちに求められているのは、国内、国外にかかわらず、異なる歴史や経験、文化を持つ「他者」と向き合い、よりよい関係を結び直してゆくための想像力、構想力ではないでしょうか。

新世紀の到来を目前にした二〇〇〇年一月に創刊された岩波現代文庫は、この二〇年を通して、哲学や歴史、経済、自然科学から、小説やエッセイ、ルポルタージュにいたるまで幅広いジャンルの書目を刊行してきました。一〇〇〇点を超える書目には、人類が直面してきた様々な課題と、試行錯誤の営みが刻まれています。読書を通した過去の「他者」との出会いから得られる知識や経験は、私たちがよりよい社会を作り上げてゆくために大きな示唆を与えてくれるはずです。

一冊の本が世界を変える大きな力を持つことを信じ、岩波現代文庫はこれからもさらなるラインナップの充実をめざしてゆきます。

（二〇二〇年一月）

S297
フードバンクという挑戦
―貧困と飽食のあいだで―
大原悦子

食べられるのに捨てられてゆく大量の食品。一方に、空腹に苦しむ人びと。両者をつなぐフードバンクの活動の、これまでとこれからを見つめる。

S298
いのちの旅
「水俣学」への軌跡
原田正純

水俣病公式確認から六〇年。人類の負の遺産「水俣」を将来に活かすべく水俣学を提唱した著者が、様々な出会いの中に見出した希望の原点とは。〈解説〉花田昌宣

S299
紙の建築 行動する
―建築家は社会のために何ができるか―
坂茂

地震や水害が起きるたび、世界中の被災者のもとへ駆けつける建築家が、命を守る建築の誕生とその人道的な実践を語る。カラー写真多数。

S300
犬、そして猫が生きる力をくれた
―介助犬と人びとの新しい物語―
大塚敦子

保護された犬を受刑者が介助犬に育てるという米国での画期的な試みが始まって三〇年。保護猫が刑務所で受刑者と暮らし始めたこと、元受刑者のその後も活写する。

S301
沖縄 若夏の記憶
大石芳野

戦争や基地の悲劇を背負いながらも、豊かな風土に寄り添い独自の文化を育んできた沖縄。その魅力を撮りつづけてきた著者の、珠玉のフォトエッセイ。カラー写真多数。

2024. 5

S302
機会不平等
斎藤貴男

機会すら平等に与えられない〝新たな階級社会の現出〟を粘り強い取材で明らかにした衝撃の著作。最新事情をめぐる新章と、森永卓郎氏との対談を増補。

S303
私の沖縄現代史
―米軍支配時代を日本《ヤマト》で生きて―
新崎盛暉

敗戦から返還に至るまでの沖縄と日本の激動の同時代史を、自らの歩みと重ねて描く。日本《ヤマト》で「沖縄を生きた」半生の回顧録。岩波現代文庫オリジナル版。

S304
私の生きた証はどこにあるのか
―大人のための人生論―
H・S・クシュナー
松宮克昌訳

私の人生にはどんな意味があったのか? 人生の後半を迎え、空虚感に襲われる人々に旧約聖書の言葉などを引用し、悩みの解決法を提示。岩波現代文庫オリジナル版。

S305
戦後日本のジャズ文化
―映画・文学・アングラ―
マイク・モラスキー

占領軍とともに入ってきたジャズは、アメリカそのものだった! 映画、文学作品等の中のジャズを通して、戦後日本社会を読み解く。

S306
村山富市回顧録
薬師寺克行編

戦後五五年体制の一翼を担っていた日本社会党は、その誕生から常に抗争を内部にはらんでいた。その最後に立ち会った元首相が見たものは。

S307
大逆事件
―死と生の群像―
田中伸尚

天皇制国家が生み出した最大の思想弾圧「大逆事件」。巻き込まれた人々の死と生を描き出し、近代史の暗部を現代に照らし出す。〈解説〉田中優子

S308
「どんぐりの家」のデッサン
漫画で障害者を描く
山本おさむ

かつて障害者を漫画で描くことはタブーだった。漫画家としての著者の経験から考えてきた、障害者を取り巻く状況を、創作過程の試行錯誤を交え、率直に語る。

S309
鎖塚
―自由民権と囚人労働の記録―
小池喜孝

北海道開拓のため無残な死を強いられた囚人たちの墓、鎖塚。犠牲者は誰か。なぜその地で死んだのか。日本近代の暗部をあばく迫力のドキュメント。〈解説〉色川大吉

S310
聞き書 野中広務回顧録
御厨貴
牧原出 編

二〇一八年一月に亡くなった、平成の政治をリードした野中広務氏が残したメッセージ。五五年体制が崩れていくときに自民党の中で野中氏が見ていたものは。〈解説〉中島岳志

S311
不敗のドキュメンタリー
―水俣を撮りつづけて―
土本典昭

『水俣―患者さんとその世界―』『医学としての水俣病』『不知火海』などの名作映画の作り手の思想と仕事が、精選した文章群から甦る。〈解説〉栗原彬

S312
増補 隔離
―故郷を追われたハンセン病者たち―

徳永 進

らい予防法が廃止され、国の法的責任が明らかになった後も、ハンセン病隔離政策が終わり解決したわけではなかった。回復者たちの現在の声をも伝える増補版。〈解説〉宮坂道夫

S313
沖縄の歩み

国場幸太郎
新川 明
鹿野政直 編

米軍占領下の沖縄で抵抗運動に献身した著者が、復帰直後に若い世代に向けてやさしく説き明かした沖縄通史。幻の名著がいま蘇る。
〈解説〉新川 明・鹿野政直

S314
ぼくたちはこうして学者になった
―脳・チンパンジー・人間―

松本 元
松沢哲郎

「人間とは何か」を知ろうと、それぞれ新たな学問を切り拓いてきた二人は、どのような生い立ちや出会いを経て、何を学んだのか。

S315
ニクソンのアメリカ
―アメリカ第一主義の起源―

松尾文夫

白人中産層に徹底的に迎合する内政と、中国との和解を果たした外交。ニクソンのしたたかな論理に迫った名著を再編集した決定版。
〈解説〉西山隆行

S316
負ける建築

隈 研吾

コンクリートから木造へ。「勝つ建築」から「負ける建築」へ。新国立競技場の設計に携わった著者の、独自の建築哲学が窺える論集。

岩波現代文庫［社会］

S317
全盲の弁護士　竹下義樹
小林照幸

視覚障害をものともせず、九度の挑戦を経て弁護士の夢をつかんだ男、竹下義樹。読む人の心を揺さぶる傑作ノンフィクション！

S318
一粒の柿の種
―科学と文化を語る―
渡辺政隆

身の回りを科学の目で見れば…。その何と楽しいことか！　文学や漫画を科学の目で楽しむコツを披露。科学教育や疑似科学にも一言。〈解説〉最相葉月

S319
聞き書　緒方貞子回顧録
野林健
納家政嗣　編

「人の命を助けること」、これに尽きます――。国連難民高等弁務官をつとめ、「人間の安全保障」を提起した緒方貞子。人生とともに、世界と日本を語る。〈解説〉中満　泉

S320
「無罪」を見抜く
―裁判官・木谷明の生き方―
木谷　明
山田隆司
嘉多山宗　聞き手・編

有罪率が高い日本の刑事裁判において、在職中いくつもの無罪判決を出し、その全てが確定した裁判官は、いかにして無罪を見抜いたのか。〈解説〉門野　博

S321
聖路加病院　生と死の現場
早瀬圭一

医療と看護の原点を描いた『聖路加病院で働くということ』に、緩和ケア病棟での出会いと別れの新章を増補。〈解説〉山根基世

岩波現代文庫［社会］

S322
菌世界紀行
—誰も知らないきのこを追って—
星野保

大の男が這いつくばって、世界中の寒冷地にきのこを探す。雪の下でしたたかに生きる菌たちの生態とともに綴る、とっておきの〈菌道中〉。〈解説〉渡邊十絲子

S323-324
キッシンジャー回想録 中国（上・下）
ヘンリー・A・キッシンジャー
塚越敏彦ほか訳

世界中に衝撃を与えた米中和解の立役者であるキッシンジャー。国際政治の現実と中国の論理を誰よりも知り尽くした彼が綴った、決定的「中国論」。〈解説〉松尾文夫

S325
井上ひさしの憲法指南
井上ひさし

「日本国憲法は最高の傑作」と語る井上ひさし。憲法の基本を分かりやすく説いたエッセイ、講演録を収めました。〈解説〉小森陽一

S326
増補版 日本レスリングの物語
柳澤健

草創期から現在まで、無数のドラマを描きさる日本レスリングの「正史」にしてエンターテインメント。〈解説〉夢枕獏

S327
抵抗の新聞人 桐生悠々
井出孫六

日米開戦前夜まで、反戦と不正追及の姿勢を貫きジャーナリズム史上に屹立する桐生悠々。その烈々たる生涯。巻末には五男による〈親子関係〉の回想文を収録。〈解説〉青木理

2024. 5

S328
人は愛するに足り、真心は信ずるに足る
―アフガンとの約束―
中村 哲
澤地久枝（聞き手）

戦乱と劣悪な自然環境に苦しむアフガンで、人々の命を救うべく身命を賭して活動を続けた故・中村哲医師が熱い思いを語った貴重な記録。

S329
負け組のメディア史
―天下無敵 野依秀市伝―
佐藤卓己

明治末期から戦後にかけて「言論界の暴れん坊」の異名をとった男、野依秀市。忘れられた桁外れの鬼才に着目したメディア史を描く。〈解説〉平山 昇

S330
ヨーロッパ・コーリング・リターンズ
―社会・政治時評クロニクル 2014-2021―
ブレイディみかこ

人か資本か。優先順位を間違えた政治は希望を奪い貧困と分断を拡大させる。地べたから英国を読み解き日本を照らす、最新時評集。

S331
増補版 悪役レスラーは笑う
―「卑劣なジャップ」グレート東郷―
森 達也

第二次大戦後の米国プロレス界で「卑劣な日本人」を演じ、巨万の富を築いた伝説の悪役レスラーがいた。謎に満ちた男の素顔に迫る。

S332
戦争と罪責
野田正彰

旧兵士たちの内面を精神病理学者が丹念に聞き取る。罪の意識を抑圧する文化において豊かな感情を取り戻す道を探る。

岩波現代文庫［社会］

S333
孤塁
―双葉郡消防士たちの3・11―
吉田千亜

原発が暴走するなか、住民救助や避難誘導、原発構内での活動にもあたった双葉消防本部の消防士たち。その苦闘を初めてすくいあげた迫力作。新たに「『孤塁』その後」を加筆。

S334
ウクライナ 通貨誕生
―独立の命運を賭けた闘い―
西谷公明

自国通貨創造の現場に身を置いた日本人エコノミストによるゼロからの国づくりの記録。二〇一四年、二〇二二年の追記を収録。〈解説〉佐藤 優

S335
「科学にすがるな！」
―宇宙と死をめぐる特別授業―
佐藤文隆
艸場よしみ

「死とは何かの答えを宇宙に求めるな」と科学論に基づいて答える科学者vs.死の意味を問い続ける女性。3・11をはさんだ激闘の記録。〈解説〉サンキュータツオ

S336
増補 空疎な小皇帝 「石原慎太郎」という問題
斎藤貴男

差別的な言動でポピュリズムや排外主義を煽りながら、東京都知事として君臨した石原慎太郎。現代に引き継がれる「負の遺産」を、いま改めて問う。新取材を加え大幅に増補。

S337
鳥肉以上、鳥学未満。
―Human Chicken Interface―
川上和人

ボンジリってお尻じゃないの？ 鳥の首はろくろ首!? トリビアもネタも満載。キッチンから始まる、とびっきりのサイエンス。〈解説〉枝元なほみ

岩波現代文庫[社会]

S338-339
あしなが運動と玉井義臣(上・下)
―歴史社会学からの考察―
副田義也

日本有数のボランティア運動の軌跡を描き出し、そのリーダー、玉井義臣の活動の意義を歴史社会学的に考察。〈解説〉苅谷剛彦

S340
大地の動きをさぐる
杉村新

地球の大きな営みに迫ろうとする思考の道筋と、仲間とのつながりがからみあい、研究は深まり広がっていく。プレートテクトニクス成立前夜の金字塔的名著。〈解説〉斎藤靖二

S341
歌うカタツムリ
―進化とらせんの物語―
千葉聡

実はカタツムリは、進化研究の華だった。行きつ戻りつしながら前進する研究の営みと、カタツムリの進化を重ねた壮大な歴史絵巻。〈解説〉河田雅圭

S342
戦慄の記録 インパール
NHKスペシャル取材班

三万人もの死者を出した作戦は、どのように立案・遂行されたのか。牟田口司令官の肉声や兵士の証言から全貌に迫る。〈解説〉大木毅

S343
大災害の時代
―三大震災から考える―
五百旗頭真

阪神・淡路大震災、東日本大震災、熊本地震に被災者として関わり、東日本大震災の復興構想会議議長を務めた政治学者による報告書。〈緒言〉山崎正和

2024. 5

岩波現代文庫［社会］

S344-345
ショック・ドクトリン（上・下）
―惨事便乗型資本主義の正体を暴く―
ナオミ・クライン
幾島幸子
村上由見子 訳

戦争、自然災害、政変などの惨事につけこみ多くの国で断行された過激な経済改革の正体を鋭い筆致で暴き出す。〈解説〉中山智香子

S346
増補 教育再生の条件
経済学的考察
神野直彦

日本の教育の危機は、学校の危機だけではなく、社会全体の危機でもある。工業社会から知識社会への転換点にある今、真に必要な教育改革を実現する道を示す。〈解説〉佐藤 学

S347
秘密解除 ロッキード事件
―田中角栄はなぜアメリカに嫌われたのか―
奥山俊宏

田中角栄逮捕の真相は？ 中曽根康弘と米政府との知られざる秘密とは？ 秘密指定解除が進む当時の米国公文書を解読し、戦後最大の疑獄事件の謎に挑む。〈解説〉真山 仁

2024.5